Knaur.

Im Knaur Taschenbuch Verlag sind bereits folgende Bücher des Autors erschienen:
Das Koch-Buch. Die unglaubliche Karriere des Roland Koch

Über den Autor:
Thomas Wieczorek wurde 1953 in Berlin geboren. Nach dem Abitur studierte er Volkswirtschaftslehre an der FU Berlin. Seit 1984 schreibt er als freier Autor für die *Frankfurter Rundschau* und seit 1989 für das Satiremagazin *Eulenspiegel.* Im Jahr 2003 promovierte er über »die Normalität der Politischen Korruption«.

Thomas Wieczorek

Die Stümper

Über die Unfähigkeit unserer Politiker

Knaur Taschenbuch Verlag

Besuchen Sie uns im Internet:
www.knaur.de

Originalausgabe August 2005

Ein Unternehmen der Droemerschen Verlagsanstalt
Th. Knaur Nachf. GmbH & Co. KG, München

Redaktion: Marko Jacob
Umschlaggestaltung: ZERO Werbeagentur, München
Umschlagabbildung: Mauritius Images, Mittenwald
Satz: Ventura Publisher im Verlag
Druck und Bindung: GGP Media GmbH, Pößneck
Printed in Germany
ISBN 3-426-77804-1

4 5 3

Ein Volk, das sich alkoholfreies Bier aufschwatzen lässt,
das greift auch zu einer kompetenzfreien Regierung.

Volker Pispers

Mein herzliches Dankeschön für unverzichtbare Mitarbeit
durch Diskussionen, Hinweise und Ratschläge
gilt Holger Keller (Ph.D), Brigitte und Michael Müller
sowie vor allem Karin.

Inhalt

Vorspann

Wer die Wahl hat, hat den Wahlkampf

Am Abend des 22. Mai 2005 wurde schnell klar, dass sich Großes ankündigte. Die Landtagswahl in Nordrhein-Westfalen hatte der SPD zwar verheerende Verluste beschert und sie von der Regierung verdrängt, aber urplötzlich stand ein ganz anderes Thema im Mittelpunkt. Spätestens als Franz Müntefering kurz vor 19 Uhr vor die Kameras trat, wusste jeder, dass dies wohl keiner jener todlangweiligen Wahlanalyse-Abende werden würde.

Gerhard Schröder habe »genial gezockt«, lobt Parteienforscher Jürgen Falter bei *Sabine Christiansen,* und für Bernd Graff von der *Süddeutschen Zeitung* ist es »ein grandioser Coup ... Der Kanzler macht ein Fass auf, das ganz große.«

Kaum hatten sich am Abend der Wahl in NRW die Mundwinkel der Rotgrünen gramvoll nach unten und die der Schwarzgelben in hämischem Triumph nach oben gezogen, da fegte der Kanzler mit der völlig überraschenden Ankündigung vorgezogener Neuwahlen Frust und Freude hinweg: »Er hat allen die Show gestohlen: Dem blassen Rüttgers, der gerade einen historischen Machtwechsel in NRW besorgt hat. Der allfällig triumphierenden Angela Merkel, die nun die Ihren zu einer schnellstmöglichen Kandidatinnenkür bewegen muss. Dem sogenannten Westerwelle, der nun raus aus der Spaß- und Pöbelecke muss und etwa ein halbes Jahr Zeit hat, seine Zahnarzt-Apothekerlobby-Truppe zur Staatsräson zu bringen.«[1]

Die allgemeine Wahlkampfhektik scheint Schröders größter Trumpf zu sein. Im Eilverfahren holt er die nachträgliche Zustimmung des Parteivorstandes für die Neuwahl ein. Das Wahlprogramm will er allein mit Parteichef Franz Müntefering festlegen und auf einem Parteitag am 31. August absegnen lassen. Die Debatte über das Grundsatzprogramm wird natürlich auf 2006 verschoben, also bis nach der Wahl. Von ihrem Ausgang nämlich hängt es ab, ob sich die SPD weiter als neoliberale Hartz-IV-Reformertruppe oder als semimarxistische Kleine-Leute-Partei präsentiert.

Für Diskussionen ist »leider« keine Zeit, schon gar nicht für eine Regierungsbilanz. Und das ist auch gut so:

- Soll man über Bildung und Pisa reden?
- Über die fünf Millionen Arbeitslosen und das Warten auf Investoren im Sinne von »Warten auf Godot«?
- Über die atemberaubenden Stümpereien bei der Gesundheitsreform zum Wohle der Privatversicherer und zu Lasten der Patienten?
- Über den jahrelangen Rückgang der Reallöhne bei gleichzeitiger Explosion der Gewinne und die Vergrößerung der Arm-Reich-Schere?
- Oder soll man über das Rekord-Staatsdefizit des »Sparministers« reden, das sich erneut drastisch erhöhen wird: Um 20 Milliarden Euro allein 2005/2006, weil es 4,47 Millionen statt der erwarteten 3,4 Millionen Arbeitslosengeld-II-Empfänger gibt. Um eine weitere Milliarde durch die Ich-AG – nach Überzeugung von Ex-Arbeitsminister Norbert Blüm bestenfalls eine Einladung für Betrüger, weil durch die Einführung von Hartz IV der Anreiz wachse, sie für fingierte Gründungen zu missbrauchen.
- Soll man etwa insgesamt über den »Reformkanzler« reden, dessen »Mut zu unpopulären Maßnahmen« nur noch als soziale Kälte und dessen »Agenda 2010« als Synonym für Armut und Arbeitslosigkeit gilt?

Eine Regierungsbilanz wäre für Schröder ähnlich hilfreich wie ein Vorstrafenregister für einen Arbeitssuchenden.

Deshalb weg mit den Fakten, es lebe das Prinzip »High Noon«, oder um mit Bernd Graff zu reden: »Die Situation, die Schröder nun herbeigeführt hat, ist das klassische Duell. Im Hintergrund keuchen die Seinen – der Gegner sind noch viele, aber eigentlich sind es Zwerge, unter sich zerstritten, von einem Schneewittchen geführt, das in der Vergangenheit von allerlei Politik-Tellerchen gegessen hat, ohne sich den christdemokratischen Magen zu verderben.«

Nicht zufällig nämlich bemerken Beobachter »die Angst der CDU vor konkreten Aussagen ... Schweigen ist Gold – so sieht bisher das Wahlkonzept der Union aus.« Man wolle »das Erfolgsrezept von Jürgen Rüttgers im NRW-Wahlkampf kopieren«.

Sich nur nicht festlegen lassen, heißt die Devise, oder in der Diktion von CSU-Landtagsfraktionschef Joachim Herrmann: »Wir haben wegen der Kürze der Zeit nicht die Möglichkeit, einen großen Warenhauskatalog bis zum letzten Zuschuss in der Landwirtschaft und Plänen für jede Autobahnausfahrt anzubieten.«

Selbst auf die Umverteilung von Arm nach Reich durch Senkung der Einkommensteuer will man sich nicht festlegen, zumal Spitzenverdiener im Vergleich zur Restbevölkerung relativ wenige Wahlstimmen haben.

Letzteres kann aber schlicht Kompetenzgründe haben. Laut *Spiegel* erhofft sich die Union ihr Steuerkonzept »allen Ernstes von einer privaten neoliberalen Denkwertstatt, der *Stiftung Marktwirtschaft«*. Wegen der vorgezogenen Neuwahlen arbeite die Stiftung jetzt unter Hochdruck – damit Merkel nicht mehr lange ohne eigene Meinung in der Steuerpolitik dasteht?

Einstweilen verrät die »deutsche Maggie Thatcher in spe« wenigstens, sie wolle »in Politik und Wirtschaft den Erfindergeist stärken und damit den Wohlstand in Deutschland sichern«[2], laut *Handelsblatt* setzt sie außerdem auf »Werte, Bildung und Bauern« und will den Streit um »Wertvorstellungen und Gesellschaftsmodelle« gar in den Wahlkampf tragen.

Dahinter verbergen sich bekannte Ladenhüter wie:

- Abschaffung des Kündigungsschutzes, da Angst um den Job der beste Arbeitsanreiz sei und da ein Unternehmen eher Leute einstelle, die man nach US-Vorbild (hire and fire) Knall auf Fall wieder feuern könne.
- Betriebliche Bündnisse statt Flächentarifverträgen, da eine 100-Mann-Belegschaft leichter erpressbar ist als eine Gewerkschaft.
- »Sozial ist, was Arbeit schafft.« Aber auch Krieg schafft Arbeit, wie schon der Ökonom John Meynard Keynes erkannte. Bei uns schaffen Kriege ja immerhin Arbeitsplätze in der Rüstungsindustrie.
- Die Türkei hat in einem christlichen Europa nichts zu suchen. Hierzu erwähnt der frühere CDU-Generalsekretär Heiner Geißler den Vorwurf gegen die Union, sie »schlage nationalistische und fremdenfeindliche Töne gegenüber Ausländern an und diskriminiere Fremde in jeder Form«[3].

Und über derartige Wertvorstellungen seiner Partei urteilt Geißler: »Jeden Sonntag … in die Kirche zu gehen … aber gleichzeitig tiefe Einschnitte ins soziale Netz, die Kürzung der Sozialhilfe zu verlangen, den Kündigungsschutz abzuschaffen, Lohndumping als Wettbewerbselement zuzulassen, statt einer Bürgerversicherung das Risiko von Krankheit und Pflegebedürftigkeit zu privatisieren und auf den Kapitalmarkt zu verfrachten, … ist mit der Botschaft des Evangeliums nicht zu vereinbaren.«

Übrigens lohnen die eigens für einen Wahlkampf erfundenen »Konzepte« auch dann kaum einen Blick, wenn sie nicht so spärlich und platt ausfallen wie diesmal. Man erinnere sich nur daran, dass die hinterhältigen »Abweichler« in der SPD und insbesondere Dissident Lafontaine nichts anderes forderten als die Einhaltung des SPD-Wahlprogramms von 2002. Nicht anders die Wahlversprechen eines Helmut Kohl im Jahre 1998. Sollte je eine Häme »der Wessis« gegenüber »den Ossis« berechtigt gewesen sein, dann diese: »Sagt bloß jetzt nicht, Ihr habt Kohls Wahlkampfgeschwätz von den ›blühenden Landschaften‹ wirklich geglaubt.«

Wenn es aber zur Allgemeinbildung zu gehören scheint, dass Politikerworte im Allgemeinen und Wahlversprechen im Besonderen nicht glaubwürdiger sind als irreführende Werbespots, warum lassen sich Wahlkämpfe dann noch immer als »Entscheidungsschlacht« oder als »Duell« verkaufen?

»Der Boulevard dringt auch in die seriösen Bastionen der Gesellschaft vor«, meint *Zeit*-Autor Christian Schüle. Bundestagswahl, das ist ein »Mega-Event«, irgendwo zwischen Papstbeisetzung, Prinzenhochzeit, Fußballweltmeisterschaft und Gottschalk. Zum Vergleich: »Wetten dass« hat meist um 15 Millionen Zuschauer; das WM-Finale 2002 gegen Brasilien sahen 26,54 Millionen, die TV-Wahlduelle Schröder gegen Stoiber im selben Jahr 9,38 und 5,4 Millionen.

Die sieben Millionen deutschen Zuschauer beim diesjährigen »Eurovision Song Contest« in Kiew galten schon als Desaster, und ähnlich wie beim drittklassigen Musikantentreff scheint auch bei den Wahlen für viele gar nicht die Qualität des Angebots das Prickelnde, sondern die Spannung um den Sieger und das Gefühl, mitentscheiden zu können – hier per Ted-Anruf, da per Stimmzettel.

Ursprünglich wollte Rotgrün einen Lagerwahlkampf führen, dessen Stichwortgeber im Jahr 2004 bezeichnenderweise Edmund Stoiber war. Der hatte in kleinem Kreis verkündet, »Leichtmatrose« Westerwelle könne gemeinsam mit Merkel dem Gespann Schröder/Fischer nicht das Wasser reichen.

Das Weltpolitiker-Tandem gegen das Leichtmatrosen-Duo: Dies hatte der Kanzler seinem Vize schon im Jahr 2003 für 2006 versprochen – und ließ diese Zusage jetzt infolge des erdrutschartigen Imageverlustes des Visa-geschädigten Fischer einfach fallen.

Patrik Schwarz von der *taz* lästert: »Für die Grünen ist die Koalition mit der SPD zum Gefängnis geworden – und Gerhard Schröder hat den Schlüssel mitgenommen.«

Kein Wunder also, dass einige Grüne das »Ende der Nibelungentreue« verkünden und trotzige schwarzgrüne Visionen offenbaren. Bei der Bioethik und der Mittelstandspolitik stimme man durchaus mit der Union überein, droht etwa der Bundestagsfraktionsvize Reinhard Loske: »Das Reden vom rotgrünen Projekt ist zu Ende.«[4]

Nun steht Schröder also endlich als Matador allein im Ring, ohne den Zwang der Rücksichtnahme auf den Koalitionspartner und schon gar nicht auf den Gegner – übertriebene Fairness gegenüber Gegnern hat Schröder bislang kaum jemand vorgeworfen. Einen Vorgeschmack auf Stil und Niveau von Schröders Wahlschlacht gab bereits der notorisch humorfreie Law-and-Order-Marshall Otto Schily – es ist ja nicht so, dass Schröder ohne Helfer und Komparsen antritt – am 25. Mai im *ZDF-Morgenmagazin:* »Der Kartoffelkäfer ist schwarz-gelb. Und wenn man vor Gefahren warnt, nimmt man meistens ja Schwarz-Gelb als

Warnfarbe.« Eine CDU-FDP-Koalition hätte somit die richtigen Farben, »um die Menschen davor zu warnen, dass solche Politik besser nicht im Bund vertreten wird«.

Als emsiger Wahlhelfer müht sich auch Schröders Parteifreund und Intimus DGB-Chef Michael Sommer: »Die Politik habe entschieden, die Sozialsysteme auf eine Grundversorgung zu reduzieren. ›Das können wir kritisieren‹, analysierte Sommer. ›Ändern werden wir es nicht.‹«[5] Protest der Betroffenen kann Genosse Gerhard jetzt am allerwenigsten brauchen. Diese Losung »Mit der Regierung kuscheln statt kämpfen« stößt natürlich bei ehrlichen Gewerkschaftsmitgliedern auf Protest. »Ver.di-Funktionäre berichten von ›erheblichem Unmut‹ in der Anhängerschaft, IG-Metall-Bezirkschefs werten Sommers Anregung schlicht als ›deplaziert‹.«[6] Dies wiederum ist das Stichwort für SPD-Mitglied und IGM-Boss Jürgen Peters, der den Kanzler vor einem Wahlkampf mit der Agenda 2010 »warnt«.

Auch die Linken in Partei und Fraktion erfüllen ihren Part im großen Wahlkampfspiel. Sie »murren«[7]. Die Reformen müssten nachgebessert, ausgewogener und sozial verträglicher werden und so weiter – all das, womit der Fernsehzuschauer und Zeitungsleser von den Ottmar Schreiner, Fritz Schösser und Andrea Nahles in immer kürzeren Abständen bombardiert wird.

Austreten wie Oskar Lafontaine wollen sie natürlich nicht; denn die Botschaft ist ja gerade: »Solange wir noch dabei sind, könnt ihr uns ruhig wählen.« Klaas Hübner, der Sprecher des rechten Seeheimer Kreises, lobt denn auch die Grundstimmung als »professionell«[8].

Schröder selbst kann weder eine diskutable Leistungsbilanz vorweisen, noch würde ihm jemand den urplötzlich geläuterten sozialen Politiker abnehmen – die Masche »Heuschreckenkritik« hat ja nicht mal beim Volkstribundarsteller Müntefering funktioniert.

Da auch weder Hochwasser noch ein neuer Krieg wie 2002 in Sicht sind und der große Coup Fußballweltmeistertitel 2006 – so etwas nutzt nachweislich der jeweiligen Regierung! – aus Termingründen entfällt, bleibt Schröder eigentlich nur die Demontage Merkels, etwa in der Art eines Kurt Kister. Für den Autor der *Süddeutschen Zeitung* ist Merkel eine Frau, »die nicht einmal in den eigenen Reihen ungeteilten Respekt genießt, ganz zu schweigen von Sympathie«. Über die Jahre hinweg habe sich Merkel als eine Politikerin nicht der ruhigen, sondern der fahrigen Hand erwiesen: »Noch bevor sich Merz, Schäuble oder Seehofer versahen, war der Bote mit der seidenen Schnur da. In inhaltlichen Fragen dagegen zauderte sie entweder (zum Beispiel beim Irak-Krieg) oder legte sich vorschnell fest (wie beim Leipziger Parteitag).«

Die beunruhigende Folgerung: »Dies lässt nichts Gutes ahnen, wenn man daran denkt, dass von einer Kanzlerin Merkel zum Beispiel eine schnelle, richtige Entscheidung bei einer Eskalation in Iran oder Nordkorea erwartet wird.« Auf Deutsch: Schröder mag ein Stümper sein, aber Merkel ist ein Sicherheitsrisiko. Oder drastischer: Lieber arm als tot!

Und falls das nicht zu Merkels Demontage reicht, nimmt sich Kister auch noch ihren Partner vor, »der bis weit hinein ins bürgerliche Lager als ein politisches Überbleibsel der New-Economy-Blase gilt. Spaß haben, Kohle machen, auf die weniger Fixen herabschauen, war die Devise jener Zeit, in der Westerwelle aufstieg.«

Hinzu kommt noch ein weiteres Handicap für die Ostfrau Merkel, nämlich die Westmänner in der CDU-Führung. Laut nie dementierten *Spiegel*-Berichten gründeten einige Ehrgeizlinge der Jungen Union im Jahr 1979 auf einer Südamerikareise einen konspirativen Männerbund namens »Andenpakt«, der sich bis heute gehalten hat und dessen Mitglieder teilweise bis in höchste

Ämter gelangt sind: So etwa die Ministerpräsidenten Roland Koch, Peter Müller, Christian Wulf und Günther Oettinger, Ex-Verkehrsminister Mathias Wissmann, der stellvertretende CDU-Vorsitzende Christoph Böhr oder der außenpolitische Experte Friedbert Pflüger. Als Primus inter Pares gilt Roland Koch. Er selbst soll Merkel 2002 vom Winterurlaub aus die Kanzlerkandidatur ausgeredet haben: »Am Mittwoch, dem 9. Januar, kommt es zu einem lautstarken Telefonat zwischen Koch und Merkel. Der Ministerpräsident spricht seiner Parteichefin die ›Berechtigung‹ zur Kandidatur ab. Neben ihm auf der Skipiste steht sein Logenbruder Franz Josef Jung ... Merkel ist allein in ihrem Büro. Erst jetzt begreift sie, dass sie verloren hat. Mit einem gecharterten Flugzeug reist sie zu Stoiber und bietet ihm am Frühstückstisch in Wolfratshausen die Kanzlerkandidatur an.«[9]

Auch Edmund Stoiber macht in Sachen Loyalität eher Dienst nach Vorschrift. Er will sich zunächst nicht auf bestimmte Ressorts festlegen lassen, sondern »Seite an Seite« mit Merkel agieren.[10] Und während die CSU-Oberen schon um sein Erbe als Landesvater streiten, lässt er Freund und Feind noch ein wenig zappeln.

Es kann also gut sein, dass sich Merkels vermeintlicher dreifacher Vorteil – ostdeutsch, Frau und »jung« – als dreifacher Nachteil erweist. Ob die vierte Eigenschaft – protestantisch – ein Vorteil zur Gewinnung nicht katholischer Wähler ist oder die katholische Klientel abschreckt, sei dahingestellt. Die Bedeutung der Religion scheint eher einer Phantasie der *Bildzeitung* auf ebendiesem Niveau zu entspringen.

Aber apropos: Dass den Wahlkämpfern im Wortsinne nichts heilig ist, zeigte der Evangelische Kirchentag in Hannover. Zunächst redete Bundespräsident Horst Köhler den Hartz-IV-Opfern ein schlechtes Gewissen wegen der »Erblast« für kommende

Generationen ein. Sie sollten sich lieber den Veränderungen stellen. Dann warb Schröder für die Umverteilung nach oben mit der Floskel, man müsse eine produktive Wirtschaft mit Gerechtigkeit verbinden. Tags drauf prallten Merkel und Müntefering aufeinander, aber Gott sei Dank: »Die Organisatoren hoffen, dass der Kirchentag nicht für Wahlkampfzwecke genutzt wird.«[11]

Der Interessenlage und der Kompetenz der Beteiligten entsprechend, handelt es sich also um eine Karikatur auf einen »Richtungswahlkampf«. Dem entsprechen drei auf Boulevard-Niveau heruntergeschraubte Lesarten:

- Nach SPD-Lesart: hier die Vertreter der kleinen Leute, dort die kaltherzigen Neoliberalen.
- Nach Unions-Lesart: hier die mutigen Modernisierer, dort die ewig gestrigen Besitzstandswahrer und Planwirtschaftler.
- Nach Volkes Lesart allerdings: hier Jacke, dort Hose – »alles Jacke wie Hose«. Bernd Graff von der *Süddeutschen Zeitung* meint gar, dem Wähler könne es so vorkommen wie »die Wahl zwischen Pest und Cholera«. Mehr als die Hälfte der Bürger glaubt jedenfalls, dass sich auch unter einer schwarzgelben Regierung nichts ändern wird.

Aber nicht einmal eine erfundene Wende zum Besseren ist diesmal in Sicht. Vielmehr scheint überparteilicher neoliberaler Konsens zu sein, dass die Bevölkerung eines der reichsten Länder der Erde auf unabsehbare Zeit den Gürtel immer enger schnallen müsse – obwohl das Land insgesamt reicher und reicher wird.

Dies erklärt auch die abnehmende Unterscheidbarkeit der Parteien. Für Rotgrün wie für Schwarzgelb gilt: »Die große Koalition der Apokalyptiker ist vermutlich aus der Not geboren: als Seilschaft, die wenigstens sich selbst retten möchte.«[12]

Bemerkenswert ist allerdings das Eigentor des Arbeiteranwalts Müntefering, besser gesagt, »die Geister, die er rief«. Sein Heuschrecken-Ausfall war eigentlich gar keine Kapitalis*mus*kritik, wie er hinterher auch eiligst betont hat, sondern nur eine Kapitalis*ten*kritik, und auch nicht etwa an den lieben deutschen Unternehmern, sondern einigen »Ausreißern« wie etwa an den bösen amerikanischen Hedge-Fonds.

Dass dies, gelinde gesagt, zu Verwechslungsgefahr mit NPD-Propaganda führen kann, bedarf keiner Erläuterung.

Was die Sache aber tragikomisch und gefährlich macht, war das Ankommen der Botschaft als Kritik am kapitalistischen System.

Die nämlich fanden 70 Prozent der Bürger richtig. Genauso viele erkannten aber, dass Kumpel »Glückauf« Münte das Ganze nur als Wahlkampfgag gemeint habe. Dass ein Wirtschaftssystem, das die Reichen immer reicher und die Armen immer ärmer macht, für die meisten Menschen nicht gerade attraktiv ist und in ihren Augen irgendwann »an die Wand gefahren« werden könnte, kann nicht ernsthaft überraschen.

Nach einer Studie des Instituts TNS Infratest zweifeln immer mehr Deutsche sogar am demokratischen System der Bundesrepublik. Ihre Zahl stieg von acht Prozent 1986 auf dreißig Prozent 2005. In Ostdeutschland sind es sogar 38 Prozent. Besonders drastisch veränderte sich die Bedeutung der sozialen Gerechtigkeit. Im Jahre 1993 fanden 39 Prozent der Westdeutschen, aber 65 Prozent der Ostdeutschen diesen Wert besonders wichtig. Jetzt sind es 67 Prozent der West- und 68 Prozent der Ostbürger.

Doch auch solche Konstellationen können nahezu endlos funktionieren, solange eine solche Politik als »Sachzwang« und vor allem als »alternativlos« verkauft werden kann, wenigstens aber als das »kleinere Übel«: Es ist zu vermuten, dass die meisten

Wähler nicht für eine Partei votieren, sondern zur Verhinderung der jeweils anderen. Union und SPD. Rotgrün und Schwarzgelb sind dabei austauschbar.

Die große bekannte Unbekannte

Bewegung kommt allerdings in diese dröge Situation, wenn eine Partei auftaucht, die erstens in den Augen der Menschen etwas anders ist als »eine neue Partei im Eintopf des Neoliberalismus«, die zweitens allgemein verständliche und als realistisch angesehen Alternativen präsentieren kann und die drittens von Leuten vertreten wird, denen die Menschen zuhören und Kompetenz zutrauen.

Dies könnte momentan der Fall sein:

Zum einen gründeten im Januar 2005 vorwiegend abtrünnige und ausgestoßene SPD-Mitglieder sowie linke Gewerkschafter und einige »Linksradikale« die »Wahlalternative Arbeit und Soziale Gerechtigkeit« (WASG), die bereits vier Monate nach ihrer Gründung bei der Landtagswahl in Nordrhein-Westfalen 2,2 Prozent erreichte.

Zum anderen war Oskar Lafontaine seit geraumer Zeit auf dem Sprung und hatte bereits Anfang 2005 in seinem Buch *Politik für alle* die Möglichkeit seines Übertritts zur WASG angedeutet. Am Tag nach der Wahl verließ er tatsächlich die SPD, machte aber seine Mitarbeit von einem Zusammengehen von WASG und PDS oder der Gründung einer entsprechenden neuen Partei abhängig. Das Werben der PDS allerdings hatte er stets abgelehnt, und auch in erwähntem Buch attestiert er den ehemaligen Sozialisten ein »sozialdemokratisches Programm«, aber auch ein »Glaubwürdigkeitsproblem« im Westen.

Das ist zum Verzweifeln, denn es ist ja gerade das Hauptanliegen der PDS-Führung, »in der Demokratie anzukommen«, auf gleicher Augenhöhe mit den Politprofis aus dem Westen verhandeln zu dürfen. Für dieses hehre Ziel dient sich die PDS der SPD als Juniorpartner an. Im März 1999, als »Genosse Gerhard« mit Cohiba posiert und sich seinen Ruf als »Kanzler der Bosse« und »Autokanzler« redlich verdient, behauptet der PDS-Chefideologe Andre Brie: »Ohne SPD wird in diesem Land nun einmal keine alternative Politik möglich sein.«

Natürlich wackelt nicht der Schwanz PDS mit dem Hund namens politische Klasse: Die PDS ist äußerst wichtig vor allem im Osten, um jene Bürger anzusprechen, die von den anderen Parteien nicht erreichbar sind.

Und auch in der Berliner rotroten Koalition dient die PDS den »SPD-Genossen« als Schutzschild, wenn Blindengeld und Gratis-Schulbücher gestrichen und dafür Kindergartengeld erhoben und das Sozialticket für Bahn und Bus erhöht wird. »Das tragen sogar die Kommunisten mit«, heißt es dann nicht ohne Häme.

So unterschiedlich die beiden Parteien und die Person Lafontaine auch sein mögen, recht schnell war man sich »prinzipiell« über eine Zusammenarbeit einig, und natürlich darf bei so etwas auch Gregor Gysi nicht fehlen. »Gysi sieht Vereinigungsperspektive für PDS und WASG«, meldet *N24* am 26. Mai 2005.

Unabhängig davon, ob und in welcher Form eine solche Zusammenarbeit gelingt und ob sie zwei begnadeten Selbstdarstellern eine Bühne bietet: Die Meinungsforscher von Emnid sehen eine solche neue Linkspartei bei 8,5 Prozent. Und es muss ja nicht so sein, dass sich die Posten- und Anerkennungsjäger nebst den Parlamentsfetischisten durchsetzen, die nach ihrer Wahl von ihren Wählern möglichst nicht belästigt werden wollen.

Es könnte sich ja auch die Strömung durchsetzen, für die eine linke Partei »parlamentarischer Arm der außerparlamentarischen Opposition« wäre, wie es WASG-Sprecher Murat Cakir schon im November 2004 gegenüber *dpa* ausdrückte.

Natürlich könnten die anderen Parteien darauf hoffen, dass sich eine neue Partei in bester Tradition deutscher Nach-68er sofort heillos zerstreitet oder gar nicht erst zustande kommt. Sie könnten ebenso darauf vertrauen, dass die Leidensfähigkeit des deutschen Michel und seine Angst vor jedwedem Neuen größer sind als seine Empörung über die ständige Verschlechterung seiner Lage und der Mut zum Aufbegehren.

Aber der frühere SPD-Generalsekretär Peter Glotz traut dem Frieden nicht so recht: »Tatsache ist: Die deutsche Disziplin und Ruhe könnten trügerisch sein. Eine neue RAF, die Roland Berger befürchtet, ist nicht in Sicht. Aber wenn irgendwo 200 empörte Arbeiter, die entlassen werden sollen, obwohl der Konzern insgesamt schwarze Zahlen schreibt, alles kurz und klein schlagen, kann ein einziger Gewaltausbruch dieser Art einen Flächenbrand auslösen, wie einst der unpolitische Mordversuch an Rudi Dutschke zu Ostern 1968. Das ist die ›kirgisische Lektion‹; der kirgisische Widerstand ist die Reaktion auf den ukrainischen Widerstand, der in Osteuropa noch manchen Umsturz auslösen dürfte. Deutschland ist nicht Kirgisien, Deutschland ist ein Rechtsstaat und hat eine funktionierende Staatsmaschine und eine gute Polizei. Aber wird das reichen?«[13]

Glotz redet von Verhinderung eines Umsturzes durch »eine funktionierende Staatsmaschine und gute Polizei« – kein Wort von der zumindest hypothetischen Möglichkeit, die vielen neoliberalen Rezepte für allgemeinen Wohlstand könnten irgendwann greifen. Glotz weiß, dass die derzeitige Politik der Vergrößerung der Arm-Reich-Schere irgendwann zum großen Knall führen wird. Und es ehrt ihn, dass er den vielen stümperhaften

Wirtschaftsrezepten nicht ein weiteres hinzufügt, sondern gleich den Plan B zum demokratischen Sozialstaat Deutschland präsentiert.

An dieser Stelle allerdings werden neoliberale Profis zu Recht einwenden: »Die Verteidigung ihrer ... Besitzstände gegen die um sich greifende Wohlstandminderung und den Zugriff durch schlechter ausgestattete Gesellschaftsmitglieder wird für die privilegierten Agenten zunehmend teuer, bis die Kosten der Aufrechterhaltung des politischen und gesellschaftlichen Status Quo endlich prohibitiv hoch sind und es zum allgemeinen Einbruch oder Umsturz kommt.«[14] Im Klartext: Polizeistaat rechnet sich nicht nur nicht, sondern wird irgendwann auch unbezahlbar.

Dies mag der Kommunikationswissenschaftler Glotz aufgrund fehlender Ökonomiekenntnisse theoretisch nicht nachvollziehen können. Aber dass eine hochgerüstete Diktatur auf deutschem Boden kürzlich unter anderem an den Kosten für die Innere Sicherheit kaputtgegangen ist, sollte ihm doch zu denken geben.

Das Dauerdilettieren überforderter und unausgebildeter Stümper in höchsten politischen Ämtern kann jedenfalls nicht durch »eine gute Polizei« ausgebügelt werden.

Wie auch immer die nächste Bundestagswahl am Ende ausgehen wird, dieses Buch beweist: Kompetenz hängt keinesfalls von Regierungsbeteiligungen oder Oppositionsarbeit ab, sondern ist vielmehr parteiübergreifende Mangelware.

Einleitung

Arbeitslose sind faul, Schwaben geizig und Blondinen dämlich? Dämlich sind allein derartige Vorurteile – meistens jedenfalls. Wie aber steht es mit dem derzeit populärsten Vorurteil? Sind unsere Spitzenpolitiker Stümper? Befinden sich Kernbereiche unseres Staates in der Hand von überforderten Dilettanten?

Eine Lehrerin wacht über unsere Gesundheitspolitik, eine andere über unsere Forschung und Technologie, ein weiterer Lehrer über unsere Staatsfinanzen, ein Journalist über unsere Wirtschaft, ein Anwalt über unsere Verteidigung und ein Soziologe über unseren Umweltschutz.

»Man muss nichts können, man muss nur wollen.« Gilt diese Lebensweisheit auch für unsere politisch Verantwortlichen? Kanzlerimitator Elmar Brandt jedenfalls hat im März 2004 einen Riesenerfolg mit seinem »Lied der Stümper«, das die Unfähigkeit der Bundesregierung aufs Korn nimmt.[1]

Oskar Lafontaine zieht gar über die Kompetenz des gesamten Hohen Hauses her: »In den Details der Politik sind die Durchschnittsbürger oft besser informiert als die Mehrheit der Abgeordneten.«[2]

In der Tat lassen folgende Beispiele, nur einige von vielen, an den Fähigkeiten unserer Politiker zweifeln:

- Unglaubliche »Nachlässigkeiten« der Regierung bei der Aushandlung des Maut-Vertrages mit *TollCollect* bescheren dem Steuerzahler zweistellige Milliardenverluste.[3] »Es scheint ja doch noch zu klappen«, wundert sich *Welt*-Autor Andreas Middel drei Tage nach Einführung der Maut und beschreibt damit treffend das Stümperimage der Verantwortlichen.

- Trotz eines monatelangen zähen Ringens um die Agenda 2010, an dem angeblich die gesamte Regierung, der halbe Bundestag und Hunderte von Experten teilnehmen, wird ein Rechenfehler des Bundesfinanzministeriums von 1,2 Milliarden Euro erst drei Tage nach dem Kompromiss bemerkt.[4]
- »Strittige Details« in der Gesundheitsreform wie die Übernahme der Fahrtkosten durch die Kassen, die Praxisgebühr bei Notfallbehandlungen oder die Definition chronischer Erkrankungen bemerkt man ebenfalls erst im Nachhinein.[5]
- Die *Ich-AGs* werden ein glatter Flop. Nach Meinung von Ex-Arbeitsminister Norbert Blüm sind sie bestenfalls eine Einladung für Betrüger. Durch die Einführung von Hartz IV wachse der Anreiz, sie für fingierte Gründungen zu missbrauchen.[6]
- Die Modernisierung der Arbeitsagenturen bringt nichts für den Arbeitsmarkt. Die *tageszeitung* frotzelt: »Aber immerhin ist durch Hartz III kein Schaden entstanden. Das lässt sich nicht von jeder Reform sagen.«
- Kurz nach Verabschiedung des Arbeitslosengeldes II bringt ein simpler Softwarefehler dessen Auszahlung in Gefahr. Die Mitarbeiter der Arbeitsagenturen müssen deshalb in unzähligen Überstunden die Daten von Hand eintragen. Überhaupt äußert der Wissenschaftliche Dienst des Bundestages unmittelbar vor der Einführung Zweifel an der Verfassungsmäßigkeit von Teilen von Hartz IV.
- Im Februar 2005 kritisieren AOK und Bundeswirtschaftsminister Clement, die Gemeinden deklarierten kranke Menschen als arbeitsfähig, weil dann der Bund das Arbeitslosengeld II zahlen müsse.[7]
- Ob bei den Vermögensfreibeträgen für Kinder oder bei der Zusatzversicherung für Zahnersatz, es wird nachträglich korrigiert, was das Zeug hält.

- Auf Grundlage des »Volmer-Erlasses« (Grundgedanke: »In dubio pro libertate – im Zweifel für die Reisefreiheit«) vom März 2000 führt das Außenministerium im Mai 2001 per Erlass Reiseschutzpässe in den deutschen Auslandsvertretungen der GUS-Staaten ein. Diese Liberalisierung, so die CDU/CSU, habe »massenhaft Schleusertum, Zwangsprostitution und Schwarzarbeit gefördert«.[8] Trotz baldiger massiver Hinweise und Warnungen aus den Botschaften stoppt das Ministerium diese Praxis erst im Mai 2003. Im Februar 2005 wird zur »Visa-Affäre« ein Untersuchungsausschuss eingerichtet.

Kaum ist ein Gesetz beschlossen, muss es schon wieder »nachgebessert« werden. Überhaupt wird »nachbessern« neben »handwerklicher Fehler« zum geflügelten Unwort zur Beschreibung politischer Konzepte und ihrer Umsetzung.

Der *Spiegel* fasst derlei Höhepunkte fachlicher Inkompetenz im Titel »Lachnummer Deutschland« zusammen. *Spiegel TV* meint: »Die realhumorige Jeckenhochburg liegt nicht in Köln oder Mainz, sondern in Berlin. Hier sitzen sie, die wahren Tollitäten.«

Inwieweit ist diese Kritik berechtigt? Verlangen wir von den Politikern zu viel? Erwarten wir Alleskönner oder wenigstens Nobelpreiskandidaten in ihrem Fachgebiet? Was sollte ein Spitzenpolitiker können, was muss er beherrschen?

Wollen wir bei diesen Fragen dem Individuum Politiker gerecht werden, so müssen wir die unterschiedlichen Politikertypen berücksichtigen. Gemeint sind unter anderem

- die Universalexperten, die zu allem und jedem ihren Senf dazugeben,
- die von Christiansen und damit *allgemein* anerkannten Fachleute,

- die pflegeleichten Ziehkinder mächtiger Politiker,
- die Verlierer, die nach einem Karriereknick irgendwo unterkommen,
- die »Um-jeden-Preis-Karrieristen«, denen das Ressort im Grunde völlig egal ist,
- der karriereversessene Nachwuchs,
- die »Quoten-Vertreter« für Ossis, Frauen, Gewerkschaften oder Parteiflügel,
- die »Parteisoldaten«,
- die Wirtschaftslobbyisten und Doppelverdiener,
- die Selbstdarsteller, für die Politik in erster Linie eine Bühne ist.

Vervollständigt wird die Typenbetrachtung durch einen Blick auf

- die Regierungsbeamten, die manch einer in der Tradition preußisch-erstklassiger Beamtenkompetenz wähnt,
- die »Versorgungsfälle«, denen ohne Geld durch die Politik bittere Armut drohte,
- die »Durchläufer«, für die das politische Amt nur Sprungbrett für Traumjobs in Staat und Wirtschaft ist.

Da es vor allem auf diejenigen ankommt, die uns regieren, ist die rotgrüne Regierungskoalition häufiger vertreten als die Opposition in Schwarzgelb; und die PDS als Abgeordnetenduo im Bundestag und Juniorpartner in zwei Landesregierungen wird nur am Rande erwähnt. Auch können wir nicht alle deutschen Spitzenpolitiker betrachten. Doch auch sie lassen sich in den meisten Fällen (mindestens) einem der betrachteten Politikertypen zuordnen. Inkompetenz von Politikern hat Folgen: Man gibt Unsummen für Berater aus oder begeht jene handwerklichen Fehler, die ebenfalls horrende Summen verschlingen. Diese Freigebigkeit beschwört weitere Fragen herauf: Sind wenigstens diese Berater kompetent? Und welche »Fehler« sind wirklich unabsichtlich und nicht »interessengesteuert«?

Am Ende dieses Buches stehen natürlich keine Allheilmittel und möglicherweise weniger endgültige Antworten als vielmehr neue Fragen.

Dies allerdings liegt nicht unbedingt am Autor, sondern vielleicht an der Tücke des Objekts Parlamentarische Demokratie. Es ist wie in Heinrich Bölls Schülerpflichtlektüre »Es wird etwas geschehen«: Wie bisher geht's nicht weiter, auch wenn man noch nicht so recht weiß, wie.

Einstweilen aber ist schon viel gewonnen, wenn hinter aller *Christiansen*-Phraseologie und aller neoliberalen Parteienprosa immer deutlicher wird, dass des Kaisers neue Kleider nur Halluzination und Schmierenkomödie sind: dass der Kaiser – in Gestalt von Regierung und Opposition – schlicht und einfach nackt ist.

Teil I. Wieviel Kompetenz brauchen die Politiker?

1. Was ist Kompetenz?

Zwei Meister der volksnahen Ausdrucksweise pflegen ihr Urteil über die Kompetenz von Politikern in leicht verständliche Worte zu kleiden. »Der Hans, der kann's«, frohlockte Bundeskanzler Gerhard Schröder zur Blütezeit seines Finanzministers Eichel.[1] »Der kann es nicht«[2], urteilte dagegen Eichels Vorgänger Oskar Lafontaine über die Regierungsarbeit seines Intimfeindes Schröder.

Es geht also um die Frage, ob die Politiker »ihr Handwerk beherrschen«, also das Amt oder Mandat sachkundig ausüben oder wenigstens wissen, wovon sie reden und worum es überhaupt geht.

Dabei wird keinesfalls universelles Detailwissen gefordert. Ein Kapitän muss ein Schiff nicht selbst am Reißbrett entwerfen und anschließend zusammenbauen können. Er sollte aber fähig sein, Kompass und Wetterkarten zu lesen, einen Anker zu werfen und notfalls die Rettungsboote betriebsbereit zu machen.

Beim Prüfen von Kompetenz ist es wie in der Schule: Eine hervorragende Klausur kann der Schüler auch durch Schummeln erreicht haben. Eine miese Klassenarbeit dagegen deutet auf Inkompetenz hin. Man sagt, ein Nüchterner könne einen Betrunkenen imitieren, aber nicht umgekehrt.

Ist Kompetenz eine Erfolgsgarantie?

Häufig verlangen bloßgestellte »Experten« von ihren Kritikern, sie sollten gefälligst sagen, wie man es besser macht. Doch das ist keineswegs die Aufgabe des Kritikers.

Wer nachweist, dass das kleine Einmaleins für die Berechnung von Raum und Zeit des Andromedanebels nicht ausreicht, muss keine eigene Formel zur Berechnung des Universums vorlegen. Er muss nicht einmal behaupten, dass eine derartige Berechnung überhaupt möglich ist. Wer allerdings eine Truppe von Abc-Schützen mit diesen Berechnungen beauftragt, zeigt deutlich, dass er gar kein Interesse an der Lösung hat. In diesem Sinne behauptet zum Beispiel die Kritik an fehlender Wirtschaftskompetenz keineswegs, die Probleme der Marktwirtschaft seien bei ausreichender Kompetenz der Verantwortlichen grundsätzlich lösbar.

Vielleicht kann auch der beste Kapitän nichts ausrichten; aber wer einem Fliesenleger das Kapitänsamt anvertraut, verrät deutlich, dass er auf eine fähige Leitung des Schiffs gar keinen Wert legt, weil ihm vielleicht gar nicht das Schiff am Herzen liegt, sondern er andere Ziele verfolgt. Überprüft man zum Beispiel die Kompetenz von Astrologen, so findet man welche, die das Sterndeuten beherrschen, andere, die Sternbilder auswendig aufmalen, aber nicht deuten können, wieder andere, die von Astrologie nicht die geringste Ahnung haben und der Kundschaft mit dummen Sprüchen das Geld abnehmen – und schließlich diejenigen, die aufgrund ihres wissenschaftlichen Ansatzes die Astrologie als Humbug kritisieren.

Wenn also Kompetenz keine Erfolgsgarantie ist, so heißt das noch lange nicht, dass die Verantwortlichen nach Belieben die Realität ein- oder ausblenden können: Sicherlich kann keine Politik der Welt frei von äußeren Bedingungen, vor allem internationalen Einflüssen, betrieben werden. Abstoßend ist aber jenes beliebte Ritual: Regierungen rechnen günstige Entwicklungen, zum Beispiel der Konjunktur und des Arbeitsmarktes, stets sich selbst an und schieben alles Negative auf »äußere Einflüsse« – und die Opposition sieht es aus Prinzip genau umgekehrt.

Man kann dem Bürger nicht verdenken, wenn er vom Ergebnis auf Kompetenz beziehungsweise einen Mangel an derselben schließt, nach dem Motto: »Einen Elfmeter *verschießen* kann ich auch, dazu brauchen wir keine hochbezahlten Stars.«

Brauchen Fachpolitiker eine Ausbildung?

Was macht nun einen »kompetenten« Fachpolitiker aus? Der Fachakademiker schwört auf ein Fachstudium, der Unausgebildete erklärt dies selbstredend für überflüssig und erzählt etwas von »Autodidaktik« oder »praktischer Erfahrung«.

Nun ist Kompetenz leider – oder für manche zum Glück – ein dehnbarer Begriff. Auch Ärzte werfen sich gegenseitig Quacksalberei vor. Dennoch ist man sich meist einig, dass ein Medizinexamen Bedingung ist, um überhaupt auf den Patienten losgelassen zu werden.

Allerdings ist ein Studienabschluss genau genommen nur ein Beleg dafür, dass man einige Prüfer gefunden hat, die einem die notwendigen Fähigkeiten bescheinigen. Dass diese Fähigkeiten tatsächlich vorhanden sind, kann der Außenstehende bestenfalls annehmen. Dennoch will man wenigstens den formalen Fähigkeitsnachweis sehen, er ist sozusagen »besser als nichts«. Insofern ist die nachgewiesene Ausbildung ein wichtiger Anzeiger für Kompetenz. Könnte man sich nämlich alles autodidaktisch aneignen, so hätten Universitäten, Schulen und andere Lehrinstitute ihre Berechtigung verloren.

Natürlich reagiert die Allianz der Inkompetenz auf Fragen nach einem Fähigkeitsnachweis je nach Stimmungslage in der Bevölkerung arrogant, beleidigt oder aggressiv. Häufig kommt der trotzige Einwand, man könne auch außerhalb des Ausbildungsbetriebs Kompetenz erwerben. Einige »Experten« hätten zumindest einige Jahre einschlägige »Berufserfahrung« innerhalb der Politik.

Das klingt plausibel, doch dürfte das auch die Verteidigungsstrategie des gelernten Postboten Gert Postel über seine Rolle als falscher Psychiater gewesen sein. Auch Postel hatte einige Jahre einschlägige Berufserfahrung. Er arbeitete unter anderem als Stabsarzt bei der Bundeswehr, als Begutachtungsarzt für die Erstellung von Rentengutachten im Berufsförderungswerk Berlin-Brandenburg und zuletzt sogar als Oberarzt in der Psychiatrischen Abteilung des Sächsischen Krankenhauses Zschadraß. Er hat sogar weder Menschen geschadet noch Steuergelder in Millionenhöhe verschwendet.

Aber hat irgendjemand dem falschen Arzt Gert Postel seine jahrelange »Berufserfahrung« zugute gehalten? Dabei wurde Postels Kompetenz keineswegs angezweifelt. Da er sich jedoch als Arzt und nicht als Politiker ausgegeben hatte, landete er nicht im Bundestag, sondern im Gefängnis.[3]

Die Gesellschaft fordert einen Ausbildungsnachweis bei einer Fülle von Berufen: So muss ein selbständiger Installateur eine Meisterprüfung absolviert haben, und ein Rechtsanwalt muss zwei Staatsexamina ablegen. Der Fleischermeister Hartmut Büttner (CDU) darf ohne Meisterbrief nicht einmal eine kleine Fleischerei eröffnen, wohl aber ohne Leistungsnachweis als stellvertretender Vorsitzender des Bundestags-Innenausschusses fungieren. Weder darf ein Englischlehrer gewerbsmäßig Gasheizungen reparieren noch eine Erzieherin als Ich-AG rezeptfreie Kreislauftabletten verordnen. Tun sie es doch, bekommen sie einen Heidenärger: Man hält sie sozusagen qua nicht abgelegter Fähigkeitsprüfung pauschal für inkompetent und lässt auch keine noch so rührenden Schilderungen über Lebenserfahrung, Naturtalent oder Selbststudium gelten. Und was geschieht wohl, wenn jemand bei der Verkehrskontrolle jahrelanges unfallfreies Fahren ohne Fahrerlaubnis als Führerscheinersatz geltend machen will?

Im Übrigen geht das Argument der »Erfahrung« ins Leere; denn bei vielen »Sprechern«, »Experten« oder Amtsträgern ist nicht einmal eine frühere oberflächliche längere Tätigkeit in ihrem Sachgebiet erkennbar. Es ist eben *nicht* so, dass man *zuerst* gewissenhaft nach dem fähigsten Kandidaten sucht und *dann* die Sache nicht am fehlenden Fachstudium scheitern lässt. Vielmehr erhält häufig jemand aus völlig *fachfremden* Gründen das Amt. Sollte diese Person – durch Studium oder nicht – Fachkompetenz besitzen, so ist dies ein glücklicher Zufall.

Vor diesem Hintergrund ist ein Blick auf die Qualifikation der politisch Verantwortlichen nicht nur legitim, sondern auch dringend geboten: Wie niedrig wird die Kompetenzlatte gelegt?

Wann ist jemand ein Finanz-, Gesundheits-, Umwelt-»Experte«? Qualifizieren »Ferien auf dem Bauernhof« zur »Landwirtschaftskompetenz«? Was ist davon zu halten, wenn ein Jurist »Wirtschaftskompetenz«, ein Lehrer »Finanzkompetenz« und ein Gelegenheitsjournalist »Umweltkompetenz« beansprucht?

Der Verdacht drängt sich auf, dass viele Politiker ihr Amt weniger mit Sachverstand als vielmehr nach dem Grundsatz »Was ich nicht weiß, macht mich nicht heiß« oder »Ausbildung verdirbt den Charakter« ausüben.

Das Recht des Volkes auf kompetente Politiker

Minister und Staatssekretäre schließen mit dem Volk eine Art Arbeitsvertrag. Sie erhalten Geld vom Volk, und das Volk erwartet dafür eine Gegenleistung. Die Mitglieder der Bundesregierung müssen einen Amtseid nach Artikel 56 des Grundgesetzes ablegen:

> »Ich schwöre, dass ich meine Kraft dem Wohle des deutschen Volkes widmen, seinen Nutzen mehren, Schaden von ihm wenden, das Grundgesetz und die Gesetze des Bundes wahren und verteidigen, meine Pflichten gewissenhaft erfüllen und Gerechtigkeit gegen jedermann üben werde. So wahr mir Gott helfe.«

Logischerweise können die Amtsträger die vorgesehene Gegenleistung nur erbringen, wenn sie zumindest eine Minimalqualifikation besitzen. Ist dies nicht der Fall, drängt sich die Frage auf, wofür sie eigentlich ihr Geld bekommen. Anders als das Regierungsmitglied muss der Abgeordnete überhaupt nichts versprechen. Nach Artikel 38 des Grundgesetzes (GG) ist er ein »Vertreter des ganzen Volkes, der an Aufträge und Weisungen nicht gebunden und nur seinem Gewissen unterworfen ist«. Wer aber außer dem Abgeordneten selbst will beurteilen, was sein Gewissen befiehlt? Ganz offenbar erhält »Gewissen« hier die Bedeutung von »Gutdünken«: Der Volksvertreter kann tun und lassen, was er will, sofern er sich im Rahmen von Recht und Gesetz bewegt.

Auch wenn Verfassungsschelte diesem Buch fern liegt: Mit einer derart enormen Chuzpe, mit der sich unbedarfte Menschen (oft genug am Volkswillen vorbei über die Parteilisten) ins Parlament hieven lassen und sich dort als »Experten« oder Fachsprecher ihrer Fraktionen gerieren, haben die Mütter und Väter des Grundgesetzes wohl nicht gerechnet – es gibt (leider) kein verfassungsrechtliches Stümperverbot.

Kompetenz unerwünscht – der Nutzen inkompetenter Politiker

Zuweilen scheint Kompetenz nicht nur überflüssig, sondern auch gar nicht erwünscht. Häufig sind inkompetente Politiker besonders loyal: Wer keinen Schimmer hat, will nicht auffallen und schon gar keinen Streit mit der Führung; schließlich ist er wegen seiner Inkompetenz erpressbar: Wo würde er schon einen ähnlich gut dotierten, ähnlich im Rampenlicht stehenden Job finden?

Wie steht es nun mit der Gegenleistung inkompetenter Fachpolitiker? Die allgemeine These lautet: Erwartet wird statt Arbeit für das Gemeinwohl die bedingungslose Unterstützung der Machtinteressen derer, denen sie ihren Job verdanken – dem Kanzler, der Regierung oder der Partei.

Diese Unterstützung ist aber umso bedingungsloser, und diese Politiker sind umso pflegeleichter, je schlechter ihr parteipolitisches Ansehen und ihre politische Situation sind. Und es ist durchaus vorstellbar, dass etwa der Kanzler mit einem Theologen oder einer abgebrochenen Studentin im Staatssekretärsrang ähnlich spricht wie weiland Kaiser Franz Beckenbauer mit seinen Bayern-Spielern: »Wäret ihr keine Fußballprofis, so müsstet ihr unter den Isarbrücken schlafen.«

Ähnliches gilt übrigens auch für Politiker mit Karriereknick, ob nun Wahlverlierer, Bonusmeilensünder oder allzu forsche

Aufsteiger. »Ein dummes Wort« – dies wissen alle Beteiligten – und sie können ihre Karriere samt ihrer bisherigen Existenz vergessen.

Das Vortäuschen von Kompetenz

Kann ein Betrunkener also doch einen Nüchternen imitieren? Kann ein Ahnungsloser Kompetenz vortäuschen? Jedenfalls ist im Gegensatz zur echten Kompetenz das Vortäuschen von Kompetenz erwünscht und notwendig. Einem Fachpolitiker sollte die Inkompetenz nicht gleich aus allen Knopflöchern hervorquellen. Er sollte zumindest das allgemein übliche Blabla beherrschen, das sich auch jeder völlig Unbedarfte binnen zwei Wochen aneignen kann.

Kompetenzvortäuschung ist besonders notwendig in der so genannten »Mediendemokratie«. Der leider bereits verstorbene Journalist Günther Gaus beklagte, dass heutzutage für eine Politikerkarriere die Präsentation in Talkshows und durch menschelnde Storys wichtiger ist als wirkliche Fähigkeiten.[4] Die wachsende Bedeutung der Medien hat auch Kanzler Schröder erkannt, der einmal sagte, zum Regieren reichten ihm »Bild, BamS und Glotze.«[5]

Recht zu bekommen ist wichtiger als recht zu haben, und Kompetenz auszustrahlen ist wichtiger als Kompetenz zu besitzen. Dies hört sich windig an, entspricht aber exakt der Marktwirtschaft: Ein Produkt muss dem Käufer nützlich *scheinen,* nicht nützlich *sein.* Die Verpackung ist wichtiger als die Ware, die Werbung teilweise teurer als die Herstellung des Produkts.

Der Parteienforscher Hans Herbert von Arnim stellt fest, Berufspolitiker seien gar nicht auf den Erwerb und Besitz von Kompetenz, sondern auf das Vortäuschen von Kompetenz, die »Darstellungskompetenz von Kompetenz«, bedacht und spezialisiert. Dies unterscheide sie von »Angehörigen wirklicher Professionen«, wie Ärzten, Rechtsanwälten oder Unternehmern, »die durch anspruchsvolle theoretische und praktische Spezialausbildungen ein hohes Maß an Fachwissen erworben haben«.[6]

Kompetenz vorzutäuschen ist wie Frauenquoten mit Transvestiten zu unterlaufen.

Nicht zufällig wird das Reizwort »Kompetenz« geradezu zum Fetisch aufgeblasen, etwa als Möchtegernkanzler Edmund Stoiber im Wahlkampf 2002 eine Liste mit Ministerkandidaten »Kompetenzteam« nannte. Schon allein die Vokabel »Kompetenz« soll Kompetenz suggerieren.

Konrad Adam hinterfragt das Zauberwort in der *Welt:* »Politische Kompetenz? Aber für was eigentlich?« Und er kommt zu dem Schluss: »Der Reiz des Wortes Kompetenzteam besteht darin, dass niemand weiß, was mit ihm gemeint ist. Definitionsversuche sind nur negativ möglich … Es verhält sich mit diesem Team wie mit Ludwig Erhards ›Formierter Gesellschaft‹, einer bewusst unbestimmten Wortschöpfung, die deshalb so erfolgreich war, weil sich jeder bei ihr denken konnte, was er wollte. Das Kompetenzteam soll die Fantasie beschäftigen, und das tut es ja auch.«

Betrachten wir einmal die Umfragen über Politikerkompetenz: So befragt die Forschungsgruppe Wahlen kurz vor den Bremer Landtagswahlen im Mai 2003 für das ZDF-Politbarometer 1003 unbescholtene Hansestädter und veröffentlicht zur besten Sendezeit Ergebnisse wie dieses: »Bei der Wirtschaftskompetenz führt die CDU mit 29 Prozent vor der SPD mit 21 Prozent (keine/weiß nicht: 46 Prozent). Besonders deutlich fällt der Kompetenzvorsprung der CDU beim Thema ›Finanzen‹ aus: CDU: 43 Prozent; SPD: 16 Prozent; keine/weiß nicht: 37 Prozent.«

Woran nun »erkennt« der Bürger die Wirtschaftskompetenz? An *Zahlen, Daten, Fakten?* Woher will der Normalbürger wissen, welchen Anteil an der Konjunktur oder den Arbeitslosenzahlen der Bund, die EU, die Weltwirtschaft und die Bremer Landesregierung haben? Und wie will er Oppositionspolitiker beurteilen?

Wie will der Normalbürger entscheiden, ob höhere Löhne gut sind, weil sie die Kaufkraft stärken, oder schlecht, weil sie die Unternehmen belasten und so deren Investitionsbereitschaft hemmen?

Dennoch halten sich die meisten Befragten nicht mangels Fachwissens aus einer Beurteilung heraus, sondern verteilen Kompetenznoten, bei den Wahlen in Form von Stimmen.

Wenn aber die Bürger wirkliche Kompetenz gar nicht beurteilen können, dann entscheiden sie nach dem Eindruck: Ruhig, ernst und entschlossen wirkt kompetenter als fahrig, nörgelnd und zaudernd; brillante Rhetorik erscheint kompetenter als unbeholfenes Stammeln. Auch das Aufsagen von Zahlen schindet Eindruck: Aber wer kann schon beurteilen, ob der »Experte« als Daten zur Bruttoinlandsverschuldung oder zur Nettokreditaufnahme nicht in Wahrheit das Geburtsdatum der Ehefrau oder die Autonummer des Dienstwagens nennt?

Imageberater

Kein Wunder, dass Imageberater für die Spitzenpolitiker immer wichtiger werden. So soll Hans Eichel dem Imageberater und Erfinder des »Spar-Hans«, Klaus-Peter Schmidt-Deguelle, seit

Jahren ein Tageshonorar von 510 Euro zahlen, und das an rund 120 Tagen des Jahres.[7] Aber gutes Image ist nun einmal teuer – für den Steuerzahler. Prompt kritisiert der Bundesrechnungshof Eichels Verträge mit Deguelle.

Noch freigebiger war übrigens Florian Gerster, der ehemalige Chef der Bundesagentur für Arbeit: »Für insgesamt 1,3 Millionen Euro, beschafft aus den Beiträgen der Arbeitnehmer zur Arbeitslosenversicherung, beschäftigt Gerster den Medienberater Bernd Schiphorst. Der soll dafür Konzepte und Werbemaßnahmen liefern, um ihm und seiner Behörde ein besseres Image zu verschaffen.«[8]

Der notorische Bajuware Edmund Stoiber heuerte für seine Kanzlerkandidatur 2002 den früheren Chefredakteur von *Bild am Sonntag,* den Hessen Michael H. Spreng, als Wahlkampfmanager an, um ihn für Nichtbayern wählbar zu machen. »Sind Stoibers Füße nicht etwas steif? Stakst er nicht ein wenig beamtenmäßig und gänzlich unbarock? Spreng weiß, dass man Stoibers Haupthaar nicht lockern und das Brillengestell nicht elastisch machen kann.«[9]

Dafür aber rät er zur Bühnenrolle »Ein ernster Mann für ernste Zeiten« und zum Kompetenz-Wahlkampf inklusive des legendären »Kompetenzteams«, warnt davor, »Deutschland als Sanierungs-Fall darzustellen«. Stattdessen solle Stoiber den Deutschen verkünden, sie sollten »auch Stolz empfinden, an Werte oberhalb der Wirtschaft denken, nach Bildung streben, für die sie traditionell alle Anlagen besäßen«.[10] Damit macht der Berater Spreng in Wahrheit die Politik – und hat ja auch fast Erfolg damit. Nur 6000 Stimmen fehlen Stoiber, der ja am Wahlabend bereits stilblütenhaft »ein Glas Champagner öffnen« wollte.[11]

Wieso nicht gleich Schauspieler?

Es ist anzunehmen, dass den Spitzenpolitikern bei der Frage eines erfolgreichen Auftritts sofort das legendäre Rededuell von 1960 zwischen John F. Kennedy und Richard Nixon einfällt: »Nixon ... war unrasiert und nicht in bester gesundheitlicher Verfassung ... Während die Zuhörer am Radio Nixon für den Gewinner der Debatte hielten, sah das TV-Publikum eine unseriöse, leicht derangierte Figur, die ihrem attraktiven Herausforderer nichts entgegenzusetzen hatte. Kennedy gewann mit 120 000 Stimmen und dürfte damit der einzige Kandidat sein, der seinen Sieg auf seine Leistung in einer Debatte zurückführen kann.«[12]

Es ist also gar nicht so lächerlich, dass einige Damen und Herren mehr Sorgfalt auf ihre Kleidung und Frisur als auf ihre Argumente verwenden.

Schließlich ist ihre Zielgruppe – verständlicherweise – nicht der interessierte, informierte Bürger, sondern das unaufgeklärte Stimmvieh.

Vor diesem Hintergrund – und angesichts der Beispiele Ronald Reagan und Arnold Schwarzenegger – fragt man sich sogar, ob Schauspieler nicht die glaubwürdigeren Politiker wären.

Denken wir nur an die Verfilmung der Guillaume-Affäre »Im Schatten der Macht« mit Michael Mendl als Willy Brandt, Dieter Pfaff als Hans Dietrich Genscher und Rudolf Kowalski als Egon Bahr. Oder erinnern wir uns an das »Deutschlandspiel« um die Deutsche Vereinigung mit Lambert Hamel als Helmut Kohl, Rudolf Wessely als Erich Honecker, Udo Samel als Michail Gorbatschow und Nicole Heesters als Margaret Thatcher: Kompetenter geht's nimmer!

Wäre Gabi Köster als Angela Merkel nicht aufrichtiger, Elmar Brandt als Gerhard Schröder nicht authentischer und Mathias Richling als Edmund Stoiber nicht bajuwarischer? Und wenn ein

Armin Müller-Stahl den Kopf bedächtig wiegt und die Stirn in Falten legt, wer könnte ihm dann in puncto Kompetenz – egal auf welchem Fachgebiet – das Wasser reichen?

»Kompetenz« à la Bild

Wie aber stellt man es an, dass man auf die »kleinen Leute«, die ja die Mehrheit der Wahlberechtigten stellen, »kompetent« wirkt? Wen und was halten sie für kompetent?

Der »Experte«

Es mag der »ewige Untertan« im Deutschen sein oder ein völkerübergreifendes Gen: Bei Titeln oder wichtig klingenden Bezeichnungen fällt bei vielen die Scheuklappe der Ehrfurcht. Die bloße Frage nach der Qualifikation gilt als unschicklich.

- Zur Zeit unserer Großeltern war schon »der Herr Studiosus« eine Respektsperson, die gleich nach der Immatrikulation Visitenkarten mit »cand. jur.« oder »cand. med.« wie Bedeutungs- oder Fähigkeitsnachweise unter das staunende Volk streute.
- In den sechziger Jahren des vorigen Jahrhunderts ließ ein »Tchibo-Kaffee-Experte« in einem halbminütigen Werbespot den »Expertenblick« über Kaffeeplantagen schweifen, um Sachverstand bei der Bohnenauswahl zu suggerieren.
- In den Siebzigern und Achtzigern sorgte ein Heilpraktiker Dr. Manfred Köhnlechner für Aufsehen, hohe Auflagen – und Hoffnungen sogar bei Krebskranken. Kaum ein Bürger wusste,

dass der »Herr Doktor« ein Jurist und ausgestiegener Buchclub-Manager war.

- Und selbst im Jahr 2004 leistet sich das ARD-Morgenmagazin als »Gesundheits-Papst schlechthin« einen Professor Hademar Bankhofer. Der gibt alle möglichen Gesundheitstipps, die das Fernsehvolk dann mit den Worten »Der Herr Professor hat aber selbst gesagt« dem Hausarzt oder Internisten um die Ohren schlägt. Was kaum jemand weiß: Bankhofer ist ein Journalist aus Österreich, dem das Land der Titel und Auszeichnungen den »Professor« als »Anerkennung« verliehen hat.
- Eine Frau Professor Gertrud Höhler geistert als »Expertin« für Korruption, Sozialreform und Deregulierung durch die Talkshows. Höhler ist aber bestenfalls dazu ausgebildet, derartige Texte auf Rechtschreibung durchzusehen. Sie ist Professorin für Literatur.

Kein Wunder also, dass – wie wir noch sehen werden – ein Großteil der Fachsprecher und »Experten« der Parteien mit ihrem Ressort vorher wenig oder gar nichts zu tun hatte. Der bloße Titel »Experte« scheint als Kompetenznachweis völlig auszureichen.

Was der erwähnte falsche Arzt Postel über Kompetenzvortäuschung in der Medizin schreibt, liest sich durchaus wie eine Anleitung für Politiker: »Wer die psychiatrische Sprache beherrscht, der kann grenzenlos jeden Schwachsinn formulieren und ihn in das Gewand des Akademischen stecken.«[13]

Die Expertenweisheiten

Wen der Durchschnittsdeutsche so alles als »Experten« durchgehen lässt, verkörpern besonders zwei »allwissende Fernsehhelden«: Das legendäre »Ekel Alfred« Tetzlaff und der arbeitslose »Thekentheoretiker«[14] Dittsche, der von Comedystar Olli Dittrich gespielte Titelheld einer WDR-Serie. Dittsche bezieht sein »Wissen« aus Medien wie der *Bildzeitung* und drängt es den Mitmenschen auf. Er weiß von allem etwas, aber nichts richtig; und dieses Halbwissen gibt er als »vollen Durchblick« oder gar als »Wissenschaft« aus.

Zwar sehen wir Ekel Alfred und Dittsche kaum als Fachleute an, aber sind die Ergüsse jener »Experten« der politischen Parteien um so viel geistreicher?

Wie viel Wirtschaftskompetenz erfordert Schröders Bezeichnung der Lehrer als »faule Säcke«[15], wie viel Arbeitsmarktkompetenz der Kanzlerspruch »Es gibt kein Recht auf Faulheit in unserer Gesellschaft«?[16] Erfordert dies wirklich mehr als die Kompetenz von Kanzlers »Bild, BamS und Glotze«, die ja auch die wissenschaftlichen Quellen von Tetzlaff und Dittsche sind? Worin unterscheidet sich die Aussage des CDU-Wirtschaftsexperten Matthias Wissmann, es müsse »bei der geplanten Zusammenlegung von Arbeitslosengeld und Sozialhilfe der Anreiz zur Arbeitsaufnahme deutlich erhöht werden«, von der Stammtischparole »Dem faulen Gesindel gehört der Geldhahn abgedreht«?

Derartiger Biertischweisheiten befleißigen sich aber auch viele »Fachpolitiker«:

Beispiel 1: Lehrerin Ulla Schmidt verkündet am 9. September 2003 vor dem Deutschen Bundestag: »Auch im Gesundheitswesen kann nur verteilt werden, was zuvor erwirtschaftet worden ist. Die Gesundheitsreform als Bestandteil der Agenda 2010 ist ein wichtiger Eckpfeiler zur wirtschaftlichen Belebung, zur Senkung der Lohnnebenkosten und damit zur Schaffung von Arbeitsplätzen.«[17] Der *Spiegel* beobachtet Ulla Schmidt bei einem Live-Auftritt: »Sie sagt Sätze wie: ›… müssen mehr Investitionen in die Köpfe unserer Jugend getätigt werden. Dass das ein Punkt ist.‹« Oder: »Wir müssen dann sagen, dass Wirtschaftswachstum nicht ausreicht zu Wohlstand wie früher, sondern dass auch Beschäftigung grundlegend ist …«[18]

Beispiel 2: Der abgebrochene Sinologiestudent und Grünen-Chef Reinhard Bütikofer produziert sich als Experte zu Agenda 2010 und Wirtschaftswachstum. Dem *Handelsblatt* sagt er: »Die strategische Orientierung der Offensive geht genau in die richtige Richtung. Die Hauptaufgabe für 2004 ist eine breit angelegte – auch von der Wirtschaft mitgetragene – Initiative für Bildung, Wissenschaft und Innovation. Wir müssen nun die Wachstumskräfte entfalten, für die wir mit den Reformen 2003 den Spielraum geschaffen haben.«

Beispiel 3: Die Brandenburger Chemikerin Katherina Reiche (CDU), eben noch (2002) Familienministerin in spe im »Kompetenzteam« des Kanzlerkandidaten Stoiber, gibt sich als »Bildungsexpertin« der Bundestagsfraktion aus. Mal fordert sie auf ihrer Internetseite »bundesweit Benimm-Unterricht«: »Die Jugend soll wieder ernsthaft werden und sich gegenüber anderen anständig verhalten.« Mal schwadroniert sie im Deutschlandfunk darüber, »dass Elitebildung nirgendwo anders als in der Schule beginne und wenn man Bildung neu denken wolle, so müsse man selbstverständlich das Schulwesen reformieren«.[19]

All dies ist natürlich nicht unbedingt falsch, aber auch der Satz »So jung kommen wir nie wieder zusammen« ist ja schwer zu widerlegen.

Wann entdecken die Macher der dahindümpelnden ARD-Sendung »Verstehen Sie Spaß?« unsere Politiker als »Opfer«?

Frank Elstner könnte Frau Schmidt »auflauern« und fragen: »Ist Ihre Gesundheitspolitik eher angebots-, eher nachfrage- oder eher sozialstaatsorientiert?«

Herrn Bütikofer würde Elstner fragen: »Welche Rolle für das Wachstum spielen Bildungsinvestitionen genau? Müssen sie sich selbst tragen oder gar Gewinn abwerfen?«

Von Frau Reiche würde er wissen wollen: »Was sollten Hauptschüler über die Beziehungen deutscher Firmen zum Hitlerregime wissen, was über die Entwicklung der Arm-Reich-Schere, und was wissen Sie selbst eigentlich darüber?«

Und wäre Elstner nicht Elstner, sondern frisch und forsch, so fragte er alle drei: »Sagen Sie mal, verstehen Sie die Frage überhaupt?«

Die eigentliche Kompetenz der Politiker

Neben dem Vortäuschen von Kompetenz ist offenbar die eigentliche Kompetenz vieler Politiker der eigennützige Machtkampf für sich selbst. Dies ist eigentlich ganz natürlich, denn immerhin beruht ja die Marktwirtschaft auf dem Eigennutzaxiom, also der Annahme, dass jeder sich selbst der Nächste sei: »Nicht von der Güte des Fleischers, Brauers oder Bäckers erwarten wir unsere Mahlzeiten, sondern von deren Rücksicht, die jene auf ihr eigenes Interesse nehmen.«[20]

Warum also soll das Eigennutzaxiom ausgerechnet für die Politiker nicht gelten? Genau diese Frage stellte sich auch Anthony Downs, der Begründer der Neuen Politischen Ökonomie. Downs kommt zu dem Schluss: »Parteimitglieder haben als Hauptmotiv den Wunsch, sich die mit dem Regierungsamt verbundenen Vorteile zu verschaffen; daher streben sie nicht die Regierung an, um vorgefasste politische Konzepte zu verwirklichen, sondern formulieren politische Konzepte, um an die Regierung zu kommen.« Entsprechend ist »das Hauptmotiv der Regierung Maximierung der Stimmen, nicht des Nutzens oder der Wohlfahrt«.[21]

Oder mit den Worten des Blödelgenies Otto Waalkes: »Wo ich politisch stehe? Ach wissen Sie, ich halte nichts von diesen Rechts-links-Klassifizierungen. Hauptsache, ich komm gut rein, sitz fett drin und brauch nicht wieder raus.«

Ähnliches beobachtet 1992 der damals amtierende Bundespräsident Richard von Weizsäcker: »Bei uns ist ein Berufspolitiker im Allgemeinen weder ein Fachmann noch ein Dilettant, sondern ein Generalist mit dem Spezialwissen, wie man politische Gegner bekämpft.«[22]

Noch deutlicher wird der Politologe Wilhelm Hennis Anfang 2004: »Die Malaise heute ist, dass die Politiker nicht mehr die Kenntnisse haben, die sie haben müssten. Sie kommen als Lehrer in den Bundestag und verstehen von nichts etwas – außer davon, wie man im Ortsverein seine Mehrheit organisiert.«[23] Natürlich weiß Hennis, dass im Bundestag nicht ausschließlich Lehrer sitzen. Er nennt sie offenbar als Synonym für den ahnungslosen, aber machtbeflissenen Volksvertreter. Dass dies quantitativ wie qualitativ nicht ganz unberechtigt ist, werden wir noch mehr als einmal sehen können.

2. Parteikarrieren

Die Karriereleiter

Der Parteienforscher Ulrich von Alemann hat eine Art Standardmodell für die Politikerlaufbahn entworfen:

> **»Wie macht man in der Partei Karriere?«**
> 1. Stufe: aktiv in Schülergruppen und Parteijugend
> 2. Stufe: Student, politisch auf Orts- und Kreisebene sowie auf höherer Ebene in Arbeitsgemeinschaften, möglichst politiknahes bzw. relevantes Studienfach und entsprechende Nebentätigkeit
> 3. Stufe: Politikexistenz (als Stadtrat, Parteigeschäftsführer oder Vorsitzender einer Parteigliederung), nebenbei Aufrechterhaltung der lokalen Basis
> 4. Stufe: Gesellenbrief als selbständiger Politiker durch Übernahme eines Bundestagsmandats
> 5. Stufe: Ausübung des Mandats über möglichst vier Wahlperioden (ideales Einstiegsalter: 37 Jahre, ideales Pensionsalter: 53 Jahre)
> 6. Stufe: nachparlamentarische Karriere, vorzugsweise freiberuflich, im Verbandsbereich[1]

Wir werden sehen, für welche unserer Spitzenpolitiker dieses Muster zutrifft. Die Partei jedenfalls, so scheint es, begleitet den Politiker von der Wiege bis zum Tod, oder »von Staub zu Staub« – und dazwischen ist die Partei.

Der Politiker und die Partei

Der Werdegang eines deutschen Spitzenpolitikers ist also kaum zu begreifen ohne den Blick auf das Verhältnis zu seiner Partei. Vor allem Parteiämter sind unverzichtbar für eine Politikerkarriere bis hin zum Bundestagsmandat. Vom Bundestag aufwärts allerdings wird der Druck dann offenbar noch stärker.

Der Politologieprofessor und Parlamentsforscher Wolfgang Ismayr nennt einen amüsanten Verhaltenskodex für Abgeordnete: So sollen Gegenstimmen der Fraktionsführung vorher mitgeteilt und so dosiert werden, dass sie die Annahme der eigenen Vorlage nicht gefährden und »nicht zu oft« vorkommen.[2]

In der Fraktionssitzung selbst geht's zu wie in der Kadettenanstalt: Wer zu Themen spricht, für die er nicht »zuständig« ist, oder gar Koalitionskompromisse in Frage stellt, isoliert sich leicht. Außerdem soll bereits in der Fraktion geschlossen abgestimmt werden – was soll denn die Öffentlichkeit denken? Brisante Themen sollen daher am besten gar nicht diskutiert werden.

Ismayr betont jedenfalls, der genannte »Gewissensartikel« 38 des Grundgesetzes solle die Unabhängigkeit der Abgeordneten vor allem gegenüber Fraktion und Regierung schützen, also gegenüber den »eigenen Leuten«.[3]

Zwei Beispiele aus jüngerer Zeit belegen, wie notwendig ein solcher Schutz ist: Bei den Abstimmungen 2001 zum Mazedonienkrieg und 2003 zur Gesundheitsreform drohte der SPD-Fraktionschef Franz Müntefering den »Abweichlern«, ihnen beim nächsten Mal einen aussichtsreichen Listenplatz zu verweigern: Wer sich gegen die Parteiführung stellt, ist draußen.[4]

Dies aber würde für viele das Ende der politischen Karriere und mangels einer gleichwertigen beruflichen Alternative auch den finanziellen »Ruin« bedeuten.

Wer dagegen ein sicheres Direktmandat hat, dem kann der Weg zu höheren Ämtern in Fraktion, Parlament und Regierung verbaut werden. Dies ist zwar nicht die feine Art, aber die Unterscheidung zwischen erlaubter »Fraktionsdisziplin« und verbotenem »Fraktionszwang« ist in der Praxis kaum möglich.

Zur Klarstellung: Zwar verdanken die Politiker ihren Parteien oder deren Führung ihre gesamte Karriere – ohne Nominierung weder Listenplatz noch Direktmandat. Aber folgt daraus eine legitime Verpflichtung zur »Loyalität«? Ist etwa ein Mitarbeiter, der vom Personalchef eingestellt und befördert wird, im Konfliktfall dem Personalchef mehr verpflichtet als dem Firmeninhaber? Natürlich nicht; dennoch würde das pflichtgemäße Verhalten des Angestellten beim Personalchef als »unkollegial« ankommen und abgestraft. Der Mitarbeiter weiß das, und der Inhaber muss ja nicht alles erfahren …

Dieses Dilemma legt im Umkehrschluss den Verdacht nahe, dass »Ja-Sager« und »Kriecher« unabhängig von ihrer Qualifikation offenbar auf Karrierevorteile hoffen können. Gilt in der deutschen Politik, wie es Michael J. Inacker in der *Welt* über das Außenministerium behauptet, »Kumpanei statt Kompetenz«?

Nutzt also alle Fachkompetenz nichts, wenn man sich in der Partei nicht nach oben boxen, intrigieren oder schleimen kann?

Auf den Sport übertragen, hieße das: Man schickt nicht die besten Sprinter zu Olympia, sondern diejenigen, die am besten (und gern auch mit unfairen Mitteln) nach rechts und links austeilen können. Dass die dann auch noch einigermaßen gut über 100 Meter abschneiden, ist äußerst unwahrscheinlich und wäre reiner Zufall.

Dabei kann man den einzelnen Politikern nicht einmal einen Vorwurf machen. Wenn sich auf hoher See herausstellt, dass der Reeder ausschließlich Smutjes angeheuert hat, aber weder Kapitän noch Steuermann – was kann dann der einzelne Schiffskoch dafür?

3. Das Kompetenzteam der Bundesrepublik Deutschland

Das Kompetenzteam namens Bundesregierung umfasst zehn Juristen, sieben Lehrer (oder Pädagogen), je vier Angehörige von Lernberufen (Arbeiter, Handwerker, kaufmännische Angestellte) und Politik-Randberufen (Historiker, Soziologen, Psychologen, Politologen), drei Politiker ohne abgeschlossene Ausbildung sowie je zwei Schmalspurökonomen und Theologen. Hinzu kommen je ein Architekt, Bauingenieur, Physiker, Journalist, promovierter Landwirt und eine Haushaltswissenschaftlerin. Sieht so das »Dreamteam« des Wählers aus?

Die Fachminister der Bundesregierung und ihre parlamentarischen Staatssekretäre sowie die Vorsitzenden der entsprechenden Bundestagsausschüsse und ihre Stellvertreter:

Auswärtiges Amt:
Minister: Joseph Fischer (Bündnis 90/Die Grünen), Taxifahrer
Staatsministerin: Kerstin Müller (Bündnis 90/ Die Grünen), Juristin
Staatsminister: Hans Martin Bury (SPD), Diplombetriebswirt (BA)
Ausschussvorsitz: Volker Rühe (CDU), Lehrer
Vize: Hans-Ulrich Klose (SPD), Jurist

Bundesministerium des Inneren:
Minister Otto Schily (SPD), Jurist

Staatssekretär: Fritz Rudolf Körper (SPD), Theologe
Staatssekretärin: Ute Vogt (SPD), Juristin
Ausschussvorsitz: Cornelie Sonntag-Wolgast (SPD), Journalistin
Vize: Hartmut Büttner (CDU), Fleischermeister

Bundesministerium der Justiz:
Ministerin: Brigitte Zypries (SPD), Juristin
Staatssekretär: Alfred Hartenbach (SPD), Jurist
Ausschussvorsitz: Andreas Schmidt (CDU), Jurist
Vize: Hermann Bachmaier (SPD), Jurist

Bundesministerium der Finanzen:
Minister: Hans Eichel (SPD), Lehrer
Staatssekretär: Karl Diller (SPD), Lehrer
Staatssekretärin: Barbara Hendricks (SPD), Lehrerin
Finanzausschussvorsitz: Christine Scheel (Bündnis 90/ Die Grünen), Pädagogin
Vize: Carl-Ludwig Thiele (FDP), Jurist
Haushaltsausschussvorsitz: Manfred Carstens (CDU), Sparkassenbetriebswirt
Vize: Anja Margarete Helene Hajduk (Bündnis 90/ Die Grünen), Diplompsychologin

Bundesministerium für Wirtschaft und Arbeit:
Minister: Wolfgang Clement (SPD), Journalist
Staatssekretär Ditmar Staffelt (SPD), Historiker
Staatssekretär: Gerd Andres (SPD), Fachabitur IG Chemie
Staatssekretär: Rezzo Schlauch (Bündnis 90/ Die Grünen), Jurist

Ausschussvorsitz: Dr. Rainer Wendt (SPD), Jurist
Vize: Max Straubinger (CSU), Versicherungsvertreter

Bundesministerium für Verbraucherschutz, Ernährung und Landwirtschaft:
Ministerin: Renate Künast (Bündnis 90/Die Grünen), Juristin
Staatssekretär: Gerald Thalheim (SPD), promovierter Landwirt
Staatssekretär: Matthias Berninger (Bündnis 90/Die Grünen), Abitur
Ausschussvorsitz: Dr. Herta Däubler-Gmelin (SPD), Juristin
Vize: Ulrike Höfken (Bündnis 90/Die Grünen), Diplomlandwirtin

Bundesministerium der Verteidigung:
Minister: Peter Struck (SPD), Jurist
Staatssekretär: Walter Kolbow (SPD), Jurist
Staatssekretär: Hans Georg Wagner (SPD), Architekt
Ausschussvorsitz: Reinhold Robbe (SPD), Verlagskaufmann
Vize: Thomas Kossendey (CDU), Jurist

Bundesministerium für Familie, Senioren, Frauen und Jugend:
Ministerin: Renate Schmidt (SPD), Programmiererin
Staatssekretärin: Marieluise Beck (Bündnis 90/Die Grünen), Realschullehrerin
Staatssekretärin: Christel Riemann-Hanewinckel (SPD), Theologin

Ausschussvorsitz: Kerstin Griese (SPD), Politikmagisterin
Vize: Walter Link (CDU), Sportlehrer

Bundesministerium für Gesundheit und Soziale Sicherung:
Ministerin: Ulla Schmidt (SPD), Sonderpädagogin
Staatssekretärin: Marion Caspers-Merk (SPD), Politikmagisterin
Staatssekretär: Frank Thönnes (SPD), Industriekaufmann
Ausschussvorsitz: Klaus Kirschner (SPD), Werkzeugmacher
Vize: Wolfgang Zöller (CSU), FH-Ingenieur

Bundesministerium für Verkehr, Bau- und Wohnungswesen:
Minister: Manfred Stolpe (SPD), Jurist
Staatssekretärin: Angelika Mertens (SPD), grad. Volkswirtin
Staatssekretärin: Iris Gleicke (SPD), Bauingenieurin
Staatssekretär: Achim Großmann (SPD), Diplompsychologe
Ausschussvorsitz: Eduard Oswald (CSU), FH-Diplombetriebswirt
Vize: Anette Fasse (SPD), Erzieherin

Bundesministerium für Umwelt, Naturschutz und Reaktorsicherheit:
Minister: Jürgen Trittin (Bündnis 90/Die Grünen), Diplomsozialwirt

Staatssekretärin: Margareta Wolf (Bündnis 90/
Die Grünen), Abitur
Staatssekretärin: Simone Probst (Bündnis 90/
Die Grünen), Diplomphysikerin
Ausschussvorsitz: Ernst Ulrich von Weizsäcker (SPD), Biologe
Vize: Ulrich Petzold (CDU), Diplomingenieur

Bundesministerium für Bildung und Forschung:
Ministerin: Edelgard Bulmahn (SPD), Studienrätin
Staatssekretär: Christoph Matschie (SPD), Mechaniker, Diplomtheologe
Ausschussvorsitz: Cornelia Pieper (FDP), Diplomsprachmittlerin
Vize: Ulla Burchardt (SPD), Erzieherin

Bundesministerium für Wirtschaftliche Zusammenarbeit und Entwicklung:
Ministerin: Heidemarie Wieczorek-Zeul (SPD), Lehrerin
Staatssekretärin: Uschi Eid (Bündnis 90/Die Grünen), Diplomhaushaltswissenschaftlerin
Ausschussvorsitz: Rudolf Kraus (CSU), Baukaufmann (VWA)
Vize: Detlef Dzembritzki (SPD), Erzieher

Betrachtet man zum Beispiel das Führungspersonal des Finanzressorts im Überblick, so fühlt man sich unwillkürlich eher an ein Lehrerzimmer als an ein Bundesministerium erinnert. Fast scheint von diesen Politikern das »Peter-Prinzip« widerlegt, wonach jemand nur so lange befördert wird, bis er die Stufe seiner Inkompetenz erreicht hat. Aber das Peter-Prinzip kann hier gar nicht greifen, weil die erforderliche »Kompetenz« überhaupt nicht die Fachkompetenz im Interesse der Allgemeinheit ist, sondern die Kompetenz in Sachen bedingungsloser Durchsetzung der Interessen ihrer Parteiführer beziehungsweise der Regierung. Nur diese Leistung macht ihr Einkommen und ihre Karriere überhaupt erklärbar. Die Botschaft für einen jungen Menschen, der Finanzminister, zur Not wenigstens Finanzstaatssekretär oder auch nur Finanzexperte seiner Partei werden möchte, ist eindeutig: Nicht etwa fundierte Kenntnisse in Finanzwissenschaft, Makroökonomie oder Geldtheorie sind für seinen Erfolg wichtig, sondern nichts außer einer Parteikarriere und vielleicht einer Lehrerausbildung. Wozu seine Zeit mit einem Fachstudium vergeuden, wenn man sie im innerparteilichen Karrierekampf besser nutzen kann?

Nur nichts Schlechtes über Tote, Anwälte und Lehrer

»De mortuis nihil nisi bene« (über die Toten nichts wenn nicht Gutes) – diese Benimmregel des römischen Politikers Cicero bietet sich auch für die Beurteilung der Anwälte und Lehrer in der Regierung an. Ihre Dominanz ist nämlich recht auffällig, und sie besteht mit 82 Rechtsanwälten und 63 Lehrern auch im Bundestag.

Schenken wir uns einmal das geflügelte Wort des Grafen Otto von Lambsdorff – »Der Bundestag ist mal voller und mal leerer, aber immer voller Lehrer« – und überlesen wir auch die süffisante Anspielung des Parlamentsforschers Wolfgang Ismayr über mögliche Gründe für die massive Anwaltspräsenz: »Die zahlreichen (neu) als Rechtsanwälte eingetragenen Abgeordneten können sich … auf ihr Zeugnisverweigerungsrecht berufen und brauchen Beraterverträge mit Wirtschaftsunternehmen nicht einmal gegenüber dem Präsidenten anzugeben.«[1]

Verkneifen wir uns ebenso die Frage, ob Herzchirurginnen, Kinderärzte, Pilotinnen oder Polizeibeamte so viel unpolitischer als Lehrer sind, da man sie in Bundestag und Regierung vergeblich sucht. Vielleicht sind sie aber auch nur fauler: Immerhin haben fast alle Lehrer ihre Politkarriere zusätzlich zu ihrem physisch und psychisch irrsinnig aufreibenden Job begonnen.

Aber der Drang, der Allgemeinheit zu dienen, führt auch zur Selbstverleugnung. Da üben sie voll Enthusiasmus und Hingabe ihren Lehrerberuf aus. Aber dann – wie ein Blitz aus heiterem Himmel – ereilt sie der Ruf des Volkes. Schweren Herzens entziehen sie sich der Pflicht nicht – und sind bass erstaunt, dass sie plötzlich ein Vielfaches verdienen und bis ans Lebensende ausgesorgt haben.

Erst recht nicht wollen wir von jenen Lehrern reden, die als Tiger namens Astrophysiker oder Nuklearchemiker gestartet waren und als Bettvorleger namens Nebenfachpauker endeten. Es wäre unfair zu behaupten, wer für das Fachgebiet schlicht zu wenig Hirn habe, bringe sein Halbwissen dann den Schülern bei. Der Politikprofessor Hennis sollte mit bereits zitierter Politikerschelte – »Sie kommen als Lehrer in den Bundestag und verstehen von nichts etwas – außer davon, wie man im Ortsverein seine Mehrheit organisiert«[2] – sehr vorsichtig sein. Schließlich ist er schon über Achtzig und braucht vielleicht einmal ein neues Hüftgelenk – und die Gesundheitsministerin ist ebenso Lehrerin wie eine ihrer Staatssekretärinnen.

Zum Vergleich: Die Fachverantwortlichen des Geschäftsführenden Vorstands der CDU/CSU-Bundestagsfraktion:

Dr. Wolfgang Schäuble, Jurist
Außen, Verteidigung, Europa

Wolfgang Bosbach, Jurist
Recht, Petition, Innen, Sport, Vertriebene und Flüchtlinge, Kunst, Kultur und Medien

Ronald Pofalla, Jurist, Diplomsozialpädagoge
Wirtschaft und Arbeit, Mittelstand (Parlamentskreis Mittelstand)

Wolfgang Zöller, Diplomingenieur (FH)
Gesundheit und soziale Sicherung, Energie

Dr. Michael Meister, Diplommathematiker
Haushalt und Finanzen

Prof. Dr. Maria Böhmer, Pädagogikprofessorin
Familie, Senioren, Frauen und Jugend, Bildung und Forschung, Informationstechnologie, Kirchen

Dr. Klaus W. Lippold, Diplomvolkswirt
Verkehr, Bau- und Wohnungswesen, Umwelt, Naturschutz und Reaktorsicherheit

Gerda Hasselfeldt, Diplomvolkswirtin
Verbraucherschutz, Ernährung und Landwirtschaft, Kommunalpolitik, Tourismus

Arnold Vaatz, Diplommathematiker
Aufbau Ost, Wirtschaftliche Zusammenarbeit, Menschenrechte

Dietrich Austermann, Jurist
Haushaltspolitischer Sprecher

Bilanz: Vier Juristen, zwei Volkswirte, zwei Mathematiker, eine Pädagogin, ein Fachhochschulingenieur. Wertet man Jura und Volkswirtschaft nicht gerade als Universalfächer, so hat lediglich Bosbach eine Ausbildung in seinem Spezialgebiet.

Die Staatssekretäre

In der Bundesregierung wimmelt es nur so von Staatssekretären. Im Herbst 2004 gab es 23 beamtete und 25 Parlamentarische Staatssekretäre.[3]

Zwischen beiden besteht ein großer Unterschied:

- Die beamteten Staatssekretäre unterstützen die Minister in der fachlichen Leitung des Ministeriums. Sie steuern und koordinieren abteilungsübergreifend die Sacharbeit des Hauses und vertreten gegenüber anderen Ressorts, aber auch national und international die Belange und Interessen des Ministeriums.

- Die Parlamentarischen Staatssekretäre gehören faktisch der Regierung an, verfassungsrechtlich aber nicht. Sie unterstützen die Minister in deren politischer Leitungsfunktion, pflegen die Verbindung zu den parlamentarischen Gremien und entlasten die Minister bei repräsentativen Aufgaben.

Kritiker halten die Parlamentarischen Staatssekretäre für »unnötig wie einen Kropf«. Sie »erledigten keine Arbeit, sondern machten nur welche«[4], oder mit den Worten des früheren beamteten Staatssekretärs Günther Hartkopf: »Sie nehmen uns die Arbeit ab, die es nicht gäbe, wenn wir sie nicht hätten.«[5] Hans Herbert von Arnim fordert deshalb kurzerhand ihre Abschaffung, da sie vor allem »zwei elementaren Bedürfnissen der politischen Klasse« dienten: »dem Hunger nach Macht(sicherung) und nach Posten«.[6] Ähnlich sieht es der Politologe Wolfgang Ismayr, der die Parlamentarischen Staatssekretäre beziehungsweise den Konkurrenzkampf um diese Posten unter dem Aspekt der »Patronagemacht des Kanzlers« betrachtet.[7]

Das alles klingt so, als sei die Qualifikation dieser Politiker sowieso völlig egal und als sei das größte Ärgernis das viele Geld, das der Steuerzahler für überflüssige Jobs ausgibt. Ob das wirklich so ist, wird sich zeigen, wenn wir uns die Parlamentarischen Staatssekretäre ebenso wie andere Personen aus der Führungsetage von Staat und Parteien genauer ansehen.

Aktion Sorgenfrei: Die Einkünfte der Spitzenpolitiker

Im Sommer 2004 begeht *Bild* den ungeheuerlichen Tabubruch, die Einkünfte der Politiker zu verraten.[8] Demnach erhalten:

Bundeskanzler	21 222,50
Minister mit Bundestagsmandat	17 272,75
Minister ohne Bundestagsmandat	13 767,75
Parlamentarische Staatssekretäre mit Mandat	14 626,50
Abgeordnete	10 560,00

Geoutet werden außerdem:

Ex-Generalsekretär Laurenz Meyer (CDU)	23 243,67
Partei- und Fraktionschefin Angela Merkel (CDU)	20 517,00
Partei- und Fraktionschef Franz Müntefering (SPD)	17 569,00
Katrin Göring-Eckardt (Bündnis 90/ Die Grünen)	13 714,05
Fraktionsvize Wolfgang Gerhardt (FDP)	17 569,00
	(jeweils in Euro)

Ohne kleinkarierte Geldsorgen leben Kanzler, Minister und Parlamentarische Staatssekretäre auch hinterher: Sie erhalten pro Monat Amtszeit einen Monat Übergangsgeld. Drei Monate lang gibt es das volle Gehalt plus Ortszuschlag, danach die Hälfte. Laut Bund der Steuerzahler macht dies für Kanzler Schröder derzeit rund 310 000 Euro Übergangsgeld, für Außenminister Fischer etwa 250 000 Euro. Ein Parlamentarischer Staatssekretär käme auf gut 192 000 Euro.

Noch besser sieht es aus bei der Altersversorgung, dem »Beutezug im Alter«[9], für den sie keinen Cent einzahlen müssen. So kassiert etwa eine gewisse Claudia Nolte (CDU), unter Helmut Kohl Familienministerin (November 1994 bis Oktober 1998), vom 60. Lebensjahr an mehr als 6700 Euro im Monat Pension. Ein Durchschnittsverdiener müsste dafür laut Bund der Steuerzahler 257 Jahre lang in die gesetzliche Rentenversicherung einzahlen. Abgeordnete erhalten pro Jahr im Bundestag bis zu 18

Monate 100 Prozent ihrer Bezüge als Übergangsgeld, also 7009 Euro im Monat, maximal 126 162 Euro.

Wer mindestens acht Jahre im Bundestag war, erhält ab dem 65. Lebensjahr immerhin monatlich 1682,16 Euro Pension.[10]

Der *Spiegel* merkt zu alledem an: »Der durchschnittliche Arbeitnehmer unter 55 Jahren hingegen wird ab Januar nächsten Jahres 60 Prozent seiner früheren Nettobezüge für maximal ein Jahr erhalten, danach ist er auf das weitaus niedrigere Arbeitslosengeld II angewiesen. Solche Vergleiche findet SPD-Mann Schmidt absurd: Wie seine Kollegen wolle er ›nicht ständig mit Rentnern oder Sozialhilfeempfängern verglichen werden‹. Politiker müssten nicht in Sack und Asche wandeln.«

Teil II. Die Politikertypen

Der Aprilscherz kam im August und brachte Heiterkeit in den verregneten Sommer 2004: 83 Prozent der Bundestagsabgeordneten zählen sich zur politischen Elite, ergab eine Umfrage der Universität Heidelberg. Am stärksten war die Scheu vor Bescheidenheit bei der CSU mit 100 Prozent, gefolgt von FDP mit 92, CDU mit 90, SPD mit 69 und Grünen mit 56 Prozent. Nun mag sich manch gehässiger nichtdeutscher Erdenbürger denken, wenn dies die Elite sei, dann wolle er lieber nicht den Rest kennen lernen. Aber vor der Häme kommt die Analyse, und unsere Spitzenpolitiker haben eine faire und wohlwollende Beurteilung verdient. Man darf sie auch nicht über einen Kamm scheren, denn es gibt bei aller Gemeinsamkeit in ihrer selbstkritischen Grundhaltung die unterschiedlichsten Politikertypen.

4. Die Universalexperten – Lizenz zum Schwafeln

Die Führer der Parteien und der Fraktionen treten in Talkshows, Interviews oder Publikationen als Universalexperten auf. Zur Ehrenrettung der Galionsfiguren sei jedoch daran erinnert, dass sie natürlich aufgrund ihres Amtes zu allen möglichen Themen Stellung nehmen müssen. Dies geschieht dann aber häufig mit Rücksicht auf die – als geistig minderbemittelt und uninformiert eingeschätzte – Zielgruppe auf einem Niveau (besonders in der Wirtschaftspolitik), das jedem Abiturienten ein »Zerpflücken« ermöglichen würde und das wieder verflixt an Dittsche und Tetzlaff erinnert: »Wir alle wissen doch«, dass Atomkraft ungefährlich ist, dass die Reformen alternativlos sind, dass Vermögenssteuer nichts bringt, dass die Kürzung der Sozialleistungen zur Annahme von (nicht vorhandener) Arbeit anreizt, dass privat stets besser ist als staatlich – und Ähnliches mehr.

Gefragt sind also »Universalexperten«, die ehrlicherweise »Rundumdünnbrettbohrer« heißen müssten. Zuweilen werden sie auch »Generalisten« genannt – oft abfällig übrigens, wie ja auch im obigen Weizsäckerzitat.

Helmut Kohl nannte sich selbst »Generalist«, und Parteienforscher Joachim Raschke bescheinigte ihm 1997, er sei »in den meisten sachpolitischen Fragen durch feste Grundsätze nicht beschwert. Deshalb sehen politische Entscheidungen, die er mitteilt, oft so zufällig aus. Sie fallen dort, wo die Interessentenmaschinerie kurzfristig angehalten wird – und nicht dort, wo ein Programm in Politik umgesetzt worden ist.«[1]

Nun sollte man aber – bei aller Kritik am »Kanzler aller Deutschen« – Helmut Kohl nicht durch einen Vergleich mit denen beleidigen, die sich pausenlos bei Christiansen oder Illner die

Klinke in die Hand geben. Es ist ein anderes Kaliber, das heute zu allem und jedem seinen Senf dazugibt.

Kanzlerwahlverein SPD: »Opposition ist Mist«

Ideologie, Theorie und Praxis der SPD bringt Franz Müntefering auf dem Sonderparteitag im März 2004 auf einen simplen Nenner: »Opposition ist Mist ... Wir wollen regieren.«[2]

Gerhard Schröder, Bundeskanzler:

Ein Mann will nach oben – Kompetenz Nebensache

Gerhard Schröder, geboren am 7. April in Mossenberg, kokettiert mit seiner Herkunft aus kleinen Verhältnissen. Der Vater, ein Hilfsarbeiter, fällt im Krieg ein Jahr nach Schröders Geburt. Die Mutter verdient das Geld für sich und ihre zwei Kinder durch Putzen und Fabrikarbeit. Nach dem Hauptschulabschluss 1958 beginnt Schröder eine Lehre zum Einzelhandelskaufmann. Auf dem zweiten Bildungsweg holt er den Realschulabschluss und das Abitur nach. 1963 tritt Schröder in die SPD ein und engagiert sich bei den Jungsozialisten (Jusos). Auf der Internetseite des Kanzlers heißt es: »›Ich habe am eigenen Leibe erfahren, was es bedeutet, sich Chancen erkämpfen zu müssen‹, sagt Gerhard Schröder immer wieder.«

Wer als Kind verprügelt wurde, will dem eigenen Kind dieses Los ersparen – oder aber er verprügelt seine Kinder erst recht.

Ebenso kann eine Kindheit in Armut zweierlei völlig unterschiedliche Konsequenzen haben: a) man versteht sich als Anwalt der kleinen Leute – oder b) man will nie wieder auf ihren Lebensstandard zurückfallen. Schröder entscheidet sich für Brioni-Zwirn und Cohiba-Zigarre. Wie viele Politiker aus »einfachen Verhältnissen« gebärdet sich Schröder wie Molières »Bürger als Edelmann«. Er vermittelt keine Solidarität mit diesen Schichten, sondern den Willen: »Da will ich nie wieder hinunter.«

Seine Karriere verläuft auf der Überholspur: 1966 bis 1976 Jurastudium, 1969 bis 1970 Jusochef Göttingen, 1976 Zulassung als Rechtsanwalt, 1977 im Vorstand des SPD-Bezirks Hannover. 1978 bis 1980 Juso-Bundesvorsitzender und Bundestagsdirektmandat.

Im Bundestag besetzt er zunächst die Marktlücke »jung und unangepasst«. Auf seiner Internetseite lässt der Kanzler prahlen: »Seine ›Jungfernrede‹ hält er in der Debatte über ›Jugendprotest im demokratischen Staat‹. Als erster Abgeordneter in der Geschichte des Bundestages tritt er dabei ohne Krawatte ans Pult, um deutlich zu machen, wie weit sich die Politiker mit ihren formalen Vorstellungen von Anstand und Würde von der Lebenswirklichkeit der Jugendlichen entfernt hatten.«

Aber ähnlich wie Helmut Kohl ist Gerhard Schröder »Generalist«: Er hat kein Spezialgebiet, oder besser gesagt, ein einziges: die Macht. Als er 1982 als Hinterbänkler am Tor des Bonner Kanzleramts rüttelt und »Ich will da rein« ruft, da nennt er damit sein gesamtes menschliches, moralisches und politisches Lebensziel.

Nächste Stationen auf dem Weg nach oben sind: 1983 die Wahl zum Chef des SPD-Bezirks Hannover, 1986 die Spitzenkandidatur bei der niedersächsischen Landtagswahl (Niederlage gegen CDU-Ministerpräsident Ernst Albrecht), 1990 die Wahl zum

Ministerpräsidenten und Chef einer rotgrünen Koalition, 1993 die Kandidatur für die Nachfolge Björn Engholms als SPD-Chef (Niederlage gegen Rudolf Scharping bei Mitgliederbefragung, Scharping ernennt Schröder zum Zuständigen für Energiefragen), 1994 die Wahlkampf-»Troika« mit Kanzlerkandidat Scharping und Oskar Lafontaine. Im April 1997 nennt Schröder in einem *Spiegel*-Interview die Kanzlerkandidatur seinen »Traum«, der vom Ausgang der Landtagswahlen 1998 abhänge.

Am 1. März 1998 erringt Schröder in Niedersachsen 47,9 Prozent der Stimmen. Kurz darauf erklärt ihn Oskar Lafontaine faktisch zum Kanzlerkandidaten.

Eckhard Fuhr schreibt in der *Welt:* »Schröder mischte in den Führungskämpfen der SPD mit, mal oben, mal unten, mal links, mal rechts, in wechselnden persönlichen Bündnissen. Vorsitzender der Jungsozialisten war er 1978 geworden, weil er es bei den Machtspielen im ideologischen Kostüm zu einer gewissen Meisterschaft gebracht hatte. Die Chance auf den Gipfelsturm 1998 aber eröffnete er sich, weil er die Partei als Boden des politischen Agierens hinter sich ließ.«[3]

Im Oktober 1998 wird Schröder (endlich!) Bundeskanzler, im April 1999 Nachfolger von Oskar Lafontaine als SPD-Vorsitzender, im November 2001 auf dem SPD-Parteitag mit 88,5 Prozent als Parteichef bestätigt und im Oktober 2002 als Kanzler wiedergewählt. Am 21. März 2004 tritt er vom Parteivorsitz zurück.

»Sein politischer Stil, die Methode des Machterwerbs, hatte Schröder schnell das Etikett des ›Medienkanzlers‹ eingebracht. Er galt als Meister der Inszenierung im direkten Spiel mit den Akteuren der veröffentlichten Meinung.« Sein zitierter Spruch, zum Regieren reichten ihm »Bild, BamS und Glotze«, war kein Flachs, sondern ein Credo: Je schwächer der Schulterschluss mit der eigenen Partei und den Gewerkschaften, desto stärker der mit Presse und Fernsehen.

»Er war der Liebling der Medien, ein politischer Star, in dessen Glanz die verschwitzten Kämpen der Parteiversammlungen und Gewerkschaftskongresse alt aussahen. Doch der Zauber anfänglicher Leichtigkeit verflog schnell. Wahrscheinlich war er nur eine Projektion der Medien selbst, die sich der Illusion hingegeben hatten, in Schröder ein kongeniales Gegenüber der eigenen auf Oberfläche und Schein fixierten Wahrnehmungsmuster gefunden zu haben.«

Damit einher geht ein kampagnenhafter populistischer Politikstil, den Robert Leicht in der *Zeit* allerdings keineswegs einfach abtut: »Gerhard Schröder hat es mit den apodiktischen Worten: Lehrer sind Faulpelze. Kinderschänder gehören lebenslang weggesperrt. Und überhaupt: Basta! Und schon hat er den Vorwurf weg: Populist! Das Dumme ist nur: Der wirkliche Populist trifft vielleicht den Nagel nicht mit dem feinsten Hammer auf den richtigen Platz am Kopf, aber … zumindest einen Nerv, vielleicht sogar den Nervus Rerum, den Kern der Sache.«

Auf die antideutschen Tiraden des italienischen Staatssekretärs Stefano Stefani im Juni 2003 antwortet Schröder mit Urlaubsboykott: »Maschsee statt Adria«. *Bild* und – laut Emnid-Umfrage – zwei Drittel der Deutschen loben ihn dafür.

Schröder macht nach einer Kampagne eben dieser *Bildzeitung* den Sozialhilfeempfänger »Florida-Rolf« zur Chefsache und lässt in Windeseile ein Gesetz durchpeitschen. Es ging dabei um insgesamt 4,3 Millionen Euro für 959 Sozialhilfeempfänger, für Florida-Rolf um monatlich 88 Dollar Mietzuschuss. Die typische Pointe: Sozialhilfeempfänger im Ausland erhalten im Schnitt 374 Euro, etwa 200 Euro weniger als in Deutschland. Da die meisten nun kein Geld mehr ins Ausland erhalten und zurückkommen, kosten sie den Steuerzahler mehr Geld als zuvor.

Ein Meisterstück ist die kurzzeitige »Rettung« des Holzmann-Konzerns im November 1999. Kurt Kister resümiert in der *Süddeutschen Zeitung:* »Durch Bürgschaftszusagen des Bundes erweckte der Kanzler bei einem dramatischen nächtlichen Auftritt den Eindruck, er habe die Arbeitsplätze gesichert ... Es war so wie immer: Die Leitartikler schimpften, das Volk und der Boulevard jubelten, Schröder triumphierte ... Sei es in der Irak-Politik, bei den Sommer-Überschwemmungen oder nun in Sachen Italien – das Muster sieht immer so aus: Der Kanzler nimmt Witterung auf, beobachtet Umfragen, liest *Bild,* spricht mit Doris und entscheidet dann zu seinem und dem Wohle des Volkes.«

Dabei kennt Schröder keinerlei Tabus, nicht einmal sein Aufsteigergehabe, wie auch der Schriftsteller Rolf Schneider bemerkt: »Vorbei die demonstrativ gepaffte Cohiba und der vorgeführte Brioni, das Raubtierlachen gilt nur mehr dem politischen Gegner. Dass die Spaßgesellschaft erschöpft sei, witterte der große Populist früher als die Händler an der Frankfurter Wertpapierbörse.«[4]

Dieses Politikverständnis, die Fixierung auf das Ziel Macht und das Mittel Medien lässt von vornherein kaum Raum für Fachkompetenz.

Will jemand ganz nach oben, egal wie und als was – ob als Kanzler, Fußballstar oder Schnulzensänger –, dann ist er nicht auf Qualifikation oder Können, sondern auf Vortäuschen programmiert. Ebenso vorprogrammiert sind dann »handwerkliche Fehler«, wie etwa bei der Körperschaftssteuerreform 2000, die zu einem Rückgang der Einnahmen von 23 Milliarden Euro jährlich auf null führte, oder bei den Mautverträgen, wo ebenfalls ein Milliardenschaden entstand, bei der Agenda 2010, der Gesundheitsreform oder bei der Einführung des Arbeitslosengeldes II.

Dass die Verantwortung für die Schlampereien von Ministerien beim Regierungschef liegt, ist gerade im Falle Schröder keine Floskel. Wer einem Deutschlehrer die Staatsfinanzen, einer Sonderschulpädagogin das Gesundheitswesen und einem Diplompsychologen die Arbeitsvermittlung anvertraut und sie jeweils an »Jahrhundertreformen« herumpfuschen lässt, der nimmt milliardenschwere »handwerkliche Fehler« zu Lasten des deutschen Volkes billigend in Kauf.

Schröder selbst ist gelernter Rechtsanwalt und als Fachmann für Wirtschaft, Finanzen, Außenpolitik oder gar Soziales – ähnlich wie der ehemalige Taxifahrer Joschka Fischer – bestenfalls Autodidakt. Nachhaltigstes Ereignis seiner achtjährigen Amtszeit als Ministerpräsident ist die Weltausstellung Expo 2000: die er 1990 als euphorisches Konzept vorstellt, im Jahr 2000 als Kanzler stolz eröffnet und hinterher trotz eines Defizits von rund 1,2 Milliarden Euro als Erfolg feiert.

Fünf von Schröders Ministern sowie Arbeitsagenturchef Florian Gerster müssen wegen Unfähigkeit gehen, drei von ihnen (abgesehen vom Psychologen Gerster) haben nicht die Spur einer einschlägigen Ausbildung oder Berufserfahrung: Walter Riester (Arbeit und Soziales, SPD) war Fliesenleger und Gewerkschaftsfunktionär, Andrea Fischer (Gesundheit, Grüne) war Offsetdruckerin und Volkswirtin, Kurt Bodewig (Verkehr, SPD) war Wohnungskaufmann mit Fachabitur und Gewerkschaftsfunktionär. Zwei weitere, allerdings aus anderen Gründen ausgeschiedene Verkehrsminister haben ebenfalls bis zum Amtsantritt keine Ahnung von ihrem Fachgebiet: Reinhard Klimmt (SPD) war Historiker und abgewählter saarländischer Ministerpräsident, Franz Müntefering Industriekaufmann, Landessozialminister und Parteifunktionär.

Mit derartigen Fällen begründet auch der Politikberater Hans-Erich Bilges sein Urteil über Schröder als »Kanzler, dem die

Fachkompetenz wenig gilt«.[5] Die allerdings scheint dem Kanzler für sein Hauptziel Titelverteidigung 2006 auch gar nicht notwendig, wenn er nur in den Medien »gut rüberkommt« und sich medienwirksame Ereignisse wie Krieg oder Hochwasser rechtzeitig einstellen. Hans-Peter Schütz vom *Stern* umschreibt Schröders Fachkompetenz sehr elegant: »Schröder ist ein Bauch-Kanzler, der einen kritisch-analytischen Kopf an seiner Seite bräuchte. Einen mit Mut zum Widerspruch, das vor allem.«

Überparteilich anerkannt ist dagegen Schröders eigentliche Kompetenz: CSU-Landesgruppenchef Michael Glos nennt ihn vor der Wahl 2002 »eine richtige Sau ... Der Schröder versteht sein Geschäft«.[6]

Franz Müntefering, Industriekaufmann, SPD-Vorsitzender, Fraktionsvorsitzender:

Von Fachkenntnis unbelasteter Parteisoldat

Franz Müntefering, geboren am 16. Januar 1940 in Neheim, beginnt nach Abgang von der Volksschule 1954 eine Lehre als Industriekaufmann und arbeitet ab 1957 in einem mittelständischen Metallbetrieb. Ab 1966 ist er in der SPD, ab 1967 in der IG Metall. Nun kann die Politkarriere beginnen:

Von 1969 bis 1979 im Gemeinderat Sundern, von 1975 bis 1992 im Bundestag, von 1991 bis 1992 Parlamentarischer Geschäftsführer, 1992 bis 1995 nordrhein-westfälischer Minister für Arbeit, Gesundheit und Soziales, ab 1996 im Landtag, von 1995 bis 1998 Bundesgeschäftsführer der SPD. Nach gewonnener Wahl 1998 überlässt er Peter Struck den Fraktionsvorsitz und wird absurderweise, aber pflichtbewusst Bundesverkehrsminister. Dieses Amt gibt er im September 1999 ab, um den ungeliebten Lafontaine-Mann Ottmar Schreiner als Geschäftsführer kommissarisch abzulösen, sich in »Generalsekretär« umtaufen zu lassen und bis 2002 die Partei auf Schröderkurs zu bringen. Anschließend ist er bis 2004 Chef der Bundestagsfraktion, ab März 2004 Parteichef.

Die Grundlage für Münteferings Weg sind die Parteiposten: Ab 1984 ist er im Vorstand und von 1992 bis 1998 Chef des einflussreichen SPD-Bezirks Westliches Westfalen, von 1998 bis 2001 Chef der Landes-SPD NRW.

Als Franz Müntefering im März 2004 Kanzler Schröder als Parteichef ablöst, da übernimmt quasi das Volk höchstpersönlich die SPD-Führung. Kaum einem aktiven deutschen Politiker haftet dermaßen penetrant das »Einer von uns«-Image an. Der Franz hat auch nur Volksschule und er hatte einen ehrlichen Beruf: »20 Jahre Arbeiter in der Metallbranche«, wie sogar manche Medien verbreiten, und wenn er sein berüchtigtes »Glück auf!« in die Runde schmettert, dann wirkt er wie ein leibhaftiger Bergmann. In Wahrheit war Franz zwar Kaufmann, aber »20 Jahre Arbeiter« klingt eben besser: das klingt nach Maloche, nach Treue und Glauben, nach Anstand und gehaltenen Versprechen.

In jedem Fall hat Müntefering den in der Parteispitze fieberhaft gesuchten SPD-»Stallgeruch«, wie auch Parteienforscher Lothar Probst feststellt: »Er kennt die Partei aus dem Effeff, er kann die Seele der Partei besser massieren, als Schröder das konnte.«[7] Für andere verkörpert er gar selbst die »Seele der Partei«.

Das hängt wohl auch damit zusammen, dass ihm Pflichterfüllung über alles geht: »Loyal … jedem seiner wechselnden Chefs gegenüber – von Ministerpräsident Johannes Rau über die SPD-Vorsitzenden Rudolf Scharping, Oskar Lafontaine bis hin zu Gerhard Schröder – hat er diese höchst unterschiedlichen Politiker mit stetig wachsendem persönlichen Macht- und Prestigegewinn durchgestanden.«[8]

Warum Müntefering »vom Parteisoldat zum Befehlshaber«[9] avanciert, entspringt einer atemberaubend simplen Taktik in einem weniger simplen Dilemma: Einerseits »akzeptieren die Bürger die Agenda 2010 noch nicht«, wie Müntefering besonders nach der Europawahl im Juni 2004 feststellt. Andererseits bleibt es dabei: »Die ›Agenda 2010‹ zeigt in die richtige Richtung.« Was da zu tun ist, hat der damalige Generalsekretär Müntefering allerdings schon drei Jahre vorher gewusst: Wenn die Regierung nicht alle Ziele erreichen könne, »muss man den Menschen erklären, warum das so ist«.[10]

Und damit die Menschen ihn auch verstehen und als einen der ihren akzeptieren, spricht er auch schon mal zur besten Sendezeit Pisadeutsch, wie am 21. März 2004 in *Berlin direkt* des ZDF: »Wir haben in der letzten Woche im Bundestag ein Gesetz gemacht. Mit der Kanzlermehrheit, *trotzdem* wir sie eigentlich gar nicht gebraucht hätten.«

Gerhard reformiert – Franz erklärt. So einfach ist das. Aber dummerweise funktioniert es nicht.

Erstens enthält schon die bloße Behauptung, die Reformen rund um die Agenda 2010 müssten noch irgendwie »erklärt« werden, die beleidigende Unterstellung, die Bürger seien zu dumm für die Globalisierung. Meinungsumfragen und rasanter Wählerschwund sagen überdeutlich: Da gibt's nichts mehr zu erklären. Wir haben verstanden.

Zweitens wäre selbst bei doch vorhandenem Erklärungsbedarf Franz Müntefering ein denkbar ungeeigneter »Erklärer«. Ein Spirituosenvertreter muss weder das Firmenkonzept noch irgendetwas über Alkoholismus wissen oder erklären können. Er soll das Zeug verkaufen und fertig. Ein Parteisoldat, oder genauer: ein Apparatschik, muss nicht die Hintergründe kennen, sondern Beschlüsse umsetzen, also Befehle ausführen: Er soll Politik verkaufen und fertig. Es darf also bezweifelt werden, dass Müntefering wirklich *weiß*, warum jahrelang der Stabilitätspakt heilig war und plötzlich nicht mehr, worin die Probleme des keynesianischen und des neoklassischen Ansatzes bestehen – und ob ihn das überhaupt interessiert. Des Spritvertreters wie des Parteisoldaten Zielgruppe sind die Leichtgläubigen: »Ein Schlückchen hat noch nie geschadet« oder »Der Umbau des Sozialstaats ist alternativlos«, »Wodka bedeutet Genießen« oder »Soziale Gerechtigkeit heißt Chancengerechtigkeit« – das klingt alles toll, aber wehe wenn kritische Nachfragen kommen: »Woran erkennt man Alkoholabhängigkeit?« oder »Heißt soziale Gerechtigkeit nicht auch Solidarität, und wieso kann man die Milliardäre nicht richtig zur Kasse bitten?« Da schweigen sie oder lenken ab: Der Spirituosenvertreter ebenso wie der »Reformerklärer«.

Der *Spiegel* folgert deshalb: »Lustig ist der Glaube, durch die Arbeitsteilung zwischen Gerd, dem Bösen, und Franz, dem Guten, seien die Schrecken des Regierens und die Gräuel der Macht besser zu verkaufen.«

Wie die meisten Parteisoldaten hat sich Müntefering nie sonderlich um Fachkompetenz geschert. 1992 wurde er Landesarbeitsminister ohne jegliche in einem seiner Lebensläufe erwähnte Qualifikation. 1999 wurde er ebenfalls ohne einschlägige Vorbildung wie aus heiterem Himmel Bundesverkehrsminister. Natürlich muss ein EU-Dolmetscher weder die Diskussion um die EU-Verfassung noch die Verwandtschaft des Englischen mit dem Plattdeutschen erklären können. Aber er sollte wenigstens »Nachfrage« nicht mit »Afterquestion« übersetzen.

Ein besonders tückisches Kompliment erhält Müntefering von

seinem Intimfeind Wolfgang Clement: »Er denkt natürlich viel komplizierter, als er spricht, aber das herausragende Ereignis war der Parteitag in Bochum, als er diesen bekannten Satz sagte: ›Partei gut, Fraktion gut, Glück auf!‹ Das ist seine Art, Dinge auszustrahlen. Komplizierte Sachverhalte auf den Punkt bringen – das ist meisterhaft, was er auf diesem Gebiet leistet.«[11]

Münteferings Selbstverständnis und sein Nutzen für die Regierung haben auch wenig mit Fachkompetenz zu tun. Er soll in erster Linie die Partei und die Fraktion disziplinieren. Beispielhaft sind die schon erwähnten Drohungen gegen »Abweichler«, ob bei Kriegseinsätzen oder Sozialreformen. Münteferings Handeln und offenbar auch sein Denken sind geprägt von Kategorien wie »Loyalität«, »Geschlossenheit«, »Disziplin« und »Treue«. Das Grundgesetz, wonach der Abgeordnete dem ganzen Volk und letztlich nur seinem Gewissen – nicht dem Parteichef – verantwortlich ist, hat darin keinen Platz.

Klaus Uwe Benneter, Rechtsanwalt und Notar, SPD-Generalsekretär:

»Bestgekleidetes Stück Seife«

Klaus Uwe Benneter, geboren am 1. März 1947 in Karlsruhe, kommt als Sohn eines Eisenbahners ebenfalls nicht gerade aus der Oberschicht. Schon mit achtzehn wird er SPD-Mitglied, und während des Jurastudiums (1966 bis 1971) in Westberlin, wo man wegen des Viermächtestatus der Stadt nicht zur Bundeswehr muss, arbeitet er als Briefträger und Straßenbahnschaffner. 1975 wird er Rechtsanwalt, 1977 Chef der Jungsozialisten. Da er zum so genannten Stamokap-Flügel gehört, der für Aktionsbündnisse mit den SED-Ablegern DKP und SEW eintritt, fliegt er im selben Jahr aus der SPD und wird durch Gerhard Schröder ersetzt. Danach schlägt er sich vorübergehend als Anwalt und Notar durchs wirkliche Leben: »Ich musste dann auch dafür sorgen, dass meine Angestellten pünktlich ihr Gehalt erhielten. Da kriegt man eine andere Vorstellung davon, was wünschbar und was machbar ist.«[12]

Seit dem Ende der Ära Helmut Schmidt 1983 wieder in der SPD, ist er von 1990 bis 1996, zur Blütezeit des Berliner Filzes, Schatzmeister und von 1996 bis 2000 Vizechef der SPD Berlin. Von 1999 bis 2002 ist er im Berliner Abgeordnetenhaus, seit der Wahl 2002 im Bundestag »und tappst auf den wichtigen Themenfeldern Ökonomie und Soziales noch reichlich unbeholfen herum«.[13] Im November 2002 fällt er bei der Wahl zum Parteivorstand durch, aber im März 2004 wird er SPD-Generalsekretär.

Sein einzig erkennbarer Vorteil – auch gegenüber manchem Minister – ist sein guter Draht zu Gerhard Schröder, seinem alten Kumpel aus 68er Zeiten. Kurt Kister von der *Süddeutschen Zeitung* beschreibt das Gemeinsame der beiden, die damals den von verfassungstreuen Linken ausgerufenen »Marsch durch die Institutionen« begonnen hatten: »Der Marsch hat nicht die Institutionen verändert, sondern die Marschierenden haben sich auf ihrem langen Weg an steigende Gehälter gewöhnt und immer mehr mit den Institutionen angefreundet.« Müntefering dagegen war »ein SPD-Funktionär, der die Partei als Heimat und Verein verstand und die Gesellschaft gerechter machen, aber keineswegs revolutionieren wollte«. Dennoch oder gerade deshalb scheint er Müntefering zunächst brauchbar: als sein »Außendienstler. Frustableiter und Muntermacher«, wie Andreas Hoidn-Borchers im *Stern* lästert.

Auch bei Benneter ist offenbar nur eine Kompetenz gefragt: die der Machterhaltung. Aber ist er wenigstens dafür zu gebrauchen? Markus Feldenkirchen vom ohnehin nie sonderlich zimperlichen *Spiegel* liefert ein lesenswertes Meisterstück an vernichtender Häme. Genüsslich zitiert er die Schriftführerin eines Ortsvereins: »Astrid Papp hat Benneter eine halbe Stunde lang auf dem Frankfurter Unterbezirksparteitag reden hören ... Sie hatte große Erwartungen an den Neuen, gerade jetzt, da die SPD eine Art Wunderheiler braucht. Und dann das. ›Ich fand's ganz schlimm‹, sagt Astrid Papp. ›Ausgesprochen müde und lähmend.‹ Wie könne man nur so langsam und ohne jede Überzeugung einen Text runterlesen. Der Generalsekretär beherrsche ja nicht mal die Grammatik. Nun steht auch die Basis vor einem Rätsel: Wie hat dieser Mann Generalsekretär werden können?«

Aber nicht nur die Basis sei entsetzt: »Die wichtigen Genossen lästern über Benneters Rhetorik. Sie spotten über seine blassen Fernsehauftritte und darüber, dass ihm die Ideen fehlen.«[14]

Benneters bitterbösen Spitznamen prägt Karl-Heinz Hansen, der in den achtziger Jahren die SPD verlassen und eine neue Linkspartei gegründet hat: »Der ist echt das bestgekleidete Stück Seife, das heute in Deutschland rumläuft... er ist schmierig. Ich könnte es aber noch deutlicher sagen.«[15]

Wahlkampfverein Union: Machtwille als größter gemeinsamer Nenner

Mehr noch als andere Parteien glänzt die Union durch die herzliche Feindschaft der Führung untereinander. Was sie eint, ist nicht einmal eine politische Vision wie etwa »Turbokapitalismus« oder

Sozialabbau, sondern das Interesse am Wahlsieg und an der damit verbundenen Postenflut.

Angela Merkel, Diplomphysikerin, CDU-Vorsitzende, Fraktionsvorsitzende:

»Kompetenz von McKinsey«

Angela Merkel, geboren am 17. Juli 1954 in Hamburg, wächst als Pastorentochter und mit einer Lehrerin als Mutter wohlbehütet in Templin (Brandenburg) auf. Kurz vor Beginn ihres Physikstudiums 1973 tritt sie der FDJ bei. Nach dem Examen 1978 (Promotion 1986) arbeitet sie bis zur Wende 1990 am Institut für Physikalische Chemie der Akademie der Wissenschaften Berlin und wird Funktionärin für Agitation und Propaganda in der FDJ-Leitung. Wer weiß, wie weit nach oben *dieser* Weg gegangen wäre? Aber dann kommt die Wende: Agitation und Propaganda für Honeckers DDR ist out. Neue Karriereziele müssen gefunden werden.

1989 wird sie Mitglied des »Demokratischen Aufbruchs«, 1990 CDU-Mitglied und gleich nach der Volkskammerwahl im Frühjahr 1990 stellvertretende Regierungssprecherin der Regierung de Maizière. Nach der ersten gesamtdeutschen Wahl Ende 1990 landet sie im Bundestag.

1991 macht Helmut Kohl »das Mädchen« (O-Ton Kohl) zur Familienministerin, zur Vizechefin der Bundes-CDU und 1994 zur Umweltministerin. Nach der Wahlniederlage 1998 wird sie unter dem neuen CDU-Chef Wolfgang Schäuble Generalsekretärin. Beim Spendenskandal rückt sie schneller und klarer als Schäuble von Kohl ab, und als Schäuble wegen der berühmten »100 000-Mark-Spende« des Waffenlobbyisten Karlheinz Schreiber zurücktritt, wird Merkel im April 2000 neue Parteichefin und nach der Wahl 2002 außerdem CDU/CSU-Fraktionschefin im Bundestag.

Angela Merkel verkörpert den klassischen Mitläufer, wie ihn Heinrich Mann in seinem Werk »Der Untertan« beschreibt, oder mit Christa Wolfs Ausdruck, den *Wendehals.* Aus DDR-Zeiten ist kein einziges kritisches Wort oder gar eine oppositionelle Handlung von ihr überliefert; sie macht im Gegenteil eine, wenn auch bescheidene FDJ-Karriere. So weit, so gut, das hielten Millionen andere genauso; und die meisten Westdeutschen hätten es kaum anders gemacht. Nur: Diese Millionen Mitläufer haben nicht, kaum dass die Luft rein und DDR-Kritik ungefährlich und sogar erwünscht war, den Mund bis zum Anschlag aufgerissen, sich den – aus Mitläufersicht – »neuen Herren« angedient und eine Turbokarriere hingelegt. Ein sehr enger Freund berichtet über den »Revolutionswinter 1989« dem *Spiegel:* »Alle waren aufgeregt, haben diskutiert. Nur Angela saß an meinem ehemaligen Schreibtisch und machte irgendwas Fachliches. Ich habe sie gefragt, warum sie nicht bei den anderen sei. Sie hat gesagt, dass es ja sowieso nichts bringe. Insofern habe ich mich schon gewundert, dass sie ein paar Wochen später Sprecherin der Regierung de Maizière war.«[16]

Zweifellos wurde die anpassungsfähige Merkel, ebenso wie Günther Krause und Claudia Nolte, vom damaligen Kanzler Helmut Kohl als pflegeleichte Quotenossi ebenso ungeniert wie gönnerhaft protegiert und den Ostdeutschen ernsthaft als Zeichen des Zusammenwachsens verkauft. Ähnlich wie Verkehrsminister Krause und Familienministerin Nolte besitzt auch Merkel zu Beginn ihrer fulminanten Karriere nicht den Hauch einer erkennbaren Qualifikation für irgendein politisches Amt.

Eine zu intellektuelle Ausdrucksweise kann man Merkel aber nicht vorwerfen. Der *Berliner Morgenpost* sagt sie 1998: »Für mich waren nach der Wiedervereinigung sofort drei Dinge klar: Ich wollte in den Bundestag, eine schnelle deutsche Einheit und soziale Marktwirtschaft.«[17]

In der Disziplin »Karriere fest im Blick« kann es die Physikerin Merkel durchaus mit dem Anwalt Schröder aufnehmen: Rein in die FDJ wegen des Studiums, mit der Wende abrupter Hemdenwechsel und rein in die CDU, hin zum Gönner Kohl. Mit dem Spendenskandal weg von Kohl, hin zum Gönner Schäuble. Mit dessen *Kofferaffäre* weg von Schäuble, hin zum Machtvakuum als kleinstem gemeinsamem Nenner zwischen den hoch ambitionierten und daher feindlichen Kohlerben von Rüttgers und Rühe über Müller und Merz bis hin zu Koch und Wulff. Machtkalküle, nicht Kompetenzfragen sind entscheidend für Merkels fulminanten Aufstieg.

Glaubt man Christian Wulff, dann ist Merkel bereits 2002 universalkompetent: »Angela Merkel … wirkt integrierend zwischen Ost und West, zwischen Liberalen, Konservativen und Christlich-Sozialen … Sie hat klare Vorstellungen über die großen Themen in der Arbeitsmarkt-, Sozial- und Finanzpolitik. Sie steht für eine Gesellschaftspolitik, die die Menschen nicht überfordert. Ob es um die Zukunft unseres Landes in Europa oder um die Notwendigkeit geht, neues Denken zur Bewahrung der Schöpfung einzufordern, Angela Merkel hat dazu etwas zu sagen, mit großer Kompetenz und Glaubwürdigkeit.«[18]

Friedrich Merz, den sie sich 2002 durch die Verdrängung vom Fraktionsvorsitz wohl endgültig zum Feind gemacht hat, kommentiert Merkels Ergüsse, insbesondere ihr Thesenpapier über »Neue soziale Marktwirtschaft«, das sie als Erbin Ludwig Erhards ausweisen soll, weniger euphorisch: »Das ist angelerntes Wissen.«[19]

Damit liegt der vermeintliche Wirtschaftsplatzhirsch der Union gar nicht so falsch: »McKinsey verlieh Angela Merkel Wirtschaftskompetenz«, meinen die *Zeit*-Autoren Jochen Bittner und Elisabeth Niejahr. »Merkel ließ sich von Deutschland-Chef Jürgen Kluge bereits beraten, als sie in der vergangenen Legislaturperiode ihr Konzept für eine ›Neue Soziale Marktwirtschaft‹ vorlegte ... Merkel brauchte als Parteichefin vor allem Wirtschaftskompetenz. So entstand das Marktwirtschaftspapier, das zwar keinen großen Widerhall fand, aber einen engen Austausch zwischen der CDU-Vorsitzenden und Kluge begründete.«

Wenn Papi anstelle der Tochter die Eignungstests für einen Job ausfüllt, fragt sich der Personalchef natürlich, warum er nicht gleich den Vater einstellt. Und siehe da: »... das *manager magazin* rief Kluge kürzlich als Kandidaten für einen Ministerposten in einem möglichen Kabinett Merkel aus.«[20]

Wie es um die Kompetenz der Berater bestellt ist, wird später noch zu zeigen sein. Festzuhalten ist: Wenn sich eine Regierungschefin in spe ihre »Kompetenz« in Form von teuren Papieren und Intensivkursen Marke »Englisch in 48 Stunden« kauft, die sie dann eins zu eins als ihre eigene Kompetenz ausgibt, dann drängt sich als erfreuliche Alternative tatsächlich eine Schauspielerin als Kanzlerin auf. Wer sagt denn, dass nicht nach drei Monaten Theaterproben die Merkel-Landsleute Katrin Saß, Angelica Domröse, Katharina Thalbach oder gar Dagmar Frederic ihre »Kompetenz« für Wirtschaft und alles nur Erdenkliche glaubwürdiger darstellen und eine Direktwahl gegen Merkel gewinnen könnten?

Im Übrigen hat Merkel sogar mit der Machtkompetenz ihre liebe Not.

Zwar intoniert auch der sonst eher kritische *Stern* wahre Lobeshymnen: Hans Peter Schütz nennt Merkel »Die neue Maggie«, und *ARD-Presseclub*-Stammgast Hans-Ulrich Jörges schwärmt vom »Triumph wissenschaftlicher Rationalität« und behauptet ohne erkennbare Ironie: »Angela Merkel ist der Einzug der exakten Naturwissenschaft in die Politik.« Aber trifft das zu?

Wie es das Schicksal vermeintlich schwacher Kompromisskandidaten zu sein scheint, ist sie seit ihrem Amtsantritt als CDU-Chefin in heillose Machtkämpfe verstrickt. So muss sie 2002 Edmund Stoiber den Vortritt bei der Kanzlerkandidatur lassen. Laut *Spiegel* hat Roland Koch persönlich von der Skipiste aus angerufen und ihr lautstark die Berechtigung zur Kandidatur ausgeredet.[21]

Im Sommer 2003 sägt Roland Koch anlässlich der Agenda 2010 dermaßen unverhohlen an ihrem Stuhl, dass er eigene Machtansprüche vorübergehend dementieren muss. Sonja Mikich von *Monitor* fragt: »Was ist in der Union los? … Angela Merkel hat ihren Mann am Montag zur Ordnung gerufen. Hessens Ministerpräsident Koch kuschte. Aber nur kurz. Es ging – scheinbar – um die Steuerreform. In der Substanz aber um die ›K- und M-Frage‹. Koch gegen Merkel. Kanzlerkandidatur, Machtwechsel. Es fällt ja schon länger auf: Bei der Union führt jede unterschiedliche Position in der Sache sogleich zur Frage: Kann die Merkel das? Bereitet der ehrgeizige Hesse den Putsch vor?«

Aber auch Edmund Stoiber erweist Merkel keineswegs jene Loyalität, die sie sich mit ihrem Verzicht auf die Kanzlerkandidatur erkauft zu haben meinte. Nach der Devise »Totgesagte leben länger« zeigt er Merkel im Juni 2004, »wo der Hammer hängt«, und verhilft mit seiner Ja-Stimme der rotgrünen Rentenbesteuerung durch die Länderkammer. »Union blamiert sich bei Bundesratsabstimmung«, titelt die *Welt.* Und sogar wenn Merkel in der öffentlichen Meinung als Siegerin dasteht, wie etwa bei der Bundespräsidentenwahl oder beim Streit um die Zuwanderung, ist es nicht recht: »Ihre taktischen Winkelzüge stoßen in der Union zunehmend auf Kritik.«[22] Im August 2004 konstatiert der *Spiegel* Merkels »bröckelnde Macht«, und die *tageszeitung* sieht »Merkel in der Klemme«. Im September 2004 macht der *Spiegel* nach einer Serie schlechter Wahl- und Umfrageergebnisse gar eine »Treibjagd auf Angela Merkel« aus: »An der Spitze der Verfolger: Edmund Stoiber und Roland Koch, im Hintergrund lauert Christian Wulff.«

Es scheint, als schwimme nicht nur die Wirtschaftsexpertin, sondern auch die Machtpolitikerin Merkel.

In einem *Stern*-Interview vom Mai 2004 verrät Merkel übrigens die wirklichen Motive für ihre politische Arbeit: »Früher wollte ich Eiskunstläuferin werden. Das lag mir nun gerade besonders wenig. Früher wollte ich immer Dinge tun, die ich nicht konnte. Das ist heute sicher anders.«[23]

Mit anderen Worten, Merkels Traum oder Zwangsvorstellung war: Mit *irgendetwas* auf der Bühne stehen, im Mittelpunkt, und von aller Welt bewundert und umjubelt werden. Zur Eisprinzessin reicht es nicht? Kein Problem, dann werden wir eben Kanzlerin.

Der Wähler hat es vielleicht in der Hand, ihr diesen Traum zu erfüllen. Aber davor haben die Götter die Kanzlerkandidatur gesetzt – und den Sieg über die vereinigten West-Männer, die ihr, wo sie nur können – und häufig mit vereinten Kräften –, Steine in den Weg zu legen scheinen.

Volker Kauder, Jurist, CDU-Generalsekretär:

»Ehrlich, geradlinig« –
und gegen mehr Transparenz bei Doppelverdienern

Volker Kauder, geboren am 3. September 1949 in Sinsheim, ist seit 1977 Volljurist, seit 1966 in der CDU, von 1969 bis 1973 Chef der Jungen Union Konstanz, von 1975 bis 1991 Pressesprecher und im Vorstand der CDU Südbaden, von 1985 bis 1999 Vorsitzender des CDU-Kreises Tuttlingen, seit 1990 im Bundestag, seit 1991 Generalsekretär der CDU Baden-Württemberg, von 1998 bis 2002 Chef der CDU-Landesgruppe Baden-Württemberg im Bundestag, von 2002 bis 2005 Erster Parlamentarischer Fraktionsgeschäftsführer, seit Januar 2005 Generalsekretär.

Kauders Vater war im Kreistag, sein Schwiegervater Hermann Biechele wie Kauder im Bundestag, sein Bruder Siegfried ist es noch. »Arbeitstier ... ehrlich, geradlinig«, preist ihn die sonst an Fakten orientierte *dpa.* So unterstützt er im Streit um die Unions-Kanzlerkandidatur vor der Bundestagswahl 2002 Edmund Stoiber und mutiert nach dessen Niederlage zum engen Vertrauten von Angela Merkel. Noch vertrauter ist er als gleichzeitiger Generalsekretär der CDU Baden-Württemberg mit dem damaligen Ministerpräsidenten Erwin Teufel. »Er verfügt über ein breites Fachwissen und kann über fast jedes Gebiet gehaltvoll reden.«[24] Dieser *dpa*-Lorbeer soll wohl »talkshowtauglich« bedeuten, und immerhin fühlt sich Kauder bemüßigt, auf den »wesentlichen Unterschied« zwischen seinem Jugendtraum Zirkusdirektor und dem Politikerberuf hinzuweisen.

Sein Jurastudium sieht er als »Rüstzeug« für seine Arbeit, und so ist auch eine strafrechtliche Frage offenbar Kauders Herzensangelegenheit – der Kampf gegen mehr Transparenz bei den Nebeneinkünften der Abgeordneten. Besonders eine Offenlegung der Steuererklärung von Politikern wie in den USA weist er vehement zurück.[25] Dies wäre für Deutsche so abschreckend, dass nur noch Beamte mit Rückkehrgarantie in ihre Berufe sich in Parlamente wählen ließen. Was hat eine offene Steuererklärung mit der Rückkehr in den Beruf zu tun? Die Logik: Als Abgeordneter müsste der Glaser von nebenan – wie jede Aktiengesellschaft auch – seine Umsätze und Gewinne preisgeben, und der Glaser von gegenüber könnte ihn fertigmachen. Und deshalb würde der Glaser von nebenan lieber nicht dem Deutschen Volke dienen. Außer Beamten gibt es für Kauder offenbar nur noch Selbständige. Krankenschwestern und Oberärzte, Kassiererinnen und Facharbeiter, Sekretärinnen und Abteilungsleiter – die gesamte Schicht der Angestellten kommt in Kauders Gedankenwelt offenbar gar nicht vor.

Diese fehlende politische Sensibilität ist umso beachtlicher, da Volker Kauder sein Amt als Generalsekretär ja erst durch den Rücktritt seines Vorgängers Laurenz Meyer im Zuge der Doppelverdiener-Affäre antreten konnte – dessen Verhalten er mit seiner Argumentation nachträglich noch verteidigt.

Edmund Stoiber, Rechtsanwalt, Bayerischer Ministerpräsident, CSU-Vorsitzender:

Vom rechten Rand möglichst weit in die Mitte

Edmund Stoiber, geboren am 28. September 1941 in Oberaudorf (Oberbayern) ist Sohn eines Kaufmanns und einer Rheinländerin. Er stammt ähnlich wie Schröder aus einfachen Verhältnissen. Mit

30 kam er als frisch promovierter Jurist (Thema seiner Dissertation: »Der Hausfriedensbruch im Licht aktueller Probleme«) im bayrischen Umweltministerium unter. Von 1972 bis 1974 ist er persönlicher Referent des Ministers, 1974 kommt er in den Landtag, 1978 macht ihn Ministerpräsident Franz Josef Strauß zum CSU-Generalsekretär. Fast zeitgleich (1978 bis 1982) ist er Syndikus der Lotto-Toto-Vertriebsgemeinschaft Bayern.

1982 wird er Chef der Bayerischen Staatskanzlei und 1988 Innenminister unter Max Streibl. Als Streibl 1993 wegen der »Amigo-Affäre« zurücktreten muss, setzt sich Stoiber gegen Bundesfinanzminister Theo Waigel durch und wird Ministerpräsident. Parallel dazu wird er 1989 Vizechef und 1999 Chef der CSU.

Am 11. Januar 2002 verzichtet Angela Merkel zu Stoibers Gunsten auf die Kanzlerkandidatur.

Jener Auftritt neun Tage später bei *Christiansen* wird Edmund Stoiber wohl ewig nachhängen: »Als Edmund Stoiber erregter wurde, nennt er die Moderatorin ›Sehr geehrte Frau Christiansen‹. Als er sehr erregt war, sagte er zu Sabine Christiansen ›Frau Merkel‹.«[26] Für den *Stern* ist Stoiber »der stammelnde Eiferer auf dem heißen Stuhl von Sabine Christiansen, dessen wirre Sätze über offenem Abgrund zerbrachen«.

Dies ist zwar ein gefundenes Fressen für Satiriker und für die politische Konkurrenz. Aber ist dieser Blackout symptomatisch und Beweis für des Bayern Inkompetenz?

Nach dem Tod seines Ziehvaters Strauß 1988 vollstreckt Stoiber dessen politisches Testament: »straff autoritär in Fragen der inneren Sicherheit, konservativ-patriarchalisch oder klerikalverklemmt in der Gesellschaftspolitik, pragmatisch-liberal gegenüber der Wirtschaft«.[27]

Zweifellos bedient Stoiber das politisch rechte und geistig untere Spektrum der Gesellschaft: Forderungen nach mehr Geld für die Polizei, nach Bundeswehr auch im Innern sowie nach Zuwanderungsstopp und für mehr Atomkraftwerke stoßen vorwiegend bei denen auf offene Ohren, die die Zahl entlaufener Sexualmörder und bewaffneter Terroristen auf jeweils eine Million schätzen, die Schuld für mehr als 5 Millionen Arbeitslose »den Asylanten« geben und deutsche Atomkraftwerke für störungsimmun halten.

Andererseits besteht weder Bayern überwiegend aus tumben Rechtsradikalen, noch wird Stoiber überwiegend von ihnen gewählt. 62 Prozent bei der Landtagswahl 2003 weisen Stoiber als eine Art Volkstribun aus.

Offenbar besitzt Stoiber mindestens die Kompetenz, seine Politik als eine für das Volk oder wenigstens als »kleineres Übel« darzustellen. Bestes Beispiel ist sein Austritt aus der neoliberalen *Initiative Neue Soziale Marktwirtschaft.* In einem Inserat hatte die Initiative behauptet: »Agrarsubventionen kosten uns ein Schweinegeld«, was die Bauernschaft, eine wichtige Klientel Stoibers, sehr erbost hatte.

Dieses Selbstverständnis Stoibers als »Patron des ganzen Volkes« würdigt auch *Stern*-Kommentator Jörges, wenn er es auch als Bewerbung um das Bundespräsidentenamt missversteht: »Als die CDU sich die Kopfpauschale in der Krankenversicherung zu Eigen machte, war er es, der die soziale Karte spielte, für die kleinen Leute sprach. Als der CDU-Stahlhelm Hohmann die Juden als ›Tätervolk‹ stigmatisierte, machte er den Parteiausschluss unabwendbar, indem er urteilte, der Mann stehe außerhalb des Verfassungsbogens. Als die Steuerreform auf des Messers Schneide stand, gab er den Ausschlag, weil er unbeirrbar dafür stand … Edmund Stoiber ist kein Flügelstürmer mehr, er ist Mann des Ausgleichs, der Vernunft und der Mitte.«

Kein Flügelstürmer mehr, der nicht auch den rechten Rand ansprechen will? Im Mai 2004 fordert Stoiber die Ausweisung für so genannte »Hassprediger« auf bloßen Verdacht hin, was Politiker von SPD, Grünen und FDP als »rechtsstaatlich unzulässig« ablehnen.

Preisfrage: Wird durch Stoibers Vorschlag braunes Gedankengut der Marke »Rechtsstaat ist etwas für Weicheier« bekämpft oder befördert? Soziale Christen, Demokraten und Stammtisch unter einen Hut zu bringen – bundesweit scheiterte Stoiber daran schon bei der Wahl 2002.

Michael Glos, Müller, Erster Stellvertretender Fraktionsvorsitzender:

Das Stänkern ist des Müllers Lust

Michael Glos, geboren am 14. Dezember 1944 in Brünnau, besteht 1968 seine Meisterprüfung als Müller und übernimmt den elterlichen Getreidemühlen- und Landwirtschaftsbetrieb. Seit 1970 ist er in der CSU, von 1972 bis 1993 im Kreistag Kitzingen, von 1975 bis 1993 CSU-Kreisvorsitzender, seit 1993 Vorsitzender des CSU-Bezirksverbandes Unterfranken, seit 1993 im Parteipräsidium. Seit 1976 ist er ununterbrochen mit Direktmandat im Bundestag, von 1981 bis 1987 ist er Vorsitzender des CSU-Arbeitskreises »Finanzen und Haushalt« der CSU-Landesgruppe, von 1987 bis 1990 finanz- und steuerpolitischer Sprecher der CDU/CSU-Bundestagsfraktion, von 1990 bis 1992 Vizechef der CDU/CSU-Bundestagsfraktion für den Bereich »Wirtschaft, Verkehr, Mittelstand und Landwirtschaft«. Seit Januar 1993 ist Glos Landesgruppenchef und als solcher Erster Stellvertretender Fraktionschef.

Obwohl die CSU-Landesgruppe derzeit mehr Bundesmandate hat als Grüne (57) oder FDP (47), wird Glos »als wandelnder Holzhammer chronisch unterschätzt«.[28] Für Insider ist er dagegen »der heimliche Herrscher« in der Fraktion. So gilt »Stoibers treuer Vasall« als Vater von dessen Kanzlerkandidatur 2002: Erst bringt er zur Ablenkung Wolfgang Schäuble ins Spiel, dann ruft er im Januar 2002 in Wildbad Kreuth den CSU-Chef zum Kandidaten aus. »Glos tarnte den Putsch als Missverständnis: Vor der Presse spielte er den Ahnungslosen, später grinste er im kleinen Kreis: ›Jetzt haben wir die Merkel im Schwitzkasten.‹«[29]

Kein Wunder, dass Glos selbst für Unionsfreunde wie Helmut Kohl ein »Hinterhofstänkerer« und »für den Gegner jederzeit Feindbild-tauglich« ist. Die Grünen vergleicht er mit Zecken,[30] und besonders gefressen hat er Joschka Fischer: »Glos mag selbstbewusste Kraftgesten – aber jedes Auftreten, das bei den so genannten kleinen Leuten als abgehobenes oder gar arrogantes Aufblähen verstanden werden kann, ist ihm zuwider.«[31]

Im Rahmen des Kompetenzverständnisses aller Parteien könnte es Glos in Sachen Finanzpolitik schon aufgrund seiner langjährigen Erfahrung mit jedem lebenden Unionspolitiker inklusive des Rechtsanwalts und »Finanzexperten« Friedrich Merz aufnehmen und galt vor der Wahl 1998 sogar als möglicher Finanzminister einer schwarz-gelben Koalition. Dennoch sitzt er zur Zeit nicht einmal in einem Fachgremium und scheint an Staatsämtern nur bedingt interessiert.

»Glos liebt nicht die formale, sondern die echte Macht. Sein Platz ist hinter den Kulissen, dort, wo die Strippen sind«, schwärmt Margarethe van Ackeren in der *Rheinischen Post.* Das heißt, Glos weiß selbst recht genau, welche Kompetenz wichtig ist und was er beherrscht.

Roland Koch, Rechtsanwalt, Hessischer Ministerpräsident:

Ein Leben für die Kanzlerschaft

Roland Koch, geboren am 24. März 1958 in Frankfurt am Main, aufgewachsen in Eschborn (Taunus) als Sohn des späteren hessischen Justizministers Karl-Heinz Koch, ist 1972 mit 14 Jahren Gründungsmitglied der Jungen Union in Eschborn, von 1977 bis 1999 im Kreistag Main-Taunus-Kreis, von 1979 bis 1990 CDU-Landkreischef, von 1983 bis 1987 Bundesvize der Jungen Union, wird Rechtsanwalt, ab 1987 im Landtag, von 1989 bis 1993 Umweltpolitischer Fraktionssprecher und Gegenspieler von Umweltminister Joschka Fischer, von Dezember 1990 bis April 1991 und von 1993 bis 1999 Fraktionschef, seit 1998 CDU-Chef Hessen, seit 1998 im CDU-Präsidium, seit April 1999 hessischer Ministerpräsident.

Roland Koch steht in puncto Machtwillen dem Kanzler in nichts nach. »Koch arbeitet schon sein gesamtes bisheriges Leben lang für das Ziel der Kanzlerschaft, so wie es der Medienkanzler Gerhard Schröder getan hatte.«[32] Schon frühzeitig verrät sein Vater: »Der studiert auf Bundeskanzler.«[33] Inzwischen ist aus dem heimlichen Kanzlerbewerber ein unheimlicher geworden, und diese Ambitionen gehören mittlerweile zur Allgemeinbildung. Ja, er musste deshalb sogar öffentlich Abbitte leisten. So verspricht er auf dem CDU-Landesparteitag im März 2004, sich bei bundespolitischen Themen »zurückzuhalten, aber nicht mundtot machen« zu lassen, und gelobt: »Von mir wird es keine Initiative für eine Kanzlerkandidatur geben.«

Bei der Kandidatenkür 2002 war er natürlich für Stoiber, denn: »In ihrer Wirkung auf die Union dürfte der hessische Ministerpräsident die Kandidatur des Bayern auch als inhaltliche Vorbereitung auf die Ära Koch betrachten, die sich nach seinen Vorstellungen bald anschließen soll – nach 2002, falls Stoiber verliert; etwas später im Falle eines Sieges.«[34]

Nimmt man zum Kompetenzmaßstab seine Politik als Ministerpräsident, so ist das Ergebnis durchwachsen: Im September 2003 präsentiert er als Regierungsprogramm ein Sanierungspaket, das sich bei näherem Hinsehen als Sozialabbau- und Umverteilungsprogramm entpuppt. Während nahezu alle Bevölkerungsgruppen inklusive der Polizisten und Mieter sparen sollen, sorgt eine »heimliche Amnestie für Steuerhinterzieher« für Aufsehen.

Doch obwohl wie aus dem neoliberalen Lehrbuch, steht das Konzept »ebenfalls sofort unter Karriereverdacht. Koch ... wolle der Berliner Politik und allen Mitbewerbern zeigen, wie eine seriöse, mutige Finanzpolitik anzupacken sei. Die mediale Präsentation gelang Koch meisterhaft«.[35]

Immerhin hat ihm Edmund Stoiber auf dem bayerischen Wahlparteitag Mitte Juli 2003 in Nürnberg die hessische Nettoneuverschuldung von 2002 vorgehalten und angeraten, wer große Forderungen an die Bundespolitik stelle, müsse erst einmal Ordnung im eigenen Land schaffen.

Mehrheitslieferant Bündnis 90/Die Grünen: Nach allen Seiten offene »Fischer-Chöre«

Auch wenn es die grünen Funktionäre und Fischer selbst vehement abstreiten werden: Bündnis 90/Die Grünen – das ist zum großen Teil Joschka Fischer. Mit wenigen Ausnahmen (wie etwa Rezzo Schlauch, Jürgen Trittin oder Renate Künast) sind die Spitzenpolitiker der Grünen für Erfolg oder Misserfolg der Partei einigermaßen irrelevant. Welche Wähler – selbst der Grünen – sind schon mit den Positionen der Sager, Göring-Eckardt oder Bütikofer wirklich vertraut, geschweige denn daran interessiert? Politisch ist die Parteiführung ein Spiegelbild der Bundestagsfraktion: »Realpolitiker, Regierungslinke, Wirtschaftsliberale und Wertkonservative, allesamt Jongleure der Macht, flexibel und offen nach allen Seiten … Ideologie ist verpönt.«[36]

Joseph Martin Fischer, ohne Berufsausbildung, Bundesminister des Auswärtigen:

Vom Steinewerfer zum Liebling der Nation

Joseph Martin (Joschka) Fischer, geboren am 12. April 1948 in Gerabronn, ist das dritte Kind eines ungarndeutschen Metzgers, der 1946 Budapest verlassen musste. 1965 beendet er vorzeitig das Gymnasium und 1966 eine Fotografenlehre. Ab 1967 engagiert er sich in der Studentenbewegung und in der Außerparlamentarischen Opposition (APO). Ab 1968 lebt er in Frankfurt am Main, besucht als Gasthörer Vorlesungen von Theodor W. Adorno, Jürgen Habermas und Oskar Negt, verdient seinen Unterhalt mit Gelegenheitsarbeiten und befasst sich mit Marx, Mao und Hegel. Als Mitglied der Gruppe »Revolutionärer Kampf« beteiligt er sich an Straßenschlachten.

1971 will er als Arbeiter bei Opel in Rüsselsheim eine Betriebsgruppe gründen und die Belegschaft für die »Revolution« gewinnen, wird aber schon nach einem halben Jahr gefeuert. Bis 1976 schlägt er sich mit Gelegenheitsarbeiten und danach bis 1981 als Taxifahrer durch.

Der so genannte »Deutsche Herbst« 1977 (Entführung und Ermordung des Arbeitgeberpräsidenten Hanns-Martin Schleyer, Entführung der Lufthansa-Maschine »Landshut« und Tod beziehungsweise Selbstmord der RAF-Führer) führt laut Fischer zu seiner Abkehr von Gewalt in der Politik. Im Gegensatz zu anderen hofft aber Fischer nicht auf das Vergessen seiner früheren Jahre, sondern schreibt zum Beispiel auf seiner Internetseite www.joschka.de ein ganzes Kapitel über »Die 68er und Joschka«. 1982 tritt er den Grünen bei, 1983 kommt er in den Bundestag, wird Parlamentarischer Fraktionsgeschäftsführer und durch teils umstrittene Reden (»Mit Verlaub, Herr Präsident, Sie sind ein A…loch«) bundesweit bekannt.

Ab Dezember 1985 gehört er als hessischer Umweltminister zur ersten rotgrünen Regierung. Im Februar 1987 wird er von Ministerpräsident Börner entlassen, da die Grünen den Fortbestand der Koalition von der Rücknahme der Genehmigung für das Hanauer Nuklearunternehmen *Alkem* abhängig gemacht haben. Ab April 1987 ist er Landtagsfraktionschef, ab April 1991 erneut Umweltminister, von 1994 bis 1998 Bundestagsfraktionssprecher.

Zielstrebig arbeitet er auf eine rotgrüne Koalition hin. 1995 sagt er dem strikten Pazifismus der Grünen den Kampf an und befürwortet Bundeswehreinsätze zur Aufrechterhaltung der UN-Schutzzonen in Bosnien-Herzegowina. Auch durch die wirtschaftspolitische Hinwendung der Grünen zur Marktwirtschaft formt er sie immer mehr zur »realpolitischen« Partei. Für seinen Platz als uneingeschränkte Nummer eins der Grünen benötigt er nicht einmal ein formelles Parteiamt.

Ab 1998 ist Fischer Außenminister und Vizekanzler. Ähnlich wie Schröder »überzeugt« er gern durch Erpressung in Form von Rücktrittsdrohungen, wie etwa beim Streit über die Bundeswehreinsätze in Afghanistan und Mazedonien oder beim Konflikt um die Agenda 2010.

Von Fischer ist fast die gesamte Heerschar grüner Amts- und Mandatsträger abhängig: Er vergibt oder verweigert Traumjobs, befördert oder zerstört Karrieren. Als Gegenleistung verlangt er völlige »Loyalität«. Daran ändern auch nichts die peinlichen »Bedenken-Shows« wie 1999 bei der Abstimmung über den erwähnten Bundeswehreinsatz in Afghanistan, wo je vier »Bedenkenträger« dafür und dagegen stimmten und so die Koalition retteten.

Fischer ist seit Jahren der mit Abstand beliebteste deutsche Politiker. Selbst die *Welt* würdigt ihn als »unbestrittenen Tabellenführer der politdeutschen Beliebtheitsliga«. Warum aber ist ein ehemaliger Steinewerfer populärer als Recht und Gesetz achtende Bürgersöhne wie Friedrich Merz oder Roland Koch, für den »die öffentliche Wahrnehmung von Fischer ein Phänomen« bedeutet? Ist es nur der Saulus-Paulus-Effekt, die Freude über den bekehrten Sünder? Spielt da am Ende – »Steinewerfen geht natürlich zu weit« – eine klammheimliche Sympathie für den Nicht-Duckmäuser, für den Aufbegehrer gegen die Obrigkeit mit?

Aber auch im Ausland ist Fischer so hoch angesehen, dass er als aussichtsreicher Kandidat auf den für 2006 geplanten Posten des EU-Außenministers gilt.

Wichtiger Grund für seine Popularität aber dürfte die große politische Kompetenz sein, die er zumindest in den Augen der Bürger und vieler ausländischer Staatsmänner besitzt. Anders als viele Kabinettskollegen vermittelt er nicht den Eindruck unreflektierten Nachplapperns einer von oben befohlenen Phraseologie, sondern scheint genau zu wissen, was er sagt und tut.

Vor allem eine gewisse außenpolitische Fachkompetenz ist dem glaubhaft echten Autodidakten nicht abzusprechen – im

Gegenteil: So verlangt er im Januar 1999 vor der französischen Nationalversammlung »eine Europäische Sicherheits- und Verteidigungsidentität«. Auch seine im Mai 2000 vorgetragene »Vision für eine Zukunft Europas« sorgt international für Aufsehen. Und dass eine Frau wie Madeleine Albright während und nach ihrer Amtszeit als US-Außenministerin von Fischer als »mein Freund Joschka« spricht, adelt ihn geradezu – zeigt aber auch, dass Kompetenz nicht zwangsläufig irgendetwas mit Moral oder sozialem Verhalten zu tun haben muss.

Auf der Suche nach Fischers Motiven für die Mutation vom Linksradikalen zum Staatsmann wird der verstorbene *Spiegel*-Macher Rudolf Augstein fündig: »Er will die Nato stärken, den USA in jedem Winkel der Erde zu Hilfe kommen. Dies bezweckten die Amerikaner genau mit ihrem Kosovo-Bombardement. Ein Grüner, der dies mitmacht, ist ein Schuft … Was macht den Musterknaben ticken? Pure Einfalt? Unmöglich. Unerfahrenheit? Dies machte den Charme der Grünen aus. Ehrgeiz? Selbstverständlich, wie bei anderen tüchtigen Politikern auch. Der Schlüssel … muss in Fischers Naturell liegen. Schwere Kindheit? Da kommt man der Sache schon näher, aber nicht nahe genug. Der Metzgersohn, armer Leute Kind, das hat er oft genug hervorgekehrt, als hätte er *Mein Kampf* gelesen.«[37]

So ist Fischer trotz allem Politblendwerk, trotz Strategiegerede, Expertenvokabular und Staatsmannspathos für Augstein »ein am Ende doch unpolitischer Kopf«. Aus kleinen Verhältnissen nach oben um *jeden* Preis – diese Seelenverwandtschaft könnte auch die insgesamt prächtige Harmonie zwischen Schröder und Fischer erklären. Ohne Fischer kein Kanzler Schröder und ohne Schröder kein Liebling Fischer.

Warum er als ehemaliger Linksaußen damit durchgekommen ist?

Nicht trotz, sondern *wegen* seines »linken« Images ist er geradezu prädestiniert dafür, Dinge durchzusetzen, die sich Schwarzgelb wohl kaum erlauben dürften. Die ehemalige Grünen-Chefin Jutta Ditfurth meint: »Es musste ein Grüner sein, ein ehemaliger Antifaschist, der das in alternative Floskeln gehüllte Propagandamaterial für den Krieg lieferte.«[38]

Nach Bekanntwerden der Visa-Affäre sieht der *Spiegel* Deutschlands bis dato beliebtesten Politiker allerdings bereits als »Superstar a. D.« Er habe die Warnungen der Visa-Angestellten in Kiew, der Kriminalbehörden und des Innenministers vor allem deshalb überhört, weil er »auf anderer Frequenz funkt. Joschka Fischer hat den Respekt vor der Sachpolitik bereits vor Jahren verloren«.

Weniger intellektuelle und fachliche Inkompetenz als vielmehr schlichtes Desinteresse des »Außergalaktischen«[39] an irdischem Kleinkram?

Reinhard Bütikofer, ohne Berufsausbildung, Parteivorsitzender:

»Politiker gelernt«

Reinhard Bütikofer, geboren am 26. Januar 1953 in Mannheim, kommt als Sohn eines Postbeamten und einer Hausfrau aus gesicherten Verhältnissen. 1971 legt er altsprachliches Abitur ab und studiert mehr als neun Jahre ohne Abschluss in der 68er-Hochburg Heidelberg Philosophie, Geschichte und als guter Maoist – von 1974 bis 1980 Mitglied der maoistischen *Kommunistischen Hochschulgruppe* (KHG) – auch Sinologie, alles ohne Abschluss. »Reinhard Bütikofer weiß nicht mehr, wann er aufgehört hat zu studieren«, gibt sein Mitarbeiter Michael Schäfer auf Anfrage preis.

1982 wechselt Bütikofer zu den Grünen und gelangt 1984 in den Stadtrat von Heidelberg. Von 1988 bis 1996 sitzt er im Landtag von Baden-Württemberg, wo er den finanzpolitischen Fraktionssprecher gibt. Nach einem Familienjahr ist er ab 1997 grüner Landeschef (mit Monika Schnaitmann). Mit dem rotgrünen Wahlsieg 1998 wird er Bundesgeschäftsführer und damit auch Mitglied des fünfköpfigen Vorstandes. Seine Aufgabe ist es, als Gehilfe von Fischer den machtorientierten radikalen Kurswechsel der Grünen, vor allem beim Atomausstieg und bei den Bundeswehreinsätzen gegen die umweltschutz- und friedensorientierte Basis durchzusetzen. Im Juni 2000 wird er mit 52,2 Prozent knapp wiedergewählt, außerdem Chef der Grundsatzprogrammkommission. Dieses Programm wird vom Parteitag im März 2002 endgültig verabschiedet.

Im Oktober 2002 tritt er zurück, offenbar wegen Querelen mit Parteichef Kuhn. Zwei Monate später ist er Parteichef (mit Angelika Beer).

Bütikofer hat nie einen normalen Beruf ausgeübt. Als Profession gibt er schlicht »Politiker« an, das habe er gelernt. »Gelernt« – da fällt uns wieder der falsche Arzt Postel ein, nur dass der Postbote Postel im Gegensatz zum Postbeamtensohn Bütikofer wahre Heerscharen zufriedener Patienten und »Arztkollegen« vorweisen kann.

»Gelernt« kann ja sein, fragt sich nur, was. Als »Kämpferherz« wird er gelobt und als »begeisterter Taktierer und Strippenzieher«, aber ist das nicht genau von Weizsäckers »Spezialwissen, wie man politische Gegner bekämpft«? Wer außer einigen vermutlich noch inkompetenteren Kollegen lobt Bütikofers politisches Wirken zum Wohle der Bürger? Wieso sollte man auch?

Als einzige »Erfolge« der Grünen nach sechs Jahren Regierung fallen einem Dosenpfand und Homosexuellenehe ein. Ansonsten ist aus Frieden Kriegsteilnahme und aus dem Atomausstieg dessen alberne 30-Jahre-Persiflage geworden. Und ohne Verantwortung für die nicht von ihnen besetzten Ressorts wie Wirtschaft, Finanzen, Soziales sind die Grünen als Regierungspartner und Mehrheitsbeschaffer keineswegs – und Bütikofer hat ja auch zu jedem Thema etwas Wichtiges zu sagen. Nicht dass er das als Parteichef nicht müsste, die Frage ist, ob er es auch kann.

Es hat schon etwas Abenteuerliches, wenn dieser ehemalige Langzeitstudent angesichts von nahezu 5 Millionen Arbeitslosen über die Agenda 2010 schwadroniert oder vor dem Hintergrund von massiver Altersarmut den Rentnern mit einer Nullrunde droht. Woher weiß der das bloß alles, all die klugen Sachen über Staatsverschuldung, Sozialstaatumbau oder Generationenvertrag. Fragt er seine Experten, also die Lehrerin Antje Hermenau als Haushaltsexpertin, die Pädagogin Christine Scheel als Finanzexpertin oder gar die abgebrochene Theologiestudentin Katrin Göring-Eckardt als Rentenexpertin?

Was viele an den Jugend-Soaps wie *Gute Zeiten, schlechte Zeiten* oder *Marienhof* noch mehr stört als die hanebüchene Handlung, das ist die groteske Besetzung in der Art: Eine verklemmte Abiturientin als Chefchirurgin, ein stammelndes Würstchen als Staranwalt, ein pubertierendes Akne-Duo als Börsenmakler und Konzernchefin. Das nennt man dann Schülertheater, und man meint es abfällig. Wie nun soll man Reinhard Bütikofers Auftritte nennen?

Katrin Göring-Eckardt, ohne Berufsausbildung, Fraktionsvorsitzende:

Prototyp der neuen Grünen?

Katrin Göring-Eckardt, geboren am 3. Mai 1966 in Friedrichroda, ist die Tochter eines freiberuflichen Tanzlehrerehepaares. Der Vater verehrt Franz Josef Strauß, und daheim gibt es Westfernsehen satt. Eigentlich will sie – na, was wohl als künftige Grünenpolitikerin? – Deutschlehrerin werden, studiert aber ohne Abschluss Theologie, engagiert sich in einer Kirchengemeinde und heiratet, wenn es schon nicht mit der Pfarrerin klappt, wenigstens einen Pfarrer.

1989 ist sie Gründungsmitglied von »Demokratie jetzt« und »Bündnis 90«, von 1990 bis 1993 in den Thüringer Landesvorständen beider Organisationen, 1993 in der Verhandlungskommission zur Vereinigung von Bündnis 90 und den Grünen, ab 1993 Mitglied und ab 1995 Sprecherin des Landesvorstands (bis 1998), von 1996 bis 1998 Beisitzerin im Bundesvorstand.

Ihren Unterhalt verdient sie von 1995 bis 1998 als Mitarbeiterin des Bundestagsabgeordneten Matthias Berninger.

Nach der Wahl 1998 ist sie dann selbst im Bundestag und wird gleich gesundheits- und rentenpolitische Fraktionssprecherin, außerdem Parlamentarische Geschäftsführerin – erst als Stellvertreterin von Kristin Heyne und nach deren Krebstod im Februar 2002 als deren Nachfolgerin. Seit Oktober 2002 ist sie gemeinsam mit Krista Sager Fraktionschefin.

Göring-Eckardt kämpft gegen drei Vorurteile an:

- »Ich bin nicht die Quotentante für den Osten«, behauptet sie.[40] Aber wer, wenn nicht sie, ist eine Quotenossi? Nahezu die gesamte Fraktion besteht aus karrierehungrigen, besser vorgebildeten Wessis, man denke nur an den Fraktionsvize, den habilitierten Politologen Reinhard Loske oder an die promovierte Volkswirtin Thea Dückert, die zumindest in Wirtschaftsfragen kaum weniger wissen *kann* als Göring-Eckardt.

- »… sie sei eine Fischer-Frau, er wolle sie als Werkzeug seiner Macht an der Spitze der Fraktion sehen.«[41] Wäre es allein um *Ossi* und danach um Kompetenz gegangen, hätte der 53-jährige frühere DDR-Bürgerrechtler Werner Schulz Fraktionschef werden müssen, aber das hat Fischer bereits 1998 und 2002 verhindert.
- Fischer selbst verdächtigt Göring-Eckardt, ein »Karrierefuzzi« zu sein. »Hinter ihrer wirtschaftsliberalen Rhetorik vermutet denn auch manch einer ihrer Kritiker das Bemühen, sich vom grünen Übervater zu emanzipieren.«[42]

Und so legt sie dann munter los, »radikal in der Reformrhetorik, im politischen Tagesgeschäft pragmatisch bis ins Mark … Ins Kalkül gezogen wird alles – auch ein Bündnis mit der Union. Kündigungsschutz? ›Eine Belastung für kleine Firmen.‹ Mehr Schulden und höhere Steuern in der Wirtschaftsflaute? ›Kommen für uns nicht in Frage.‹ Die heutige Rentnergeneration? ›Muss stärker herangezogen werden.‹ Wer bislang so redete in der Politik, kam aus einer westdeutschen Metropole und war in der FDP Guido Westerwelles zu Hause. Doch das Feuerwerk gegen alte Gewissheiten und für Reformen entzündet seit Wochen Katrin Göring-Eckardt.«[43]

Für Bernd Ulrich vom *Tagesspiegel* ist sie deshalb der Prototyp der neuen Grünen-Generation, und die Spaßgesellschaftsfraktion des *Spiegel* benennt gleich den gesamten Menschenschlag nach ihr: »Ideologie ist verpönt bei den Altideologen –

und mehr noch bei ihren Nachfolgern der Generation Göring-Eckardt.«

Selbst das einfache Kopieren von ebenfalls nicht originellen FDP-Positionen wäre noch erträglich, hätte man es wirklich mit einer ideologiefreien Fachfrau im Sinne des Neoliberalismus zu tun. Eine solche Expertin könnte zum Beispiel »wertfrei« ausrechnen, ab welchem Punkt das »Angstsparen« der Konsumenten den ersehnten Wirtschaftsaufschwung torpediert und ob eine Rücknahme der Agenda 2010 nicht billiger wäre als die Kosten für die Innere Sicherheit, die möglicherweise bei grob illegalen Protestaktionen der Bevölkerung entstünden. Nicht zuletzt könnte sie berechnen, wie viel Milliarden Euro eine Schließung sämtlicher Universitäten einsparen würde, da ein Studium ja offenbar sogar für Parteiexperten- und Fachministerkompetenz völlig überflüssig ist. Die Aussagen einer solchen – echten – Expertin würden einem gefallen oder nicht, aber sie wüsste wenigstens, was sie tut und schreibt.

Stattdessen aber lässt Göring-Eckardt die Leser ihrer Internetseite unter der Überschrift »Eine Chance für Deutschland« folgendes wissen: »Deutschland ist reformfähig. Wir haben 2003 ein klares Signal für Aufbruch und Dynamik gesetzt. Deutschland bewegt sich – doch. Die Ende vergangenen Jahres beschlossenen Reformen werden Deutschland verändern. Das ist der Beginn eines tief greifenden gesellschaftlichen Reformprozesses. Sie sind die Basis, von der aus wir uns beherzt den Zukunftsfeldern Bildung, Forschung, Innovation und ökologische Modernisierung zuwenden. Denn eines ist klar: Ein hoch entwickeltes Land kann neue Arbeitsplätze nur durch mehr Innovation schaffen. Unser wichtigstes Gut sind die Fähigkeiten, das Wissen und die Kreativität der Bürgerinnen und Bürger.«

Offenbar beruht Göring-Eckardts fachliches Rüstzeug – sofern sie nicht einfach Schröder und Fischer unreflektiert umsetzt – auf dem so genannten »gesunden Menschenverstand«. Die Thüringerin hat als abgebrochene Theologiestudentin außer Abitur nichts vorzuweisen, also buchstäblich nichts gelernt, was ihr bei einer Jobsuche über die Arbeitsagentur helfen könnte. Dies hindert sie freilich nicht an größten politischen Ambitionen. Bernd Ulrich vom *Tagesspiegel* sieht Göring- Eckardt jedenfalls als Um-jeden-Preis-Karrieristin: »Immerhin geht es für sie darum, ob sie Familienministerin wird oder grüne Fraktionschefin. Oder gar nichts.«

Allerdings geht derlei Zielstrebigkeit selbst der eigenen Basis zusehends auf die Nerven. Auf dem Parteitag im Oktober 2004 benötigt sie als Einzige der 16 Mitglieder vier Wahlgänge, um im Parteirat bestätigt zu werden.

Krista Sager, Lehrerin in der Erwachsenenbildung, Fraktionsvorsitzende:

Findet Macht »positiv«

Krista Sager, geboren 1953 in Bremen, studiert von 1972 bis 1978 auf Studienrätin für Deutsch und Geschichte, verdingt sich aber sieben Jahre später in der Erwachsenenbildung. Dafür ist sie seit 1982 bei den Grünen aktiv und sitzt von 1989 bis 1994 für die Grün-Alternative Liste (GAL) in der Hamburgischen Bürgerschaft, lange Zeit auch als Fraktionsvorsitzende. Ihre Schwerpunkte sind Wirtschaft, Finanzen und Frauen.

Von 1994 bis 1996 ist sie Bundesvorstandssprecherin von Bündnis 90/Die Grünen in Bonn (mit Jürgen Trittin), von 1997 bis 2001 Zweite Bürgermeisterin in Hamburgs rotgrüner Koalition und Senatorin für Wissenschaft und Forschung, von November 2001 bis Oktober 2002 Fraktionschefin und verkehrspolitische Sprecherin. Seit September 2002 sitzt Krista Sager im Bundestag und ist Fraktionschefin (mit Göring-Eckardt).

Sagers wohl wichtigste politische Aussage findet sich auf ihrer Internetseite:

> »Also, ich muss sagen, ich finde Macht positiv. Nicht in dem Sinne, dass ich mich daran berausche. Als junge Abgeordnete ist das vielleicht anders, wenn man sich das erste Mal im Fernsehen sieht und dann sagt: »Wow, bin ich das? Ist das nicht toll? ICH im Fernsehen!«

Macht ist geil, jedenfalls wichtiger als jede Ideologie, wie ja auch der Eigennutztheoretiker Anthony Downs feststellt. Schon 1993 wird die damalige GAL-Spitzenkandidatin Sager aus den eigenen Reihen als »machtbesessen« beschimpft, weil sie das Projekt Rotgrün über alle grünen Grundsätze stelle.[44]

Aus dieser Zeit etwa datiert auch ihr Spruch: »Wann immer sich ein Linker auf die realen Verhältnisse einlässt, wird er Sozialdemokrat.«[45]

Wieso aber ist sie dann nicht dem 1989 konvertierten Ex-Grünen Otto Schily in die SPD gefolgt? Etwa weil für die Ex-Studentin, anders als für den mitreißenden Rhetoriker und überparteilich anerkannten Juristen Schily, eine überdurchschnittliche und erst recht schnelle Karriere reine Utopie war? Wo anders als bei den Grünen wäre Sager Parteiführerin geworden, ja überhaupt in ein Parlament gekommen? An mangelnder Ideologiefreiheit soll Sagers Karriere jedenfalls nicht scheitern: »Sager liebäugelt mit Schwarz-Grün« meldet die *Welt* im Februar 2004.

Sagers Kompetenz in ihren Spezialgebieten Wirtschaft, Finanzen und Verkehr war und bleibt ein blinder Fleck in ihrer Biografie.

Hat sie Bücher zu diesen Themen gelesen, heimlich Vorlesungen besucht oder sogar Studiengänge abgeschlossen? Hat sie wenigstens das *Telekolleg* oder das Bildungsangebot von *Phoenix* herangezogen?

Nicht einmal das, könnte man meinen, wenn man liest, was Sager im Mai 2003 in einem aus ihrer Sicht wahrscheinlich wissenschaftlichen Beitrag schreibt: »Hier geht es auch um die Herausforderung eine europäisch geprägte, *postmoderne* Alternative zu einem neoliberalen, hauptsächlich auf Deregulierung setzenden, US-amerikanischen Modell zu entwickeln. Es geht also darum, durch mehr Beschäftigung und Teilhabe mehr Wirtschaftsdynamik zu generieren und nicht einfach durch Wachstum Vollbeschäftigung zu erreichen. Dies setzt aber auch eine Abkehr vom Sozialstaat traditionellen Typus voraus. Denn der Transfer von Ressourcen zur Eröffnung von Teilhabe- und Beschäftigungschancen wird wichtiger, als der Transfer von Mitteln zur notdürftigen Kompensation von Ausgrenzung.«[46]

Nicht nur wegen der beiden Kommafehler im Text der Fast-Deutschlehrerin[47] möchte man zu Sagers Gunsten annehmen, dass sie die Bedeutung des Begriffs »Postmoderne« nur aufgeschnappt und das pseudowissenschaftliche Geschwafel unreflektiert und ungelesen aus einem Referentenmanuskript übernommen hat.

Postmoderne bedeutet nämlich nichts anderes als den uralten Traum der Intellektuellen von der Unwichtigkeit der Wirtschaft und der Herrschaft der Kultur. Es ist gleichzeitig die neoliberale Ideologie der »Spaßgesellschaft«: Die ökonomischen Probleme sind praktisch gelöst (vereinzelte Arbeitslosigkeit und Armut soll man nicht so verbissen sehen). Selbstverständlich muss nicht mehr der Reichtum, sondern das Risiko verteilt werden. Auch hier schimmert Otto Waalkes durch: »Mir ist es egal, ob jemand arm oder reich ist, Hauptsache, er hat Geld.«

Lobbyistenclub FDP: Parlamentarischer Arm der Privatversicherer

Zwar gilt die FDP als Mehrheitsbeschaffer der Union, aber anders als der SPD-Juniorpartner ist sie nicht völlig ideologisch offen. Die gesamte Führungsspitze der FDP – Parteichef Guido Westerwelle, Fraktionschef Wolfgang Gerhardt, Partei- und Fraktionsvize Rainer Brüderle – ist durch Mitgliedschaften in Aufsichtsräten oder Beiräten fest mit der Wirtschaft verbunden. Der Ehrenvorsitzende und frühere Wirtschaftsminister Otto Graf Lambsdorff wird 1984 im Prozess um die Flick-Parteispendenaffäre in seiner Eigenschaft als Ex-Bundeswirtschaftsminister wegen Steuerhinterziehung zu 61 500 DM Geldstrafe verurteilt. Der Ehrenvorsitzende und frühere Außenminister Hans-Dietrich Genscher ist seit 1998 Aufsichtsratsvorsitzender der WMP EUROCOM AG, Berlin, an die Arbeitsagenturchef Florian Gerster den für ihn verhängnisvollen Beratervertrag vergeben hatte. Von daher ist die Themenpalette der FDP recht übersichtlich. Ihre Meinung zu allen Bereichen der Politik ist nahezu identisch mit denen ihrer Auftraggeber aus der Wirtschaft. Entsprechend kann die Partei nur einen echten »Universalexperten« vorweisen.

Guido Westerwelle, Rechtsanwalt, FDP-Vorsitzender:

»Herr Kaiser« im Big-Brother-Haus

Guido Westerwelle, geboren am 27. Dezember 1961 als Anwaltssohn in Bad Honnef, ist seit 1980 in der FDP, 1983 Mitgründer und bis 1988 Bundesvorsitzender der Jungen Liberalen, seit 1988 im Bundesvorstand, seit 1991 Volljurist und selbständiger Rechtsanwalt, seit 1994 Dr. jur., seit 1996 im Bundestag, von 1994 bis 2001 Generalsekretär und seit 4. Mai 2001 Parteichef.

Westerwelles erstes Ziel ist es, die FDP zur Volkspartei zu machen und sie vom Vorurteil zu befreien, sie sei eine Partei der Besserverdienenden. Bei der Bundestagswahl 2002 ist er erster Kanzlerkandidat der FDP und will 18 Prozent erreichen, landet aber bei 7,4 Prozent.

Zentrales Argument auf seiner Internetseite ist eine Umfrage der *Frankfurter Allgemeinen Sonntagszeitung* unter 500 Spitzenmanagern: In der Disziplin »unternehmerischer Pioniergeist und Innovationskraft« belegt er mit der Schulnote 2,68 Platz 1 (Stoiber 3,26, Fischer 3,46, Schröder 3,78), ebenso siegt er bei »Integrität, Charakterstärke und Glaubwürdigkeit mit 3,05 (Stoiber 3,24, Fischer 3,41, Schröder 4,08) und holt Silber in »Kann als Vorstandsvorsitzender eine große Aktiengesellschaft leiten« mit 50,4 Prozent (Stoiber 51,2, Schröder 38,0, Fischer 29,6).

Ein typisches Beispiel für Westerwelles Integrität ist seine Forderung nach Privatisierung der Krankenkassen. Westerwelle ist Mitglied des Beirats der Hamburg-Mannheimer Versicherungs-AG, also eine Art »Herr Kaiser im Bundestag«. Dabei handelt es sich um eine »veröffentlichungspflichtige Angabe« auf der Internetseite des Bundestages. Der Bürger soll zumindest die Möglichkeit haben zu erfahren, ob Politiker von den Interessengruppen bezahlt werden, für die sie Propaganda machen. Im Lebenslauf auf Westerwelles eigener Internetseite fehlt diese Angabe natürlich. Von Westerwelle ein Eintreten für das staatliche Gesundheitswesen zu erwarten, hieße von einem *Marlboro*-Mitarbeiter die Unterstützung einer Antiraucherkampagne zu verlangen.

»Mein politisches Anliegen ist eine liberale, weltoffene, tolerante und erfolgreiche Gesellschaft, die jeder Bürgerin und jedem Bürger den größtmöglichen Freiraum zur persönlichen Entfaltung bietet und dabei gleichzeitig die wirklich Schwachen schützt. Dafür stehe ich als Bundestagsabgeordneter und als Bundesvorsitzender der FDP.«

Und deshalb geht er auch dorthin, wo das kritische Wählerpotential hockt, zum Beispiel kurz vor seiner Wahl zum Parteichef ins Big-Brother-Haus: »Da gucken 6 Millionen Menschen zu. Wenn ich die Möglichkeit habe, ein bis zwei Stunden über Politik zu sprechen, dann werde ich diese auch nutzen. Es ist meine Aufgabe als Politiker, junge, politikverdrossene Menschen zu begeistern.«[48]

Eigentlich stellt sich die Kompetenzfrage bei Westerwelle, zumal als Führer einer kleinen Oppositionspartei, überhaupt nicht. Aber es könnte durchaus sein, dass er 2006 Außenminister einer schwarzgelben Regierung wird. Woher er dafür wiederum die Kompetenz hernehmen will, entzieht sich unseren Nachforschungen.

5. Die staatlich anerkannten »Experten« – von Christiansens Gnaden

Sie wirken, als hätten sie Platon, Cicero und Adam Smith im Original gelesen und als seien sie öfter knapp am Nobelpreis vorbeigeschrammt. Sie zitieren Ludwig Erhard und Henry Ford, ohne zu wissen, dass die schon längst tot sind. Sie sagen Texte ihrer Praktikanten auf, üben Tonfall und Mimik mit dem Imageberater. Jeder nennt sie »Experten«, aber niemand weiß, wieso eigentlich. Wickert hat's von Illner, die von Christiansen und die wieder von Wickert oder aus der *Bild*-Zeitung. Und irgendwann sind sie dann gleichsam »staatlich anerkannte Experten«.

Hans Eichel (SPD), Studienrat, Bundesminister der Finanzen:

Der »Herr der Löcher«

Hans Eichel, geboren am 24. Dezember 1941 in Kassel, arbeitet von 1970 bis 1975 als Studienrat, gleichzeitig aber als Kasseler Stadtverordneter und SPD-Fraktionschef. 1975 wird er Oberbürgermeister von Kassel, 1991 hessischer Ministerpräsident. Als Bundesfinanzminister ist er zunächst nicht gerade erste Wahl. Aber am 7. Februar 1999 wird er als Landesvater abgewählt, und am 11. März tritt Finanzminister Oskar Lafontaine zurück. So hat Eichel bereits am 12. April 1999 dessen Job.

Lange Zeit gilt Hans Eichel als die wandelnde Haushaltskompetenz. Eichels Vertrauter, der Medienberater Klaus-Peter Schmidt-Deguelle, verpasst Eichel ein Bild, wie sich der brave kleine Mann einen »Sparminator« vorstellt. Cornelia Wolber mokiert sich in der *Welt:* »Eichel, der seine Möbel bei Ikea kauft und selbst zusammenschraubt, der sich beim Putzen den Rücken verknackst und noch beim Trinkgeld knausert.« Dennoch ist im April 2003 der »Eiserne Hans« und »Herr der Sparschweine« bei »Herr der Löcher« angekommen. Henrik Munsburg schreibt dazu in der *Berliner Zeitung:* »Er hat das Wichtigste eingebüßt, das ein Finanzminister besitzen sollte: Glaubwürdigkeit. Abzulesen ist das an immer größeren Etatlücken.«

Ein Schlaglicht auf Eichels Kompetenz wirft der legendäre Ulk des Nachrichtenmagazins *Fakt:* Im Wahlkampf 2002 präsentieren sie der Finanzkoryphäe Eichel scheinheilig eine Passage aus dem CDU-Wahlprogramm als angebliche Textstelle aus dem SPD-Programm – und Eichel verteidigt das Unions-Konzept mit (für seine Verhältnisse) äußerst kämpferisch-enthusiastischen Worten.

Deutlich wird Parteifreund Sigmar Gabriel. Während der SPD-Krise im April 2003 bescheinigt er Rotgrün »ausschweifenden Dilettantismus in Sachen Finanz- und Wirtschaftspolitik«: Im »Praktikantenstadel der Steuerabteilung des Bundesfinanzministeriums« habe nach der Wahl das Motto »Learning by doing« geheißen.[1]

Eichel selbst räumt dies indirekt ein: »Ich habe nie behauptet, etwas von Steuern zu verstehen, als ich noch nicht Finanzminister war … Danach habe ich es erst mühsam lernen müssen.«[2] Es ehrt Eichel, dass er zugibt, dass seine Kompetenz zumindest damals gleich null war. Noch mehr aber hätte es ihn geehrt, wenn er daraus die Konsequenzen gezogen und abgelehnt hätte. Sein Alterseinkommen dürfte bei all seinen vielen Ämtern und Mandaten früherer Jahre auch so gesichert gewesen sein.

Der Minister nennt in der Internetseite seines Ministeriums als Aufgaben und Kompetenzen »die Gestaltung der Finanzpolitik und die Grundausrichtung der Wirtschaftspolitik der Bundesregierung«.

Dahinter verbergen sich unversöhnliche Alternativen: Soll zum Beispiel der Staat sich möglichst aus der Wirtschaft raushalten oder durch eigene Nachfrage die Wirtschaft ankurbeln? Für den Laien – ob Installateur oder Deutschlehrer – klingen beide Ansätze irgendwie plausibel. Eichels ehrliche Antwort müsste also lauten: »Woher soll ich das wissen?«

Dies sagt er natürlich nicht. Sondern: »Im Rahmen der vom Bundeskanzler vorgegebenen politischen Richtlinien koordiniert der Bundesfinanzminister die Haushaltsvoranschläge der einzelnen Ministerien und entwirft so den jährlichen Bundeshaushalt.« Wie zum Teufel macht er das?

Was ist zu wenig Geld für Rüstung und zu viel Geld für Bildung? Was kann man an Subventionen ausgeben und was an Sozialausgaben streichen? Und von welchem Ansatz aus? Worin unterscheiden sich Keynesianismus und Monetarismus? Kurzum: Welche Auswirkungen sind von welchen Entscheidungen zu erwarten? Massive Unkenntnis kann desaströse Folgen haben, zum Beispiel bei der Frage: Was um alles in der Welt ist ein *Krisenzyklus?* Ulrich Schäfer von der *Süddeutschen Zeitung* vermutet: »Eichel hat geglaubt, es führe ein schnurgerader Weg heraus aus dem Schuldenberg. In bunten Tabellen und Grafiken hat sein Ministerium vorgegaukelt, man könne den stufenweisen Kreditabbau über sieben Jahre hinweg exakt planen. Dahinter stand der Irrglaube, die Konjunktur verlaufe nicht in Zyklen. Insofern ist auch Hans Eichel ein spätes Opfer der New Economy.«

Natürlich hat Finanzminister Eichel auch Berater: Aber wie sollte etwa ein des Deutschen unkundiger Chinese entscheiden, ob das Deutschdiktat eines durchschnittlichen VIVA-Moderators dreihundert oder nur dreißig orthografische Fehler enthält? Er könnte bestenfalls intuitiv danach urteilen, ob ihm »Lodda« Matthäus oder Professor Walter Jens in Sachen Germanistik »kompetenter« erscheint.

So ähnlich geht es auch dem Archäologen, dem Installateur und dem Deutschlehrer angesichts komplexer finanzpolitischer Zusammenhänge. Im Gegensatz zum Archäologen und dem Installateur aber »verfügt der Minister über ein Widerspruchsrecht bei allen finanzpolitischen Entscheidungen der Regierung. So bündelt das Bundesfinanzministerium die finanziellen Belange der Regierung im Sinne einer nachhaltigen Finanzpolitik. Im Rahmen der Steuerpolitik sichert die Bundesregierung die finanzielle Leistungsfähigkeit des Staates«.

Es ist, als würde besagter Chinese den Deutschunterricht an unseren Schulen organisieren und auf angebliche »Fachleute« vertrauen. Wohin so etwas führt, zeigt das Beispiel der bereits erwähnten verheerenden Körperschaftssteuerreform. Insbesondere die Steuerfreiheit für Veräußerungsgewinne wird Eichels damaligem Staatssekretär Heribert Zitzelsberger (1999 bis 2002) zugeschrieben, der sie auch in den Medien verteidigte und der als ehemaliger Steuer-Chef der *Bayer AG* die Wünsche der Konzerne zumindest genau kannte. Die Folge der Reform: »Die Körperschaftssteuer brach binnen eines Jahres von 23 Milliarden Euro auf Null ein. Wäre die wichtigste Firmensteuer noch auf dem früheren Niveau, gäbe es kein solches Problem mit dem Stabilitätspakt, und mancher Einschnitt im Sozialetat wäre überflüssig.«[3]

Nun mag man Eichels Qualifikation dennoch für ausreichend halten. Dann aber wären Millionen Zeitungsleser geeignete Finanzminister.

Was also hat Eichel, was diese anderen nicht haben?

Mögliche Antworten liefert Eichels parteipolitischer Werdegang: 1964 SPD-Eintritt, von 1969 bis 1972 Juso-Vize, von 1989 bis 2001 SPD-Landeschef Hessen, seit 1991 im Bundesvorstand, seit 1999 im Präsidium. Offenbar hat sich Eichel in über 30 Jahren eine starke Hausmacht aufgebaut, die der eher parteifremde Schröder durch das Amt einbinden will. Zudem ist die Berufung eines Wahlverlierers Symbol dafür, dass Schröder »treue Weggefährten nicht hängen lässt«.

Und umgekehrt kann sich Verlierer Eichel, seit 2001 auch nicht mehr Landeschef, »Aufmüpfigkeit« gar nicht leisten. Schröder kann ihn jederzeit fallen lassen.

Wolfgang Clement (SPD), Journalist, Bundesminister für Wirtschaft:

Der Möchtegernkanzler

Wolfgang Clement, geboren am 7. Juli 1940 in Bochum, ist Sohn eines Maurers und soll als Kind dem wohlhabenden Nachbarsjungen Otto Schily beim Krocketspielen zugeschaut haben. Clement studiert von 1960 bis 1965 Jura bis zum ersten Staatsexamen, ist parallel Volontär und dann Redakteur der *Westfälischen Rundschau* in Dortmund, von 1965 bis 1967 Referendar am Oberlandesgericht Hamm und von 1968 bis 1981 stellvertretender Chefredakteur der *Westfälischen Rundschau.* Seit 1979 ist er SPD-Mitglied, von 1981 bis 1986 Sprecher des SPD-Bundesvorstandes, von 1985 bis 1986 stellvertretender SPD-Bundesgeschäftsführer, von 1986 bis 1989 Chefredakteur der *Hamburger Morgenpost,* von 1989 bis 1995 Chef der NRW-Staatskanzlei, seit 1990 Minister für besondere Aufgaben, seit 1993 Landtagsmandat NRW, von 1995 bis 1998 NRW-Minister für

Wirtschaft, Mittelstand, Technologie, Verkehr und von 1998 bis 2002 Ministerpräsident. Dirk Bitzer schwärmt auf der Internetseite von Clements Ex-Ministerium: »Als Ministerpräsident tritt er auf wie zuvor als Chef der Staatskanzlei und Wirtschaftsminister: Modernisierer, Macher, Manager. Mit guten Kontakten zur Wirtschaft, die er nicht verbirgt. Der neue Typ ›Sozialdemokrat‹.«[4]

Außerdem ist Clement von 1996 bis 2001 SPD-Landesvize und seit 1999 SPD-Bundesvize. Seit Oktober 2002 ist er Bundesminister für Wirtschaft und Arbeit.

Auch Clements Vita gehört zum Genre *Ein Mann will nach oben.* Geschickt und zielstrebig hangelt er sich zwischen den Arbeitgebern, Privatwirtschaft, Partei und Staat hin und her – und immer aufwärts. Innerparteilich scheint er nicht so stark wie der langjährige NRW-Chef Müntefering. Er sitzt nicht im Bundestag und braucht sich ebenso wenig wie Schröder eine Verbindung zu Arbeiterbewegung und Parteibasis, den »Stallgeruch«, nachsagen zu lassen. Sein dennoch nicht zu unterschätzender Einfluss rührt aber von eben diesem Image als ideologiefreier und überdies wenig zimperlicher »Macher«, das ihn zum erstklassigen Machterhaltungsgehilfen Schröders und der Parteiführung macht. Frei nach der marktwirtschaftlichen Devise »Nur wenn's der Wirtschaft gut geht, geht's auch dem Volke gut« wird er zunächst zum Einpeitscher der Reformen rund um die Agenda 2010 und vergleicht sie gar mit dem legendären »Revolutionsparteitag« der SPD 1959, auf dem sich die SPD zur Volkspartei erklärte. Nach ihrer Verabschiedung vertritt er sie ungeachtet sinkender Umfragewerte und Proteste unbeirrbar weiter: »›Wie sieht der neue Kurs aus?‹, wird er atemlos gefragt. ›Wie der alte‹, kommt es zurück.«[5]

Wolfgang Clement mag sich im Laufe der Jahre einige Faustregeln zur Ankurbelung der Konjunktur in Zeiten der Stagnation angeeignet haben, aber wirtschaftspolitische Fähigkeiten sind nicht der Grund für seine Berufung zum Wirtschafts- und Arbeitsminister nach der Wahl 2002. Ginge es vorwiegend um Kompetenz, so könnte der Kanzler durchaus den Amtsvorgänger Werner Müller behalten oder einschlägigen Experten wie Peter Hartz oder einem der fünf Weisen das wichtige Amt antragen. Einiges spricht dafür, dass auch hier machtpolitisches Kalkül Schröders Entscheidung für den Ruhrpott-Katholiken beeinflusst. Wie schon im Falle Lafontaine holt der Regierungschef auch hier einen Mann in seine unmittelbare Nähe, den er als Konkurrenten um die Macht fürchten muss, ohne ihn freilich ausschalten zu können. Die Art, wie ungeduldig der damalige Kronprinz des NRW-Ministerpräsidenten Johannes Rau seinen Chef aus dem Amt gedrängelt hat, muss Schröders Verdacht nähren, nicht der einzige Politiker mit »Ich will da rein«-Mentalität zu sein.

Vom Frühjahr 2004 an aber fallen seine Aktien – wie der *Spiegel* andeutet, weil er vor lauter Kompetenz zu ungeduldig ist: »Der Superminister drängt kompromisslos auf eine Beschleunigung der Reformen. Große Teile der SPD empfinden ihn als lästig.« Hier der kompetente Reformer, dort die tumben, ewig gestrigen Betonköpfe?

Mitte desselben Jahres lässt sich Clements Fachkompetenz nicht länger verheimlichen. So bescheinigt ihm ebenfalls der *Spiegel* eine »Reformruine Arbeitsmarkt«: Seine Minijobs erweisen sich als »leere Versprechen«, und die ihm unterstehende Bundesagentur für Arbeit »feilt an Notfallplänen für Hartz IV«.

Und nach massiven Protesten der Bevölkerung ist sein so ungeheuer alternativloses Konzept urplötzlich Makulatur und »Clement zu Härtefallprüfung bereit«.[6] Dass der »Reformrambo«[7] – auch als Folge dieser Flickschusterei – vorübergehend als »politisch zu beschädigt« für die Schröder-Nachfolge gilt, muss aber nicht das letzte Wort gewesen sein.

Lothar Späth (CDU), Verwaltungsschulabsolvent, Ex-Ministerpräsident, Ex-Vorstandschef Jenoptik, Ex-Mitglied in Stoibers Kompetenzteam:

»Er schwätzt und schwätzt und schwätzt«

Lothar Späth, geboren am 16. November 1937 in Sigmaringen, besucht die Staatliche Verwaltungsschule Stuttgart, ist ab 1965 Finanzreferent und von 1967 bis 1970 Bürgermeister von Bietigheim-Bissingen, von 1970 bis 1974 Geschäftsführer der *Neuen Heimat* in Stuttgart und Hamburg und bis 1978 in mehreren Aufsichts- und Beiräten. Teilweise zeitgleich ist er ab 1968 im Landtag Baden-Württemberg, von 1972 bis 1978 Fraktionschef, bis er 1978 Innenminister und noch im selben Jahr Ministerpräsident wird. Außerdem ist er seit 1979 Landeschef und von 1981 bis 1989 Bundesvizechef der CDU.

Im Januar 1991 tritt er wegen der »Traumschiffaffäre« zurück.

Zwar kann der Vorwurf, Späth habe sich Urlaubsreisen von Privatpersonen bezahlen lassen, nie juristisch erhärtet werden. Doch »die Partei von Helmut Kohl, den Späth vergeblich als Kanzler zu stürzen versucht hatte, wollte den eigensinnigen Renegaten nicht noch einmal an die Hebel der Macht lassen«.[8]

Uwe Müller von der *Welt* beschreibt Späth als personifizierte Marktwirtschaft: »Der Egoismus der Individuen befördert das Wohl der Allgemeinheit. Diese Erkenntnis des berühmten englischen Nationalökonomen Adam Smith taugt keineswegs nur als Grundlage für eine Gesellschaftstheorie, sondern kann auch persönliches Engagement erklären. Womit wir bereits bei Lothar Späth wären … Es waren grenzenloser Geltungsdrang und eine selbst unter Wirtschaftskapitänen selten anzutreffende Eitelkeit, die Späth bewogen haben, sich Anfang der neunziger Jahre auf ein Abenteuer im wilden Osten einzulassen.«

Im Juni 1991 wird Späth Leiter der *Jenoptik GmbH* in Jena (früher *Jenoptik Carl Zeiss Jena GmbH).* Seit der Umwandlung zur Aktiengesellschaft im Januar 1996 bis Juni 2003 ist er Vorstandsvorsitzender. Im Sommer 2002 beruft Stoiber ihn in sein »Kompetenzteam«. Nach gewonnener Wahl soll er Superminister für Wirtschaft, Arbeit und den Aufbau Ost werden. Edmund Stoiber ist Ende August 2002 im NDR-Magazin *Panorama* mit einem Urteil über Späth zu sehen: »Er ist im Osten der personifizierte Aufschwung, und er steht auch glaubwürdig für die Modernisierung Deutschlands.«

Die offizielle Politik in Jena mag das so sehen. 1997 wird Lothar Späth Ehrenbürger.

Aber war Späths Leistung bei *Jenoptik* wirklich so genial? Wolfgang Gehrmann von der *Zeit* kennt andere Meinungen: »Mit 3,7 Milliarden Mark Zuschüssen von der Treuhand und vom Land Thüringen … hätte das jeder gekonnt. Die Jenoptik sei ein Gemischtwarenladen, ob er Zukunft habe, werde sich noch erweisen. Und womöglich habe Späth gerade den richtigen Zeitpunk zum Absprung erwischt: Im ersten Quartal dieses Jahres hat Jenoptik rote Zahlen geschrieben.«[9]

Und *Panorama* rechnet vor: »Die für den Steuerzahler so teure Rechnung ist ganz einfach: 1,8 Milliarden Euro hatte Späths Jenoptik bekommen, davon 782 Millionen Euro ausdrücklich für die Schaffung von Arbeitsplätzen. Bei 1200 Jenoptik-Arbeitsplätzen in der Stadt macht das eine Subventionssumme von 650 000 Euro pro Arbeitsplatz … Späth macht das, was er schon immer am besten konnte: blenden und sich gut verkaufen – und das mit Erfolg.«

Im Übrigen hat Späth nach Auffassung von Kritikern selbst

seinerzeit im »Musterländle« nur Mittelmaß abgeliefert: Baden-Württemberg hänge noch immer an einer Industriebranche und ihren zahllosen Zulieferern – der Autoindustrie. In der Entwicklung eines tragfähigen Dienstleistungssektors hinke es beispielsweise Nordrhein-Westfalen hinterher. Die Staatsverschuldung habe sich in seiner Ära verdreifacht. Manches Unternehmen, das Späth seinerzeit auf die Auslandsmärkte, vor allem im Osten, getrieben habe, sei daran zugrunde gegangen.

Als Späths eigentliche Kompetenz erscheint also die Selbstdarstellung, die er etwa als Moderator der NTV-Talkshow »Späth am Abend« vortrefflich betreibt. Nach Ansicht von *Welt*-Autor Uwe Müller gibt es »keine Botschaft, die der scheidende Jenoptik-Chef nicht wirkungsvoll zu kommunizieren verstände«. Oder mit den Worten des *manager magazin:* »Er schwätzt und schwätzt und schwätzt.«

Friedrich Merz (CDU), Rechtsanwalt, Ex-Fraktionsvorsitzender:

Bierdeckelkonzepte und Wut auf Merkel

Friedrich Merz, geboren am 11. November 1955 in Brilon, macht 1975 Abitur, 1985 das zweite Jurastaatsexamen, ist von 1985 bis 1986 Amtsrichter, von 1986 bis 1989 Rechtsanwalt beim Verband der Chemischen Industrie Bonn/Frankfurt, von 1989 bis 1994 sitzt er im Europaparlament, seit Oktober 1994 im Bundestag, von 1996 bis 1998 Fraktionsobmann im Finanzausschuss, von 1998 bis 2000 Fraktionsvize und im Bundesvorstand, von 2000 bis 2002 Fraktionschef, seit Oktober 2002 wieder Fraktionsvize und seit November 2002 im CDU-Präsidium. Kurz vor der

Bundestagswahl 2002 hat Merz blendende Aussichten: »Merz könnte Finanzminister werden … ein unbelasteter Kopf, ein Finanzexperte und ein Mann, der mit den Medien umzugehen weiß.«[10]

Dann aber geht die Wahl verloren, Merkel beansprucht erwartungsgemäß den Fraktionsvorsitz, und Merz muss wieder ins zweite Glied. »Seitdem hat er geradezu einen Hass auf Merkel, was er kaum verbirgt.«[11] Am 22. September 2003, genau ein Jahr nach der für ihn persönlich so fatalen Bundestagswahl, droht »Friederich der Wüterich« aus Anlass des von ihm kritisierten Gesundheitskompromisses mit Rücktritt als Fraktionsvize, macht aber tags darauf einen Rückzug vom Rückzug.

Nun kehrt er fieberhaft den Finanzfachmann heraus und präsentiert am 31. Oktober 2003 ein Steuermodell, wonach jede Steuererklärung so einfach sein werde, dass sie auf einen Bierdeckel passe. Bald allerdings sieht es so aus, als bleibe nach Einwänden der CSU davon nur wenig übrig.

Zeit-Autor Frank Drieschner aber traut dem Frieden nicht: »Wer sich mit den Details des Merzschen Steuerprojekts beschäftigt, der wird entdecken: Die große Umverteilung ist weniger ein Nebeneffekt als das Ziel seiner Reform. Und offenbar soll sie notfalls auch zum Schaden des Landes verwirklicht werden … Friedrich Merz' Steuerreform wird der wohlhabenden Klientel der Union beträchtlichen zusätzlichen Reichtum bescheren – das dürfte ein nicht ganz unwesentlicher Grund dafür sein, dass die Partei sich nun auf dieses Konzept verständigt hat.«

Dies aber wirft ein demokratietypisches Problem auf: Kann sich die Union darauf verlassen, dass »die Kälber ihre Metzger selber« wählen? Ansgar Graw von der *Welt* stellt denn auch fest: »Ein Gespenst geht um in der Union: Das Gespenst der Re-Sozialdemokratisierung. Was passiert …, wenn die SPD … die

›Grenzen der Belastbarkeit des Bürgers‹ neu definiert, um aus dem Umfragetief herauszukommen? Und rückwirkend unpopuläre Maßnahmen infrage stellt?« Junge-Union-Chef Philipp Missfelder befürchtet bereits einen »Lagerwahlkampf ..., bei dem die SPD den sozialen Part spielt und uns den der neoliberalen Kälte zuzuschanzen versucht«. Auch Christoph Böhr sieht das Dilemma: »Reformpolitik wird inzwischen von den Menschen als eine Art gegen sie gerichtete Kriegserklärung verstanden, bei der man schon am Anfang zu wissen glaubt, dass man am Ende zu den Verlierern gehört.«

Und daher ist es für einige aus der Union »die schlimmste Vorstellung, dass es zu einem raschen Ende der Koalition kommen könnte«.[12]

Wie ist vor diesem Hintergrund Merzens Kompetenz einzuschätzen? Immerhin erschöpft sich seine Arbeit nicht im hirnlosen stereotypen Daherbeten neoliberaler Schlagwörter wie »Privatisierung«, »Eigenverantwortung«, »Arbeitsanreiz«, »Standortvorteil« oder »Generationengerechtigkeit«. Er hat ein konkretes, glasklares, schlüssiges Konzept zur Umverteilung von Arm nach Reich vorgelegt. Das Konzept mag nicht sonderlich anspruchsvoll sein, aber Merz ist kein Ökonom. Die Frage ist auch ohnehin – und ihre Beantwortung macht den echten neoliberalen Experten aus –, wie derartige Konzepte auf demokratischem Wege gegen die große Mehrheit des Volkes durchzusetzen sind. »Es gibt keine Alternative«, das hören die Bürger tagtäglich von *jeder* Partei zur Rechtfertigung fast *jeder* Handlung, das zieht längst nicht mehr. Insofern könnte sich Merzens Kompetenz als brotlose Kunst erweisen.

Überdies hat all sein politisches Wirken und Reden einen beträchtlichen Makel: Er ist Vorsitzender des Konzernbeirates der *AXA Konzern AG,* Mitglied des Aufsichtsrates der *AXA Versiche-*

rung AG und Mitglied des Beirats der *Commerzbank AG.* Dies ist derzeit sein gutes Recht. Das gute Recht des Bürgers ist es aber auch, ihn deshalb für extrem befangen zu halten und anzunehmen, dass seine klugen Konzepte weniger dem Gemeinwohl, als vielmehr dem Wohle der Banken und Versicherungen dienen sollen. Und vielleicht greift ja so mancher Wähler, anstatt sich Merz bei *Christiansen* oder *Illner* zu gönnen, gleich zu einer Werbebroschüre dieser Konzerne.

Am 12. Dezember 2004 aber ist es wieder soweit: Brieflich kündigt Merz der Parteichefin Merkel seinen Rückzug zum Jahresende aus seinen Führungsämtern in der Partei und in der Bundestagsfraktion an. Was Ansgar Graw dazu in der *Welt* schreibt, kann man durchaus als Kompliment für Merz werten: »Der CDU-Reformer Friedrich Merz ist weniger Politiker als vielmehr Experte und Provokateur, dem die Spielregeln des Parteibetriebs im Grunde fremd blieben.«

Christine Scheel (B' 90/Die Grünen), Pädagogin M. A., Vorsitzende des Bundestagsfinanzausschusses:

Kompetenz im Spitzenröckchen

Christine Scheel, geboren am 31. Dezember 1956 in Aschaffenburg, tritt mit 26 gleich nach dem wenig zukunftsträchtigen Magisterabschluss (Pädagogik, Soziologie, Psychologie) 1983 den Grünen bei, was ihr sofort den Vorsitz im Kreis Aschaffenburg einbringt. Schon 1984 wird sie Kreisrätin, 1986 bayerische Landtagsabgeordnete und alsbald Fraktionschefin. Ab 1994 ist sie im

Bundestag und gleich finanzpolitische Grünen-Sprecherin, seit 1998 gar Vorsitzende des Bundestagsfinanzausschusses.

Wie ist so etwas möglich? Eine Erklärung könnte Scheels »relative Kompetenz« im Sinne einer Einäugigen unter den Blinden sein: Immerhin war ihr einziger großer Kontrahent in Sachen »Wirtschaftskompetenz« der für die Wahl 2002 nicht mehr nominierte Oswald Metzger, ein Jurastudent ohne Examen, der aufgrund dieser immensen Kompetenz der Pädagogin Scheel »Substanz in der Finanzpolitik« bescheinigt.

Wenn eine Auszeichnung ein Indikator dafür ist, zu wessen Zufriedenheit ein Politiker arbeitet: Im Jahr 2000 erhält Scheel den Mittelstandspreis der *Union mittelständischer Unternehmen,* mit dem sich auch Edmund Stoiber und Roland Koch sowie die Liberalen Hermann Otto Solms und der im Juni 2004 über eine Spende des Unternehmensberaters Moritz Hunzinger gestolperte Walter Döring schmücken können.

Besitzt Scheel also eine allseits anerkannte Fachkompetenz? Nun erkannte schon der Freiherr von Knigge als Eigenart der Menschen, dass »nichts in der Welt ihnen so witzreich, so weise und so ergötzend scheint, als wenn man sie lobt«. Dominik von Glas von der *Frankfurter Allgemeinen Sonntagszeitung* schildert einen Scheel-Auftritt vor Vertretern der bayerischen Druck- und Medienindustrie im März 2003 jedenfalls so: »Wir verstehen uns schon, gell. Verständnistief kopfnickende Herren in dunklem Tuch, vor ihnen am Rednerpult eine agile blonde Dame in transparentem schwarzem Spitzenröckchen, mit schicker weinroter transparenter Bluse. ›Ich muß mich doch schön machen, wenn ich vor Unternehmern spreche‹, hatte sie vorher mit nur begrenzt ironischem Unterton gesagt.«

Scheel hat offenbar neben einer unübersehbaren innerparteilichen »Karriere-Kompetenz« auch die Fähigkeit, sich den vermeintlichen politischen Gegnern mit verbalen und praktischen Artigkeiten wie etwa ihren Propagandatiraden für neoliberale Konzepte als Bundesgenossin anzudienen. Nun könnte man argumentieren, dass ein Teil der Grünen-Wähler – vielleicht die Angehörigen der besser verdienenden Neuen Mitte – durchaus die von ihr vertretene Umverteilung von unten nach oben befürworten würde. Selbst wenn dem so wäre, so bleibt die Frage, ob wortreiche Polemik gegen Vermögensteuer und den gesamten Sozialstaat etwas mit »Kompetenz« zu tun hat und ob nicht eine Schauspielerin wie Iris Berben »kompetenter« und vor allem glaubwürdiger rüberkäme – und weniger plump-vertraulich.

Auf der Suche nach irgendeiner Art von Kompetenz wird man allerdings in einer anderen Sparte durchaus fündig: Anfang Dezember 2003 zeigt sich die »Grüne Spitze verärgert über Scheel«, weil sie von Scheels Mitgliedschaft in Beiräten der Versicherungswirtschaft erst aus der Zeitung erfahren hat.[13] Sofort stellt Jürgen Trittin den Zusammenhang zu Scheels Ablehnung der Vermögensteuer her: »Als auf dem Parteitag bekannt wurde, dass sie neben Rexrodt und Merz zu den großen Nebenverdienern gehört, das glaube ich, hat das ihrer Position nicht gut getan. Das hat bei einigen in der Partei Kopfschütteln und Empörung ausgelöst.«[14] Daraufhin verlässt Scheel die Beiräte der *Barmenia* und der *Nürnberger Versicherung.* »Ein weiterer Job bei der *Hamburg-Mannheimer* laufe ohnehin aus, sagte sie.«[15]

Otto Schily (SPD), Rechtsanwalt, Bundesminister des Inneren:

»Der rosarote Kanther«

Otto Schily, geboren am 20. Juli 1932 in Bochum, als Sohn eines Hüttendirektors aus großbürgerlichem Hause, macht 1962 sein zweites Jurastaatsexamen, lässt sich 1963 als Anwalt in Berlin nieder. Bekannte Kultfigur der linken Szene wird er als RAF-Anwalt, unter anderem gemeinsam mit Christian Ströbele als Verteidiger von Horst Mahler. 1980 ist er Gründungsmitglied der Grünen und von 1983 bis 1986 sowie ab 1987 im Bundestag. 1989 kandidiert Schily vergeblich für den neuen Fraktionsvorstand der Grünen. Parteiintern scheitert er mit seinen Vorstellungen einer rot-grünen Reformkoalition für die Bundestagswahl 1990.

Kurz darauf, im November 1989, legt er sein Bundestagsmandat nieder und wechselt von den Grünen zur SPD.

Hier könnte man denken, Schily habe seine Überzeugung über die Karriere gestellt. Das hat er auch – was die Karriere bei den Grünen betraf: die Überzeugung nämlich, dass der Weg nach ganz oben wegen einiger damaliger Positionen der Grünen zu Menschenrecht, Frieden, Atomkraft und Umwelt unmöglich sein würde. Nur eine Grüne Partei, so vermutlich sein Kalkül, die, ähnlich wie die SPD, diese Grundsatzfragen in vorauseilendem Gehorsam vom Kapitalinteresse her beantwortete, könnte ihm bei seiner Karriere behilflich sein. Da eine solche Ausrichtung der Grünen damals noch nicht funktionierte und er nicht einmal mehr in den Vorstand gewählt wurde, schloss er sich schleunigst der Partei an, die seinem Aufstieg am ehesten nützen könnte: der SPD.

Dort ergeht es ihm zunächst nicht besser. Zur Bundestagswahl 1990 gibt ihm die SPD Bayern nur Listenplatz 21. So ist er Hinterbänkler, bis er 1993 Chef des Treuhand-Ausschusses, 1994 Fraktionsvize und 1998 Minister wird.

Sicher würde Schily den Vorwurf politischer Korruption zurückweisen: Er, Schily (Spitzname: »der rosarote Kanther«[16]), habe den »Umbau« des Rechtsstaats aus eigener Überzeugung betrieben und der Partei aufgedrängt.

Fest steht aber, dass Schily faktisch keine Wahlfreiheit hat: So ist er Schröders wichtigster Mann im Wahlkampf 2002. »Er deckt den rechten Rand ab ... Er ist der Sheriff ... Edmund Stoiber weiß nicht mehr, ob er lachen oder weinen soll. Seine Parteifreunde finden Otto ziemlich gut ...«[17]

Fachkompetenz attestieren Schily sogar Gegner wie Axel Springer. Aber wofür setzt der Innenminister sie ein?

Anstelle seitenlanger Mutmaßungen über Otto Schilys Verhältnis zum Grundgesetz und zum Rechtsstaat hier eine Analyse von *Spiegel*-Autorin Julia Albrecht: »In einem Punkt sind sich Opposition und Innenminister Schily aber einig: Zur Terrorabwehr wollen sie künftig Ausländer schon auf Grund einer ›tatsachengestützten Gefahrenprognose‹ ausweisen können – ein Bruch mit dem Rechtsstaatsprinzip. Anstelle einer Tatsachenprüfung wird der Instinkt der Behörden gestellt. Subtile Folge eines solchen Vorgehens ist die Diskreditierung von Ausländern überhaupt, eine Art Generalverdacht gegen alle. Rechtsstaatlich ist das verboten. Das im Grundgesetz verankerte Rechtsstaatsprinzip beinhaltet das Verbot des Staates, willkürlich in die Rechte von Bürgern einzugreifen, und gibt in diesem Zusammenhang auf, Verfahrensrechte der Beteiligten zu etablieren und zu schützen. Die Ausweisung eines Ausländers auf einen bloßen Verdacht hin ist das Gegenteil dieses Prinzips, ist Willkür – Guantánamo lässt grüßen.«

Laut Albrecht besitzt also Otto Schily vor allem zweierlei

Kompetenz: die der »Diskreditierung von Ausländern überhaupt« und die Kompetenz, den Rechtsstaat auf die »Straße nach Guantánamo« zu bringen.

Heribert Prantl von der *Süddeutschen Zeitung* zieht sogar eine Verbindung zur Justiz im Dritten Reich. Schily und andere »forderten die Sicherungshaft, die es in Deutschland zuletzt unter Hitler gab, mit einer Selbstverständlichkeit, als ob sie von einem Grundgesetz und von der Existenz eines Bundesverfassungsgerichts noch nie gehört hätten. Sie taten so, als sei der Rechtsstaat ein Luxusgegenstand, den man sich derzeit leider nicht leisten könne.«

Auch in einem anderen Punkt scheint Schily dem Rechtsempfinden eines George W. Bush mehr verbunden als dem deutschen. Im April 2004 sagt er ebenfalls dem *Spiegel:* »Die Terroristen sollten aber wissen: Wenn ihr den Tod liebt, dann könnt ihr ihn haben.« Darauf die *Spiegel*-Redakteure: »Wir hätten nicht gedacht, dass wir den Rechtsanwalt und Politiker Otto Schily noch als Verfechter der Todesstrafe erleben dürfen.« Darauf Schily: »Nein, nein, ich bin ein entschiedener Gegner der Todesstrafe und werde das mein Lebtag auch bleiben.«

Wie sagen doch in den Vorabendserien Typen, die in einer eindeutig-zweideutigen Situation angetroffen werden: *Es ist nicht das, wonach es aussieht …*

Wonach es aussieht? Schily sagt, der Kampf gegen den Terrorismus »schließt etwa gezielte Tötung aus – mit Ausnahme … des so genannten finalen Rettungsschusses«.[18]

Die prompte Reaktion: »Entsetzen bei den Grünen, Beifall von Beckstein«.[19] Die Vorsitzende des Menschenrechtsausschusses im Bundestag, die Grüne Christa Nickels, sieht Schilys Verhältnis zum Rechtsstaat so: »Ein Verfassungsminister darf sich keine Unklarheiten in Fragen von Leben und Tod erlauben. Man kann eine Demokratie, Menschenrechte und das Leben nicht durch extralegale Maßnahmen verteidigen.«

Extralegale Maßnahmen – ein knappes präzises Wort als Antwort auf die Frage nach Schilys Kompetenz als Innenminister.

Ein Schlaglicht auf Schilys Kompetenz, den Rechtsstaat vor seinen Feinden zu schützen, wirft die dem Innenminister angelastete Pannenserie rund um das NPD-Verbotsverfahren, die im März 2003 schließlich zur Einstellung des Verfahrens führte.

Im März 2005 gerät auch Schily zwischenzeitlich ins Fahrwasser der Visa-Affäre. Sein Ministerium habe schon frühzeitig von Fehlentwicklungen beim Reisestrom aus der Ukraine gewusst, aber nicht entschieden genug gewarnt. Da sich aber zum einen Fischer und Schily nicht aufeinander hetzen lassen, sondern sich gemeinsam und »ohne jede Schärfe« herausreden, zum anderen mit der Arbeitslosenzahl 5,2 Millionen sowie dem Wahldesaster von Heide Simonis in Schleswig-Holstein noch größere Aufreger die Medien umtreiben, übersteht Schily auch diese peinliche Panne ohne Kratzer.

Günther Beckstein (CSU), Rechtsanwalt, Bayerischer Innenminister:

Gutes Verhältnis zu Schily

Günther Beckstein, geboren am 23. November 1943 in Hersbruck, ist von 1971 bis 1988 selbständiger Rechtsanwalt, seit 1975 Dr. jur., von 1973 bis 1978 Chef der Jungen Union Nürnberg-Fürth, ab 1991 CSU-Chef von Nürnberg-Fürth-Schwabach, von 1980 bis 1992 im Parteivorstand, ab 1974 im Bayerischen Landtag, von

1978 bis 1988 Chef des Sicherheitsausschusses des Landtags. Ab 1988 Staatssekretär, ab Juni 1993 Staatsminister des Innern, seit Januar 2001 Stellvertreter des Ministerpräsidenten, außerdem seit 1992 Ehrenvorsitzender des CSU-Arbeitskreises Polizei.

Günther Beckstein ist ein gern und oft gesehener Gast in Talkshows, weil er so wunderbar polarisiert, weil schon seinem stets leicht gehetzten Gesichtsausdruck der Ernst der Lage anzusehen ist. Wenn er fränkisch-holprig, aber beschwörend auf Christiansen einredet, dann meint der brave deutsche Bürger, jeden Augenblick müsste Osama Bin Laden hereingestürmt oder mit einer Boeing 747 ins Studio geflogen kommen und alles in Schutt und Asche legen. Er sagt im Prinzip dasselbe wie Schily, wenn auch in einer anderen Rhetorik-Liga.

Für Otto Schily ist er denn auch der »Herr Kollege Beckstein, zu dem ich bekanntlich ein freundschaftliches Verhältnis habe«. Becksteins nachprüfbare innenpolitische Aktivitäten und Fähigkeiten konzentrieren sich im Wesentlichen auf die Produktion von Schlagzeilen wie diesen:

- 27. September 2001: »Beckstein will Videoüberwachung ausdehnen«[20]
- 8. Oktober 2001: »Beckstein rechnet mit bis zu 50 ›Schläfern‹ in Bayern«[21]
- 5. August 2002: »Beckstein: Bei Wahlsieg Offensive gegen Vandalismus«[22]
- 5. Dezember 2002: »Beckstein will Bundeswehr im Inland einsetzen«[23]
- Juli 2003: »Beckstein plant präventive Telefonüberwachung«[24]
- 29. März 2004: »Beckstein: Regierung unterschätzt Terror«[25]
- 30. März 2004: »Beckstein wehrt sich gegen Vorwurf der Panikmache«[26]

- 5. Juni 2004: »Beckstein fordert elektronische Fußfesseln für Islamisten«[27]

Ganz in Becksteins Sinne meldet die *Welt* am 18. März 2004 im Aufmacher auf Seite 1: »Deutsche wollen Sicherheit um fast jeden Preis.« Laut einer Umfrage habe die »überwiegende Mehrheit der Deutschen« keine Berührungsängste mit ›Big Brother‹«. Die »aktuelle Bedrohung durch den islamistischen Terror« lasse sie »Vorbehalte gegen Unbequemlichkeiten und geringeren Datenschutz zu Gunsten der eigenen Sicherheit zurückstellen«.[28]

Beckstein mag ja Experte sein, mag sich manch einer denken, man möchte nur wissen wofür – oder vielleicht will man es lieber nicht wissen. Allerdings war Beckstein in Stoibers Kompetenzteam als Innenminister vorgesehen, und viel hätte ja wirklich nicht gefehlt.

Renate Elly Künast (B' 90/Die Grünen), Rechtsanwältin, Bundesministerin für Verbraucherschutz, Ernährung und Landwirtschaft:

Politik besser verkaufen

Renate Elly Künast, geboren am 15. Dezember 1955 in Recklinghausen, arbeitet nach einem Fachhochschulstudium von 1977 bis 1979 in der Justizvollzugsanstalt Berlin-Tegel als Sozialarbeiterin, also in einem richtigen Beruf. 1985 besteht sie das zweite Jurastaatsexamen und erhält die Zulassung als Rechtsanwältin.

1979 tritt sie der Westberliner Alternativen Liste bei. Ähnlich wie Joschka Fischer will sie ihre Vergangenheit keineswegs vertuschen, sondern sie im Gegenteil als Beweis für die Aufrichtigkeit und Kontinuität ihrer Gesinnung nutzbar machen. »Engagement in der Anti-AKW-Bewegung«, protzt sie auf der offiziellen Internetseite der Bundesregierung und gibt sich damit auch 2003 noch als unerschrockene Atomkraftgegnerin und »Linke« aus. 1989 kommt Künast ins Berliner Abgeordnetenhaus und wird gleich Fraktionschefin: bis 1990 in der rot-grünen Koalition, von 1990 bis 1993 und von 1998 bis 2000 in der Opposition, dazwischen rechtspolitische Sprecherin. Von Juni 2000 bis März 2001 ist sie (mit Fritz Kuhn) Grünen-Chefin, seit Januar 2001 Ministerin.

Die Kompetenzfrage geht Künast offensiv und selbstironisch an: »Mit meinen Eltern Urlaub auf dem Bauernhof« sei ihre einzige Vorbildung in puncto Landwirtschaft. Anders als die meisten grünen Amts- und Mandatsträger, deren Beliebtheit und bloße Bekanntheit in etwa ihrer Kompetenz entspricht, ist Künast auch als Person wichtig. Schon kurz nach Amtsantritt ist die Ministerin hinter Fischer die mit Abstand beliebteste Grünen-Politikerin und innerparteilich sehr einflussreich: Auch ohne formellen Parteivorsitz trägt sie an vorderster Front dazu bei, Fraktion, Partei und Koalition auf Reformkurs zu halten.

So stellt sie im Juli 2003 klar: »Die Agenda 2010 verlangt vielen etwas ab, da kann der Bauernpräsident nicht mehr Geld verlangen.«[29]

Klingt gut, und das gesparte Geld kommt noblen Zwecken zugute, fast jedenfalls, wie der *Spiegel* drei Monate später herausfindet: »Brasilien-Reisepläne bringen die grünen Minister Künast und Trittin in Erklärungsnot: Eine Challenger-Maschine der Bundeswehr sollte für ein bisschen Luxus sorgen … Allein der 20 000-Kilometer-Rundflug Köln–São Paulo–Köln hätte die

Atmosphäre mit den Abgasen von bis zu 20 Tonnen Kerosinverbrauch belastet – und die Staatskasse mit Ausgaben von rund 250 000 Euro.«

Doch dann sei das Ganze im letzten Moment storniert worden: »Bereits am Mittwoch hatten die Büroleiter der beiden Minister einen deutlichen Hinweis aus dem Hause von Verteidigungsminister Peter Struck (SPD) erhalten: Der *Spiegel* recherchiere die Kosten des Challenger-Einsatzes, die Ressorts sollten lieber noch einmal nachdenken – auch über die potenziellen Schlagzeilen.«[30]

Überhaupt kommt es Künast nicht so sehr auf das Handeln an, sondern auf den Schein in der Öffentlichkeit. So fordert sie im Juni 2004, die rot-grüne Regierung müsse »besser kämpfen« und »besser verkaufen«.[31]

Künast selbst geht mit gutem Beispiel voran, und zwar faktisch ausschließlich mit symbolischer Politik. Völlig unbeschwert bombardiert sie die Öffentlichkeit mit allen möglichen publikumswirksamen Maßnahmen: Sie weitet das Verbot für »Gelee-Süßwaren in Minibechern« aus, sagt dem Übergewicht den Kampf an oder lässt Risiken durch den Stoff *Furan* in Lebensmitteln klären.

Dazu im Widerspruch – oder genauer gesagt die logische Ergänzung – ist Künasts Erfolg bei wichtigen Dingen eher bescheiden.

»Konnte nicht durchsetzen« – Eine Auswahl

»Künast sagte, bisher habe man bei der EU-Kommission nicht durchsetzen können, dass auch der Einsatz von gentechnisch verändertem Futter kenntlich gemacht werden muss.«[32]

»Das infolge der BSE-Krise verhängte EU-weite Tiermehlverfütterungsverbot wird nur befristet verlängert. Mit ihrer Forderung nach einem generellen Verbot konnte sich Künast bei den EU-Agrarministern nicht durchsetzen.«[33]

»Verbraucherministerin Renate Künast verständigte sich mit den Tierschutzverbänden darauf, die Einführung der Verbandsklage im Koalitionsvertrag festzuschreiben. Diese Forderung konnte sie bei der SPD nicht durchsetzen.«[34]

Diese *Leider-nicht-durchsetzbar*-Serie ist aber für Künast nicht weiter tragisch, im Gegenteil: Nicht einmal ihr Wirbelwind-Image nimmt Schaden. Sie wird den schwarzen Peter stets an andere los und kann auch die faulsten Kompromisse damit entschuldigen, mehr sei leider »nicht durchsetzbar« gewesen. Zudem scheint Künast mit ihrem Posten ohnehin nicht verheiratet zu sein. Parteienforscher und Grünen-Experte Joachim Raschke sieht sie deshalb bereits im Mai 2003 als Nachfolgerin Fischers im Außenministerium: »Künast könnte im Gespann mit Schröder durchaus Fischers Rolle übernehmen.«[35]

Horst Seehofer (CSU), Diplomverwaltungswirt (FH), stellvertretender CSU-Vorsitzender, zuständig für Gesundheit und Soziale Sicherung sowie Energie:

Der Herz-Jesu-Marxist als »Lafontaine der CSU«[36]

Horst Seehofer, geboren am 4. Juli 1949 in Ingolstadt, arbeitet nach mittlerer Reife und Verwaltungsprüfung für den gehobenen Dienst zehn Jahre in den Landratsämtern Ingolstadt und Eichstätt, ist ab 1969 in der Jungen Union, seit 1971 in der CSU, seit 1979 Diplomverwaltungswirt (FH), seit 1980 im Bundestag, von 1983 bis 1989 sozialpolitischer Sprecher der CSU-Landesgruppe, von 1989 bis 1992 Parlamentarischer Staatssekretär für Arbeit und Sozialordnung, von 1992 bis 1998 Gesundheitsminister, seit 1994 CSU-Vize, von 1998 bis November 2004 CDU/CSU-Fraktionsvize, seit April 2000 Landesvorsitzender der Christlichen Sozialausschüsse (CSA) der CSU, vor der Wahl 2002 Gesundheitsexperte in Stoibers Kompetenzteam, danach bis 2004 zuständig im Parteivorstand für Gesundheit und soziale Sicherung.

Allein durch seine Vita wirkt Seehofer zumindest im Vergleich zu den meisten »Gesundheitsexperten« der Parteien relativ qualifiziert. »Keiner in der Union hat auf dem Gebiet der Gesundheitspolitik eine ähnliche Kompetenz vorzuweisen wie der einstige Bundesminister.«[37]

Andererseits hat er in seiner Zeit als Gesundheitsminister sozusagen den Grundstein für spätere Entwicklungen gelegt. Zwar kämpfte er damals gegen die Kostenexplosion im Gesundheitswesen und vor allem gegen die Honorare von Krankenkassen und Ärzten – worauf ihn Zahnärzte als »Honecker« und »Kommunisten« beschimpften. Aber heute bedauert er, keine Radikalkur durchgesetzt zu haben, um das Defizit der gesetzlichen Krankenversicherung in den Griff zu bekommen. Und auch für den Kompromiss zur dilettantischen Gesundheitsreform von 2003 ist Seehofer als Verhandlungsführer der Union gerade wegen seiner fachlichen Überlegenheit besonders verantwortlich. Dass eine Ulla Schmidt nicht durchblickt und überrascht ist über all den Ärger mit Krankenhaus- und Praxisgebühr, mit Taxifahrten zum Arzt und der Feststellung einer Krankheit als chronisch, dass die Reformerin schließlich an ihrer eigenen Reform rüttelt – all das mag einige nicht im Mindesten überrascht haben. Aber entspricht das der *gefühlten* Kompetenz eines Horst Seehofer?

Unabhängig von seinen Fähigkeiten gilt Seehofer als unbequemer Kritiker der Union im Allgemeinen und ihrer Gesundheitspolitik im Besonderen: »Seehofer zeigt Merkel die Zähne« im Reformstreit.[38] Ansgar Graw von der *Welt* erklärt schon vor dem Kompromissfeilschen mit Rotgrün das Problem: »Die Vorstellung, der CSU-Mann solle in den bevorstehenden Verhandlungen mit der Koalition die Position der Union vertreten, ist absurd. Denn der Kern des von der CDU/CSU vorgelegten Konzeptes ist der Einstieg in eine privat versicherte Säule, die aus der gesetzlichen Krankenkasse ausgeklammert werden soll. Das aber wird von Seehofer als ›Privatisierungsorgie‹ in Bausch und Bogen verdammt.«

Sein Kollege Ulrich Claus entlarvt Seehofer sogar als »Herz-Jesu-Marxisten«, also als einen wie Norbert Blüm und Heiner Geißler, die mit dem Marxisten Jesus unter einer Decke stecken und besonders die C-Parteien mit antiquiertem Gewäsch über Menschenwürde, Solidarität, Sozialstaat und Nächstenliebe in Verlegenheit bringen, zumal sie dazu häufig Jesus persönlich als Kronzeugen aufrufen. Warum man den Aufwiegler Seehofer aber nicht einfach rauswerfen kann, sagt wiederum Graw: »Der in

Partei wie Fraktion und auch in der Öffentlichkeit ausgesprochen populäre Horst Seehofer würde mit der Wiederholung des Vorwurfes, die Union verrate die Interessen der kleinen Leute, zu einem gefährlichen Sprengsatz.«

Der *Spiegel* jedenfalls sieht in Seehofer »einen Politiker, der nach einer schweren Krankheit vor nichts mehr zurückschreckt«. Mehr noch: »Der Sozialexperte ist an der Basis der Christsozialen äußerst beliebt und gilt als aussichtsreicher Aspirant auf den Parteivorsitz. Also bindet Stoiber ihn lieber ein, als ihn sich zum Gegner zu machen.«

Dies freilich gelingt nur begrenzt. Im November 2004 gibt Seehofer aus Protest gegen den zwischen Stoiber und Merkel ausgehandelten Gesundheitskompromiss seine Parteiämter mit Ausnahme des Vizeparteivorsitzes ab, was ihm den Titel »Lafontaine der CSU« einbringt. Ende 2004 wird er allerdings für einen Spitzenposten im Sozialverband VdK ins Spiel gebracht, was für die Union kaum das Ende des Ärgers bedeuten dürfte. Seine Präsentation eines neuen Buches von Oskar Lafontaine war jedenfalls eine wirkungsvolle Provokation.[39]

6. Protegiert, pflegeleicht und loyal

Viele Amtsträger in Staat und Partei können mangels Kompetenz erst recht keine große Lippe riskieren, wenn sie außerdem Ziehkinder mächtiger Parteigrößen sind.

Ulla Schmidt (SPD), Lehrerin, Bundesministerin für Gesundheit und Soziale Sicherung:

Pech mit dem ersten Mentor, Glück mit dem Kanzler

Ulla Schmidt, geboren am 13. Juni 1949 in Aachen, kandidiert kurz vor Ende ihrer Lehrerausbildung 1976 noch schnell für den maoistischen KBW, arbeitet gleich nach dem zweiten Staatsexamen von 1976 bis 1990 als Sonderschullehrerin. 1983 tritt sie der SPD bei. Als ihr Ziehvater gilt ausgerechnet der damalige Aachener SPD-Chef und spätere Europa-Abgeordnete Dieter Schinzel. Ab 1989 ist Schmidt Aachener Ratsfrau, ab 1990 im Bundestag und ab 1991 im Fraktionsvorstand.

Im Mai 1994 jedoch wird Mentor Schinzel bei einem dubiosen Geldgeschäft mit angeblich fünf Millionen gefälschten Schweizer Franken als vermeintlicher Hehler in Aschaffenburg verhaftet. Für seine Millionenschulden aber hat Schmidt bei mehreren Banken gebürgt, so dass sie ihnen einen Teil der Diäten, zwei Lebensversicherungen und ihren Privatwagen übereignen muss.[1]

Ab 1998 ist Schmidt Fraktionsvize für Arbeit und Soziales, Frauen, Familie und Senioren. Im Dezember 2000 schlägt der Sozialexperte der Unionsfraktion, Horst Seehofer, sie allen Ernstes als Ersatz für Arbeitsminister Walter Riester vor, ab 12. Januar 2001 ist sie Gesundheitsministerin und ab Oktober 2002 Ministerin für Gesundheit und Soziale Sicherung. Laut *Reuters* »war sie schon seit einiger Zeit als Kandidatin für einen Kabinettsposten im Gespräch, nicht zuletzt, weil Schröders Auge offenbar wohlwollend auf ihr ruhte«.

Warum aber wählt der Kanzler für ein aktuell so wichtiges Amt eine Person, aus deren Werdegang nicht hervorgeht, was sie vor anderen normal gebildeten Menschen auszeichnet.

Auf der Internetseite des *WDR* heißt es dazu: »Ihre Fähigkeit, auf Menschen zugehen zu können, wird genauso geschätzt wie ihre Verlässlichkeit und Zielstrebigkeit. Bundeskanzler Schröder lobte sie … als ›kompetent, durchsetzungsfähig und kommunikationsfähig‹.«

Das klingt wie ein durchwachsenes, aus rechtlichen Gründen verklausuliertes Arbeitszeugnis und wie der Satireversuch eines anonymen Online-Redakteurs.

Aber im Ernst: Schmidts auffälligstes Merkmal scheint ihre enorme »Erpressbarkeit« zu sein. Zumindest für Außenstehende erscheint Schmidt in der Situation jener Angestellten, die sich aufgrund ihrer privaten Situation »kein dummes Wort« gegenüber dem Chef erlauben können, weil sonst der Jobverlust droht.

Ein besonderes Schauspiel Schmidtscher Kompetenz bietet die Gesundheitsreform. Zwar können sie und Unionsverhandlungsführer Horst Seehofer es »gut miteinander«. Und man ist sich auch einig, den Solidargedanken zurückzudrängen zugunsten des »Pech gehabt« für die Betroffenen: »›Unser Ziel ist: weniger Beiträge für alle, auch wenn auf die Patienten Zusatzkosten zukommen‹, fasste Schmidt den Kompromiss zusammen.«[2]

Am Tag der Bundestagsabstimmung am 26. September 2003 aber ist kaum noch die Rede von Ulla Schmidt. Längst hat der

Kanzler das Hickhack mit der Union zur Chefsache gemacht und zum siebten Mal mit Rücktritt gedroht. »Kranke Genossen wurden in den Bundestag geschleppt, Joschka Fischer musste seinen USA-Besuch abbrechen. Es nützte nichts: Sechs SPD-Abgeordnete verweigerten ihrem Kanzler die Gefolgschaft, einer stimmte gar nicht mit ab ... Die eigene Mehrheit für Schröder kam nur zu Stande, weil Angela Merkel ihre Unions-Fraktion nicht im Griff hatte. Dass zwei Dutzend Unionsleute bei der Abstimmung fehlten, verdarb jede Chance, den Kanzler vorzuführen.«[3]

Doch nun geht das Theater erst richtig los: Ob Zahnersatz oder Arzneimittelzuzahlung, ob Definition von »chronisch krank« oder Durchführung der Praxis- und Krankenhausgebühr: Nichts scheint klar, fast alles muss nachgebessert werden.

Neben bedingt seriösen Kommentaren im Stile von »Ulla Schmidt heuchelt«[4] hagelt es nämlich auch ernste bis verheerende Kritik. So wirft die Opposition im Januar 2004 Ulla Schmidt handwerkliche Fehler und Schlampigkeit bei der Umsetzung der Gesundheitsreform vor, woraufhin Schmidt »Detailprobleme« einräumt.

Sogar aus den eigenen Reihen hagelt es Häme. SPD-Fraktionschef Michael Müller bemerkt laut *Tagesspiegel:* »Durch die Fülle der Aktivitäten passieren mehr handwerkliche Fehler als sonst.« Sarkastisch fügt er hinzu, Schmidt hätte vor In-Kraft-Treten der Reform in Planspielen testen sollen, »ob alles funktioniert«. Und ziemlich unverhohlen wird auch gleich in der SPD offen über ihre Ablösung spekuliert.

Im Juni 2004 schließlich macht sich Ulla Schmidt zur Vorkämpferin gegen ihr eigenes Meisterwerk: »Ministerin rüttelt an Reform«, meldet *Spiegel Online.*

Ob der Kanzler darauf bewusst reflektiert oder nicht: Gerade aufgrund Schmidts nicht nachweisbarer Kompetenz könnte er sie jederzeit als »unfähig« rauswerfen und damit höchstwahrscheinlich ihre politische, möglicherweise aber auch ihre berufliche, finanzielle und soziale Existenz ruinieren. Somit hat Schröder die perfekte Marionette.

Oder wie es in einer Betrachtung aus dem Online-Angebot des *Bayerischen Rundfunks* heißt: »Die Rückkehr in den ursprünglichen Beruf ist schwierig – zu sehr verändert sich das Berufsbild in der Abwesenheit vom ehemaligen Arbeitsplatz. Wenn die Politik aber die einzige Möglichkeit zur Einkommenssicherung ist, laufen Politikerinnen und Politiker Gefahr, sich in ideologische Abhängigkeit zu begeben. Sie riskieren, eigene Überzeugungen zu Gunsten der Parteidisziplin über Bord zu werfen.«

Andererseits sagt Ulla Schmidt am 11. Dezember 2000 dem *Spiegel:* »Was Neues anzufangen, würde mir gar nix ausmachen.«

Was das sein kann, wird man möglicherweise nach der nächsten Bundestagswahl sehen.

Brigitte Zypries (SPD), Volljuristin, Bundesministerin der Justiz:

Die Deichgräfin im Justizressort

Brigitte Zypries, geboren am 16. November 1953 in Kassel, arbeitet sofort nach dem zweiten Jurastaatsexamen ab 1980 als wissenschaftliche Mitarbeiterin an der Uni Gießen, ab 1985 als Referentin in der Staatskanzlei Hessen unter der SPD-Legende Ministerpräsident Holger Börner, von 1988 bis 1990 als wissenschaftliche Mitarbeiterin am Bundesverfassungsgericht. Seit 1991 ist ihre Karriere mit der von Gerhard Schröder eng verknüpft: In seiner niedersächsischen Staatskanzlei wird sie Referatsleiterin, 1995 Abteilungsleiterin, 1997 Staatssekretärin für Frauen, Arbeit und Soziales, 1998 Staatssekretärin im Bundesinnenministerium und im Oktober 2002 Schröders Justizministerin.

»Ihm verdanke ich meine Karriere«, gibt Zypries offen zu.[5]

Doch keine Leistung ohne Gegenleistung: Im Sommer 2002 beauftragt Schröder sie mit der Flutopferhilfe. Dabei geht es um mehr als die Koordination. »Es geht um Schröder und um dessen Wiederwahl.«[6] Zypries kniet sich rein, und sollte es mit Schröders Wiederwahl nicht klappen, so liegt das »nicht am mangelnden Einsatz von Schröders Deichgräfin«, wie *Welt*-Autorin Cornelia Wolber acht Wochen vor dem Wahltermin schreibt. Aber es funktioniert, und das *Handelsblatt* lobt Zypries' entscheidenden Beitrag dazu, dass der Kanzler sich als Krisenmanager profilieren konnte – zusammen mit seinem Irak-Schachzug der wohl entscheidende Schub für den Wahlsieg von Rot-Grün.

Über die Rechtsexpertin Zypries lästert die Wirtschaftszeitung allerdings, »dass sie sich effektiv in unbekannte Sachgebiete einarbeiten kann – eine gute Voraussetzung für ein Ministeramt«. Oder ganz dumm gefragt: Was hat selbst bewundernswertes Organisationstalent, wie es so manche Sekretärin ebenfalls besitzt, eigentlich mit Justizkompetenz zu tun?

Hans Herbert von Arnim sieht in Ministerin Zypries »eine Frau, die aufgrund ihrer schwachen juristischen Examen keine Chance gehabt hätte, Regierungsassessorin oder Professorin zu werden, und in dieser Eigenschaft die Richter der obersten Bundesgerichte mit auswählt – wobei sie sich auch wieder den parteiinternen Patronageinteressen besonders verpflichtet fühlt«.[7]

Diesen Verdacht der Inkompetenz bestätigt Zypries etwa bei der Umsetzung der EU-Richtlinien zum neuen Gewährleistungsrecht aus dem Jahr 2002, die eine Ausdehnung der Gewährleistung (Garantie) auf zwei Jahre vorsieht. »Die EU hatte den Mitgliedstaaten eine klare Aufgabe gestellt: mehr Freiheit und mehr Rechte für alle Verbraucher. Doch die Umsetzung der Richtlinien, für die Bundesjustizministerin Brigitte Zypries verantwortlich ist, hat Lücken.« Denn eigentlich soll der Käufer zwischen Reparatur und Umtausch wählen können – kostenlos natürlich. Dank Zypries aber verlangen viele Händler beim Umtausch »Nutzungsentgelt«.

Der Münchner Professor Stephan Lorenz fordert daher eine sofortige Nachbesserung des Gesetzes. Er sieht zweifachen Handlungsbedarf: Erstens widerspreche die derzeitige deutsche Rechtslage dem europäischen Recht, schon dies allein verpflichte den Gesetzgeber zur Anpassung – er riskiert unter Umständen sogar Schadenersatzansprüche. Zweitens bewertet der Experte die Sachlage als »rechtspolitisch verfehlt« oder schlichtweg ungerecht.[8]

Ministerin Zypries kann sich aussuchen: War sie hier schlicht intellektuell und fachlich überfordert – oder hat sie bewusst und mit Sachkenntnis zugunsten des deutschen Handels europäisches Recht gebrochen?

Einen absurden Höhepunkt juristischer Inkompetenz liefert Zypries im Juli 2004 mit dem Entwurf zu einem Gesetz, das den Schutz der Journalisten, Ärzte und Anwälte vor einem Lauschangriff aufheben soll.

Sofort vermutet Sabine Leutheusser-Schnarrenberger (FDP), wegen des Lauschangriffs 1996 als Bundesjustizministerin zurückgetreten: »Auf dem Gesetzentwurf steht Zypries drauf, aber Schily ist drin.«[9] Ex-Innenminister Gerhart Baum (FDP) droht mit dem Bundesverfassungsgericht, und keine ganze Woche nach Zypries' toller Idee ist die überparteiliche Ablehnungsfront so groß, dass Franz Müntefering seiner Fraktion empfiehlt, »den Referentenentwurf nicht weiter zu verfolgen«.[10]

Ein nicht leicht zu übertreffendes Glanzlicht in der nach oben offenen Stümperskala bildet Zypries' Vorschlag, heimliche Vaterschaftstests mit Gefängnis zu bestrafen und dies quasi mit dem Grundrecht der Frauen auf Kinderunterjubeln zu begründen.

Karl Diller (SPD), Lehrer, Parlamentarischer Staatssekretär beim Bundesminister für Finanzen:

Eichels privater Meisterdetektiv

Karl Diller, geboren am 27. Januar 1941 in Kaiserslautern, arbeitet von 1963 bis 1979 als Lehrer. 1968 SPD-Eintritt, seit 1969 im Stadtrat und Kreistag, von 1979 bis 1987 im Landtag Rheinland-Pfalz und ab 1987 im Bundestag. Unter seinem Pfälzer Parteifreund, dem damaligen Partei- und Fraktionschef Scharping, wird er 1994 – laut Bundestagsvita ohne die geringste Beschäftigung mit Finanzpolitik – Fraktionssprecher im Haushaltsausschuss. Seit 1998 ist Diller Parlamentarischer Staatssekretär. Als Aufgaben nennt er in seinem Lebenslauf »Unterstützung des Ministers bei der Erfüllung seiner Regierungsaufgaben, insbesondere in Angelegenheiten des Bundeshaushaltes«.

Aufsehen erregte er im Herbst 2000 als Chef von Eichels »Arbeitsgruppe Koordinierte Ermittlungen« (AKE), die mit freien Mitarbeitern (!) etwaige Korruption beim Leuna/Minol-Verkauf aufklären sollte. Der CDU-Abgeordnete Austermann sah darin verfassungswidrige »private Staatsanwälte« und eine »politische Speerspitze im Kampf gegen die Union«.[11] Selbst wenn dies alles legal war und man als »Unterstützung des Ministers« alles mögliche bis hin zum Kaffeekochen ausgeben kann – die Frage ist:

Erwartet der Volkssouverän als Finanzstaatssekretär einen Lehrer, der vorwiegend den halbamtlichen Meisterdetektiv gibt – und dies möglicherweise auch noch im Parteiinteresse, gleichsam als Eichels Privatsekretär?

Ansonsten ist Karl Diller häufig mit wichtigen hoheitlichen Aufgaben beschäftigt: Mal stellt er in Dessau Briefmarke und Münze zum Thema Bauhaus vor, ein anderes Mal das Sonderpostwertzeichen »Ferien – Holidays«, oder er redet im Thüringer Landtag bei der Präsentation der Sondermarke »Thüringer Landtag«. Das klingt dann so: »Es besteht ein wichtiges Zusammenspiel zwischen Person und Staat: Während der Einzelne Verantwortungsträger ist, in dessen Namen und zu dessen Nutzen gehandelt wird, besitzt der Staat seine Legitimation nur durch die Wahl. Beide sind sich gegenseitig im Miteinander verantwortlich. In diesem Miteinander spielen die Landtage eine ganz zentrale Rolle. An all dies soll die Briefmarkenserie ›Landesparlamente in Deutschland‹ mit dem ›Thüringer Landtag‹ erinnern und in unserem demokratischen Bewusstsein verankern.«

Hans-Georg Wagner (SPD), Diplomingenieur (FH), Parlamentarischer Staatssekretär beim Bundesminister der Verteidigung:

Der Architekt der Verteidigungspolitik

Hans-Georg Wagner, geboren am 26. November 1938 in Niederlinxweiler, beendet 1975 das Studium als Diplomingenieur (FH) und ist genau bis zur Wahl in den Saarländischen Landtag Beamter im Staatlichen Hoch- und Klinikbauamt Saarbrücken. Er ist

Präsident des Bundes Deutscher Baumeister, Architekten und Ingenieure, gehört dem Präsidium des Gewerbeverbandes des Saarlands und gleich zwei Gewerkschaften (IG Bergbau und Energie und ÖTV) an.

Wagner ist seit 1957 SPD-Mitglied, seit 1975 Landesvize der Arbeitsgemeinschaft der Selbständigen in der SPD, seit 1990 Landesvize der SPD Saar.

Der Volksvertreter Wagner ist seit 1974 Vorsitzender des Gemeindeverbandes und Mitglied im Gemeinderat Eppelborn, von 1975 bis 1991 im Landtag des Saarlandes, von 1975 bis 1990 Parlamentarischer Fraktionsgeschäftsführer. Seit 1990 ist er im Bundestag und von 1998 bis 2002 haushaltspolitischer Fraktionssprecher. Im November 2002 wird er Verteidigungsstaatssekretär.

Im Sinne eines 100 000 Euro teuren Versorgungs-Kalauers könnte man Wagner als »Architekten der Verteidigungspolitik« bezeichnen. Wagner mag sich mit Lobbyismus für kleine Selbständige, in Baugenehmigungsverfahren und – im Wege des legendären »Learning by doing« – in Haushaltspolitik auskennen. Ob seine Fachkompetenz über die des *Tagesschau*-Stammpublikums hinausgeht und die des *FAZ*-Abonnenten erreicht, ist nicht ohne weiteres ersichtlich. Dass ihn Hans-Jürgen Leersch in der normalerweise anspruchsvollen *Welt* einen »ausgewiesenen Haushaltsfachmann« nennt, lässt eher Rückschlüsse auf die realistischerweise zurückgeschraubten Ansprüche des Autors zu.

Aber nicht einmal Leersch dichtet Wagner irgendwelche verteidigungspolitische Kompetenz an. Die *Welt* überschreibt einen Artikel unter anderem zur Berufung Wagners: »Struck baut seine Macht aus.« Was der Architekt ohne Struck in diesem Ministerium täte und wie lange, sei dahingestellt.

Friedbert Pflüger (CDU), Politologe, Außenpolitischer Sprecher der CDU/CSU-Bundestagsfraktion:

»Mensch gewordener Angstschweiß« mit Aufstiegschancen

Friedbert Pflüger, geboren am 6. März 1955 in Hannover, ist seit 1971 in der CDU, von 1977 bis 1978 Chef des Ringes Christlich-Demokratischer Studenten (RCDS), seit 1982 Dr. phil. in Politik, von 1981 bis 1984 Mitarbeiter des Regierenden Bürgermeisters von Berlin, Richard von Weizsäcker, von 1984 bis 1989 Pressesprecher des Bundespräsidenten von Weizsäcker, von 1989 bis 1991 Geschäftsführer einer Vermögensverwaltung, seit 1990 im Bundestag, von 1994 bis 1998 abrüstungspolitischer Fraktionssprecher, seit 1998 Landesvize der CDU Niedersachsen, ab 1999 Vorsitzender des Bundesfachausschusses für Außen- und Sicherheitspolitik der CDU, ab 2000 im CDU-Bundesvorstand, ab 2002 außenpolitischer Fraktionssprecher.

Die *Tagesschau* schildert Pflüger kurz vor der Wahl 2002 als »Querdenker mit Aufstiegschancen«. So habe er etwa bei der Reform des »Abtreibungsparagrafen« 218 im Juli 1992 den am Ende mehrheitlich angenommenen fraktionsübergreifenden Gruppenantrag unterstützt, sich 1993 öffentlich gegen den sächsischen Justizminister Steffen Heitmann als Kandidaten der Union für die Weizsäcker-Nachfolge ausgesprochen und mit seinem Buch »Ehrenwort – Das System Kohl und der Neubeginn«[12] sehr offen über Regeln und Gefahren im Kampf um die politische Macht erzählt. Er selbst will nach gewonnener Wahl natürlich auch nach oben: »Minister werde er wohl nicht«, sagt Pflüger. Soll wohl heißen, dass ein Posten als Staatssekretär durchaus denkbar ist. Auch in der Partei sind die Ambitionen des Hannoveraners bekannt.[13]

Nach der Wahl allerdings – die nicht zuletzt wegen der Irak-politik verloren geht – betätigt sich Pflüger als Panikmacher, wie Jochen Bittner von der *Zeit* genüsslich berichtet: »Die Nation hat gelernt, um ihren Bestand zu bangen, sobald Friedbert Pflüger lautstark das Wort ergreift.« Nach einer Sitzung des Auswärtigen Ausschusses des Bundestages im November 2002 habe die Öffentlichkeit nicht erfahren, was der Geheimdienst über die Gefährlichkeit des Iraks wusste. »Sie sah nur, wie Friedbert Pflüger nach der Sitzung als Mensch gewordener Angstschweiß vor die Fernsehkameras trat.«

Und im Februar 2003 glänzt der frisch gebackene außenpolitische Fraktionssprecher mit einer Dokumentation über »Massenvernichtungswaffen im Irak«.

Im April 2004 wiederum geht Pflüger auf Distanz zu seiner eigenen Beweisführung und zum Irakkrieg überhaupt und schiebt die Schuld auf den BND, was ihm wiederum Merkels Rüffel »nicht zielführend« einbringt.

Am 23. Mai 2004 sagt ihm Ralf Georg Reuth in der *Welt am Sonntag* Ambitionen auf das Außenministeramt nach, und ganze zwei Tage später ist er Hauptperson im Bericht von Reuths Kollegin Barbara Jänichen über Sabine Christiansens jährliche Dankeschönparty für alle Studiogäste.

Ohne Pflügers »Querdenken« gering einzuschätzen: Sich mit der Parteiführung anzulegen und im Fernsehen abwechselnd den Pressesprecher oder den Kritiker der US-Regierung zu geben, bedeutet nicht zwangsläufig genügend Kompetenz und Rückgrat für eigenständige außenpolitische Vorstellungen zu besitzen. Da Pflüger überdies keine »Hausmacht« hinter sich weiß, ist er zumindest für Merkel eine pflegeleichte und insgesamt berechenbare Größe.

Barbara Hendricks (SPD), Lehrerin, Ministerialrätin a. D., Parlamentarische Staatssekretärin beim Bundesminister der Finanzen:

Eine Margarinedoktorin als Steuerexpertin

Barbara Hendricks, geboren am 29. April 1952 in Kleve, tritt 1972 der SPD bei, macht 1976 Staatsexamen (Gymnasiallehramt Geschichte, Sozialwissenschaften), jobbt bis 1978 im Deutschen Studentenwerk, danach bis 1981 in der Pressestelle der SPD-Bundestagsfraktion, promoviert 1980 über »Die Entwicklung der Margarineindustrie am unteren Niederrhein«, ist von 1981 bis 1990 Sprecherin des NRW-Finanzministers, von 1984 bis 1989 im Kreistag und erlangt 1991 schließlich den lebenslangen Versorgungsjob einer Ministerialrätin im NRW-Umweltministerium.

Schon hier fällt auf: Arbeitgeber der Lehrerin Hendricks waren lange Zeit nahezu ausschließlich die SPD oder SPD-Politiker.

Parallel zu dieser Art von Berufsleben läuft die reine Parteikarriere: Seit 1989 ist sie SPD-Chefin im Kreis Kleve, von 1987 bis 2001 im Landesvorstand NRW und von 1996 bis 2001 dessen Schatzmeisterin – genau zur Zeit des längst noch nicht aufgeklärten Klüngel-Skandals! Auf Bundesebene sitzt sie von 1990 bis 2001 im Parteirat, ab 2001 im Parteivorstand. Seit 1994 ist Hendricks (nach zwei vergeblichen Landtagskandidaturen 1985 und 1990) endlich im Bundestag, von 1995 bis 1998 Mitglied im Fraktionsvorstand und seit 1998 Staatssekretärin.

Der Lebenslauf der eigentlich zur Lehrerin ausgebildeten Barbara Hendricks wirkt schon auf den ersten Blick wie der ebenso zielstrebige wie geglückte Versuch, von der Politik leben zu können. Und gäbe es ein Ministerium für die Margarineindustrie am unteren Niederrhein, so wäre Dr. Hendricks zweifellos erste Wahl.

Es besteht keinerlei Anlass zur Vermutung, dass Hendricks zumindest bei Amtsantritt auch nur eine Nachhilfestunde mehr Steuerkompetenz besaß als der nach eigenem Bekunden ahnungslose Hans Eichel. Aber gerade deshalb passt die Nebenfach-Lehrerin ins Team.

Kurz nach Eichels Amtsantritt im April 1999 legt Ruth Berschens von der *Berliner Zeitung* dem Lehrer die Lehrerin Hendricks wärmstens ans Herz: »Der neue Minister kann sich darauf verlassen, daß Barbara Hendricks ihn bei den schwierigen bevorstehenden steuerpolitischen Projekten ... tatkräftig und wirkungsvoll unterstützen wird. Die fachliche Kompetenz der Staatssekretärin stellt in Bonn niemand ernsthaft in Frage. Als langjährige Pressesprecherin des nordrhein-westfälischen Finanzministeriums erwarb sie sich fundierte Kenntnisse in der Steuerpolitik.«

Dass ähnlich ausgebildete »Finanzexperten« aus Politik und Medien von der »Fachkompetenz« der Staatssekretärin begeistert sind, stärkt das Vertrauen der Bürger sicher ungemein. Wie aber wirkt sich Hendricks' enormes Fachwissen aus?

Ein erhellendes Beispiel ihrer Finanzkompetenz nach fünf Jahren Einarbeitungszeit liefert sie im Dezember 2003 beim Steuerkompromiss. Bei der Berechnung der Entlastung für den Bürger hatten ihre Beamten »versehentlich die alte Steuerschätzung für die zweite, 2004 in Kraft tretende Stufe der Steuerreform benutzt, nämlich 7,2 Milliarden Euro. Diese Schätzung war jedoch schon im November aktualisiert und auf 6 Milliarden Euro korrigiert worden«. Peinliche Folge: Statt 7,8 Milliarden kostet die ausgehandelte Stufe der Steuerreform 9 Milliarden Euro.

Hämischer Kommentar von Bayerns Staatskanzleichef Erwin Huber: »Es ist blamabel, wenn das für die Finanzen in Deutschland zuständige Ministerium solche Fehlgriffe macht.«[14]

7. Gestrauchelt, gescheitert, ausgedient

Ihre Glaubwürdigkeit ist stark angekratzt, oder sie haben aus Altersgründen ausgedient. Sie fühlen sich aber noch zu jung fürs Altenteil. Dann gilt es etwas für sie zu finden.

Ditmar Staffelt (SPD), Historiker, Parlamentarischer Staatssekretär beim Bundesminister für Wirtschaft und Arbeit:

Mal Wirtschaft, mal Skandalbank, mal Politik

Ditmar Staffelt, geboren am 1. August 1949 in Berlin, tritt 1969 der SPD bei, macht 1975 Examen und promoviert 1986 als Historiker. Ab 1975 ist er wissenschaftlicher Angestellter, ab 1983 Dozent, ab 1983 leitender Angestellter der Hölter-Gruppe Gladbeck. Parallel dazu ist er ab 1980 im SPD-Landesvorstand, ab 1979 im Abgeordnetenhaus, von 1985 bis 1989 Fraktionsvize. Erst als er im März 1989 Fraktionschef wird, lässt er sich bei Hölter beurlauben. Ab 1992 ist er Berliner Parteichef und im Bundesvorstand, scheidet aber 1994 aus beiden Berliner Ämtern sowie 1995 aus dem Bundesvorstand aus und sitzt von 1995 bis Ende 1997 im Vorstand der Hölter Industrie AG Essen. Ab 1998 ist er im Bundestag, gleichzeitig ab Januar 1998 Geschäftsführer der VEBA Kommunalpartner. Im September 1999 hört er dort auf und wird wirtschaftspolitischer Fraktionssprecher und im März 2002 Parlamentarischer Wirtschaftsstaatssekretär.

Die Berufung des Historikers Ditmar Staffelt in dieses Amt ist ein Paradebeispiel der Versorgung eines gestrandeten Politikers, der sich »nichts mehr erlauben darf«. Und ähnlich wie Minister Clement wechselt auch der Mann aus dem damaligen Arbeiterviertel Neukölln zwischen Politik und freier Wirtschaft munter hin und her – bis weit nach oben.

Vor allem aber sitzt Staffelt seit 1994 im Aufsichtsrat der vom Ruch der Korruption und Selbstbereicherung umwitterten Landesbank Berlin, was bezeichnenderweise im Lebenslauf seiner eigenen Internetseite unerwähnt bleibt. Dabei gilt Staffelt als einer der »Architekten des Gebildes Bankgesellschaft«[1] zu Beginn der neunziger Jahre, und zwar als ein recht umstrittener. »Einflussreiche Männer ohne Schuldbewusstsein« betitelte etwa die *Berliner Zeitung* einen Bericht über die Auftritte von Skandal-Hauptfigur Klaus Landowsky und von Ditmar Staffelt vor dem Bankenuntersuchungsausschuss im Dezember 2002.

Vor diesem Hintergrund fragt sich: Konnte der Kanzler wirklich keinen Wirtschaftsfachmann mit einem besseren Image auftreiben? Aber – wie der Alpenländer sagt – »dös is ja grod dös«: Wenn Staffelt nicht gänzlich an Realitätsverlust leidet, weiß er, dass er auf sehr dünnem Eis agiert. Schröder kann ihn jederzeit ins Bodenlose fallen lassen, und zwar nicht nur politisch, sondern vielleicht auch beruflich, gesellschaftlich – existenziell.

Staffelt hat also gar nicht den Spielraum, großartig nach seinem Gewissen oder dem Gemeinwohl zu fragen. Exemplarisch wurde dies deutlich an Staffelts Engagement für Schröders »Agenda 2010«. Hatte er irgendeine Wahl als die, Schröders Megafon zu sein? Und wäre für diese Art der Amts- und Mandatsausübung eine wirtschaftswissenschaftliche Ausbildung – hätte denn Staffelt je eine genossen – nicht sowieso überflüssig gewesen? Hätte nicht ein Berufs-Rezitator wie etwa Gerd Hauke oder Otto Sanders den noch überzeugenderen Staatssekretär gegeben?

Rezzo Schlauch (B' 90/Die Grünen), Rechtsanwalt, Parlamentarischer Staatssekretär beim Bundesminister für Wirtschaft und Arbeit:

Über Bonusmeilen gestolpert – mit Regierungsamt versorgt

Rezzo Schlauch, geboren am 4. Oktober 1947 in Gerabronn als Sohn eines Pfarrers, ist seit 1975 selbständiger Rechtsanwalt, seit 1980 Mitglied der Grünen. Von 1982 bis 1984 sitzt er im erweiterten Landesvorstand Baden-Württemberg. Seine Bundestagskandidatur für 1983 zieht er wegen des Rotationsprinzips zurück. Im Landtagswahlkampf 1984 nennt ihn die *Frankfurter Allgemeine Zeitung* einen »Glücksfall« für die Grünen, weil er es fertig bringe, eine »eher linke, politisch bewusste Position mit Heimatverbundenheit und Traditionsbewusstsein in Einklang« zu bringen.

Von 1984 bis Dezember 1994 sitzt Schlauch im Landtag, von 1990 bis 1992 als Fraktionschef. 1994 gelangt Schlauch in den Bundestag und wird Fraktionsvize und Obmann im Innenausschuss. Im innerparteilichen Streit um Gewaltfreiheit angesichts der Eskalation des Bosnien-Krieges stärkt er dem Fraktionschef Joschka Fischer im August 1995 den Rücken und wehrt sich gegen den Vorwurf, die Aufgabe von Gewaltfreiheit sei eine Hinwendung zu einer militärisch gestützten Außenpolitik. Zwischendurch testet »Liebling Killesberg« seine Popularität beim Stuttgarter Volk und holt bei den Oberbürgermeisterwahlen 1996 über 39 Prozent.

Zweifellos ist Schlauch keiner aus der Herde der unpolitischen Politiker, die aus Eigennutz buchstäblich alles tun, was man von ihnen verlangt. Als ein Anführer des »Realo«-Flügels will er »mitgestalten«, also der grünen Herde sagen, was sie zu tun und zu lassen hat, um reich, mächtig und berühmt zu werden. So fordert er bereits im Sommer 1997 mit Blick auf die Regierungsfähigkeit einen »Paradigmenwechsel« hin zu einer pragmatischen Außen-, Sicherheits- und Finanzpolitik; außerdem nennt er Gerhard Schröder als Wunsch-Kanzlerkandidaten einer rot-grünen Koalition.

1998 wird er Fraktionschef (gemeinsam mit Kerstin Müller) und bringt die Partei auf Koalitionskurs. So droht er den Gegnern des Kosovo-Bombardements Mitte April 1999 mit der »Koalitionsfrage«, ebenso vor der Bundestagsabstimmung am 16. November 2001 über eine Beteiligung deutscher Soldaten am »Kampf gegen den Terrorismus«, die Kanzler Schröder seinerseits mit der Vertrauensfrage koppelt.

Allerdings hat er häufig Ärger mit der Basis. So scheitern er und Fischer auf dem Erfurter Parteitag im März 1999 beim Versuch, »die Organisation der Partei auf die Bedürfnisse der Regierungsverantwortung zuzuschneiden«. Regelrechte Empörung löst der bekennende Sportwagenfan Schlauch im Mai 2000 mit einem Vorstoß für eine stärkere politische Akzeptanz des Autos aus, und auch sein Vorschlag zur Liberalisierung des Tarifrechts im November 2000 führt zu scharfen Reaktionen in der eigenen Partei, beim Koalitionspartner SPD und den Gewerkschaften.

Im Jahr 2002 ist dann Schluss mit lustig. Schlauch wird ein Bangkok-Flug auf Bonusmeilen der Lufthansa zum Verhängnis, zumal sein Parteifreund Cem Özdemir und Gregor Gysi (PDS) unter anderem damit kurz zuvor ihre Rücktritte begründet haben.

Jens König von der *tageszeitung* schreibt dazu nach der Wahl 2002: »Schlauch ... wollte ursprünglich um sein Amt als Fraktionschef kämpfen. Das grüne Spitzenteam um Joschka Fischer hat ihn ... aber zum Rückzug gedrängt. Schlauch musste einsehen, dass er nach der Bonusmeilen-Affäre in der Bundestagsfraktion nicht mehr mehrheitsfähig war. Als Ausgleich für seinen

›Verzicht‹ … soll Schlauch jetzt entweder Staatssekretär im Wirtschaftsministerium werden oder eine Anstellung im Kanzleramt finden.« Das Fazit der *tageszeitung,* kurz und präzise: »Kerstin Müller und Rezzo Schlauch geben Fraktionsvorsitz der Grünen auf und werden mit Regierungsämtern versorgt.«

Dass Schlauch von Personen wie der Thüringer Ex-Theologiestudentin Katrin Göring-Eckardt oder der Hamburger Lehrerin Krista Sager abgelöst wird, die in nahezu jeder Beziehung in einer anderen Liga weilen, zeigt die Tiefe seines Sturzes. Zwar treten auch die Nachfolgerinnen für Atomkraft, für Krieg als Mittel der Politik oder für die Agenda 2010 ein, allerdings auf einem anderen Niveau.

Dies alles beantwortet auch die Frage, was Schlauch unter dem Gesichtspunkt des Gemeinnutzes ausgerechnet als Staatssekretär im Wirtschaftsministerium zu suchen hat. Nicht seine Wirtschaftskompetenz gibt den Ausschlag für seine Berufung, sondern sein Scheitern als Fraktionschef.

Manfred Stolpe (SPD), Jurist, Bundesminister für Verkehr, Bau- und Wohnungswesen sowie Beauftragter der Bundesregierung für die neuen Länder:

»Ins Dschungelcamp, nicht auf einen Ministersessel«

Manfred Stolpe, geboren am 16. Mai 1936 in Stettin, macht 1959 sein Jura-Staatsexamen, ist danach von 1959 bis 1961 Gaststudent der FU Berlin und bis zum Ende der DDR bei der evangelischen Kirche, zuletzt als Konsistorialpräsident von Berlin-

Brandenburg. Ab Juli 1990 ist er in der SPD, ab November 1992 Ministerpräsident von Brandenburg. Ab 1999 aber geht's bergab: Bei der Landtagswahl 1999 verliert die SPD ihre absolute Mehrheit.

Kurz vor seinem Rücktritt werden Stolpe einige Firmenzusammenbrüche angelastet, etwa die Pleiten des Luftschiffbauers *Cargolifter* oder der Autorennstrecke *Eurospeedway* am Lausitzring. Im Juni 2002 tritt Stolpe zugunsten von Parteifreund Matthias Platzeck zurück. Vier Monate später, nach der Bundestagswahl, wird er Minister für Verkehr, Bau- und Wohnungswesen sowie Beauftragter der Bundesregierung für die neuen Länder.

Zu alt als Ministerpräsident, aber nicht als Verkehrsminister *und* Ostbeauftragter?

Nein, Stolpe ist nicht zu alt, sondern gescheitert. Schon beim Rücktritt denkt er über ein Engagement in der Bundespolitik nach.

Zum einen zeigt Schröder mit der Vergabe der beiden Ämter im Doppelpack seine Geringschätzung für jede der beiden Aufgaben, vor allem für die zweite: Die Internetseite »Beauftragter der Bundesregierung für die neuen Bundesländer« findet sich als Unterrubrik in der Internetseite des Verkehrsministeriums. Immerhin: »Kein anderer SPD-Politiker vermag die geschundene Ost-Seele so kunstvoll zu streicheln.«[2]

Zum anderen erhält Stolpe die Ämter offenbar – ähnlich wie der seinerzeit ebenfalls altersbedingt als Ministerpräsident zurückgetretene Johannes Rau die Bundespräsidentschaft – vor allem als Dankeschön für seine Verdienste um die Partei.

Verdienste um das Gemeinwohl scheinen eher Fehlanzeige, wie der *Spiegel* meint: »Wer Stolpes politische Bilanz durchforstet, stößt schnell auf Fehlentscheidungen, Schuldenberge und stöhnende Weggefährten.

Vor allem Stolpes geliebte Großprojekte waren zumeist kapitale Flops. Die Rennstrecke Lausitzring kostete das Land 120 Millionen … Mehr als das Doppelte kostete die landeseigene Entwicklungsgesellschaft LEG, die 259 Millionen Euro im märkischen Sand verbuddelte und inzwischen liquidiert wurde. Dennoch muss das Land Brandenburg noch über Jahrzehnte für gegebene Mietgarantien aufkommen.«

Das Verkehrsressort wurde völlig willkürlich ausgewählt. Stolpes Fachkompetenz zumindest bei Amtsantritt dürfte über die eines interessierten Autofahrers oder Bahnbenutzers nicht hinausgereicht haben. Der *Spiegel* lästert: »Bereits zu DDR-Zeiten habe er hundert Kirchen und fünfzig Gemeindehäuser gebaut oder erhalten, ließ Stolpe bei seinem Amtsantritt stolz wissen.«

Stolpe als Verkehrsminister war »von Anbeginn … eine Nullnummer … prompt servierte Quotenmann Stolpe mit pommerschem Knittergesicht und präsidialem Gestus eine Pleite nach der anderen: Transrapid-Saga, Bahnpreis-Drama, die instinktlose vorzeitige Verlängerung des Vertrages von Bahnchef Hartmut Mehdorn, als Krönung nun der Megaflop mit der Maut«[3], jenes »Lehrstück über hilflose Politiker und überforderte Manager«, wie der *Spiegel* es nennt. »Der ehemalige Kirchenfunktionär Manfred Stolpe hat den Industriebossen zu viel und zu lange geglaubt. ›Eine bittere Kapitalismuserfahrung‹ sei das gewesen, sagt er später.«

Beispielhaft für die Qualität der Arbeit des Verkehrsministers Stolpe ist eine vom *BUND* unter dem bezeichnenden Titel »Das dusselige Dutzend« zusammengestellte Liste unsinniger Autobahn-Bauvorhaben aus dem Bundesverkehrsplan 2003. Sonja Mikich von *Monitor* sieht fatale Zusammenhänge: »Milliarden fehlen im Bundeshaushalt, und wir lernen, dass alle nun solidarisch abgeben müssen, auch Rentner, Kranke und Arme werden zur Kasse gebeten. Gleichzeitig plant die rot-grüne Regierung Milliardeninvestitionen in dreistelliger Höhe für neue Verkehrswege.«

Fazit des *Spiegel:* »Stolpe gehört ins Dschungelcamp, nicht auf einen Ministersessel.«

Wolfgang Schäuble (CDU), Rechtsanwalt, stellvertretender Fraktionsvorsitzender, zuständig für Außen-, Sicherheits- und Europapolitik:

Wohin mit dem Mann?

Wolfgang Schäuble, geboren am 18. September 1942 in Freiburg, Sohn eines Steuerberaters, tritt 1961 der Jungen Union und 1965 der CDU bei, macht 1970 sein zweites juristisches Staatsexamen, ist von 1969 bis 1972 Bezirksvorsitzender der Jungen Union Südbaden, promoviert 1972 über »Berufsrechtliche Stellung von Wirtschaftsprüfern in Wirtschaftsprüfungsgesellschaften«, ist ab 1972 im Bundestag, ab 1973 im CDU-Vorstand Baden-Württemberg, von 1975 bis 1984 in der Parlamentarischen Versammlung des Europarats, ab 1978 als Anwalt zugelassen, ab 1981 Parlamentarischer und ab 1982 Erster Parlamentarischer Fraktionsgeschäftsführer, von 1984 bis 1989 Bundesminister für besondere Aufgaben und Chef des Bundeskanzleramtes, Kohls engster Berater und zuständig für Deutschlandpolitik, trifft sich im November 1988 mit Erich Honecker und DDR-Außenminister Oskar Fischer in Ost-Berlin, ist ab 1989 Innenminister, führt von Juli bis August 1990 die Verhandlungen über den Einigungsvertrag zwischen den beiden deutschen Staaten, ist ab September 1990 im CDU-Vorstand.

Am 12. Oktober 1990 wird er bei einer Wahlveranstaltung in Oppenau niedergeschossen und ist seitdem vom dritten Brustwirbel an abwärts gelähmt und an den Rollstuhl gebunden. Trotzdem nimmt er seine politische Arbeit bald wieder auf.

Schäuble ist von 1991 bis 2000 Chef der CDU/CSU-Bundestagsfraktion, wird 1992 von Kohl als potenzieller Nachfolger erwähnt, 1997 von Kohl durch dessen erneute Kanzlerkandidatur düpiert, gleichzeitig aber erneut als Kronprinz genannt. Nach der Wahlniederlage 1998 und Kohls Rücktritt wird Schäuble Parteichef und erneut Fraktionschef, er initiiert 1999 die CDU-Unterschriftenaktion gegen die doppelte Staatsbürgerschaft.

Im Januar 2000 gesteht er, entgegen seiner Aussage vom Dezember 1999 im Bundestag, vom Waffenhändler Karlheinz Schreiber 1994 eine Barspende über 100 000 DM für die CDU entgegengenommen zu haben.[4] Die frühere CDU-Schatzmeisterin Brigitte Baumeister widerspricht Schäubles Darstellung der Übergabe der Schreiberspende, was Schäubles Glaubwürdigkeit noch mehr beschädigt. Im November 2001 wird das Verfahren gegen Schäuble und Baumeister wegen uneidlicher Falschaussage eingestellt.

Am 16. Februar 2002 erklärt er, als Partei- und Fraktionschef nicht mehr zu kandidieren. Am 29. Februar wird Friedrich Merz neuer Fraktionschef, im April Angela Merkel neue Parteichefin. Schäuble bleibt im CDU-Präsidium und wird im Frühjahr als Mitglied des »Kompetenzteams« des Kanzlerkandidaten Stoiber für den Bereich Steuer und Finanzen genannt, dann wird er es für Außenpolitik.

Seit Oktober 2002 ist er Fraktionsvize für Außen-, Sicherheits- und Europapolitik. Offenbar aber ist dieses Amt eher ein Versorgungsjob, denn eigentlich weiß man nicht, wohin mit ihm. So meldet die *Welt am Sonntag* am 29. Februar 2004: »Union und FDP einig: Schäuble wird Bundespräsident.« Nur eine Woche später wird das »Parteiengeschacher« und Schäubles Behandlung durch Angela Merkel in den Medien als »schäbig« bewertet.[5] Seither tingelt er als »Experte« für Außen- und Sicherheitspolitik durch die Talkshows.

Hier ist *Kompetenz* ein besonders dehnbarer Begriff. Besteht sie beispielsweise im Nachkriegsstammtischvertrauen auf den Befreier USA und in der blinden und uneingeschränkten Loyalität mit der jeweiligen US-Regierung? Kurz vor der Invasion in den Irak schreibt Schäuble in der *Berliner Zeitung:* »Massenvernichtungswaffen, die möglicherweise sogar in die Hände von Terroristen gelangen können, sind für uns und unsere Verbündeten eine ganz konkrete, furchtbare Bedrohung.«[6]

Hätte nicht ein Außenminister Schäuble die kritiklose Gefolgschaft praktiziert und wäre nach Aufdecken der Waffenlüge verbal aus allen Wolken gefallen? Dies mag dem Kompetenzverständnis der Union entsprechen, aber entspricht es auch dem des Wählers?

Im Oktober 2004 sieht es danach aus, als wandle sich der außenpolitische mal wieder zum Finanzexperten. Aber ein entsprechendes Angebot Angela Merkels für die Merz-Nachfolge lehnt Schäuble als »Frage der Selbstachtung« ab – schließlich wurde er von ihr im CDU-Vorsitz beerbt.

8. Die Um-jeden-Preis-Karrieristen

Im Grunde ihres Herzens sind die meisten Mitbürger, die von der Politik leben, sogenannte *Um-jeden-Preis-Karrieristen.* Es scheint ihnen völlig egal, von welcher Kostenstelle ihre Minister-, Staatssekretärs- oder Funktionärsbezüge überwiesen werden und für welches Ressort sie in Talkshows den wichtigen Politiker heraushängen lassen dürfen. Die drei hier Genannten stehen also nur stellvertretend besonders für diejenigen, die schon in anderen Disziplinen wie etwa »Pflegeleicht und loyal« oder »Jung, karrieregeil, inkompetent« lobend erwähnt werden und in diesem Buch nicht doppelt oder dreifach berücksichtigt werden.

Fritz Kuhn (B' 90/Die Grünen), Sprachwissenschaftler, Ex-Parteichef:

Wann wird endlich ein Ministersessel frei?

Fritz Kuhn, geboren am 29. Juni 1955 in Bad Mergentheim, aufgewachsen in einer katholischen Arbeiterfamilie, ist seit 1980 Linguistik-Magister, ab 1981 wissenschaftlicher Assistent und von 1989 bis 1992 Professor für sprachliche Kommunikation an der Stuttgarter Merz-Akademie. 1978 verlässt er die SPD »wegen des unerbittlichen Atomkurses von Helmut Schmidt«, ist 1980 Gründungsmitglied der Grünen, von 1984 bis 1988 und von 1992 bis 2000 Chef der Landtagsfraktion, von 2000 bis 2001 Parteichef gemeinsam mit Renate Künast – ein »›Dream-Team‹, wie das Führungsduo Kuhn und Künast oft genannt wurde« (Kuhn über

Kuhn). Seit 2002 ist er im Bundestag und hier im Ausschuss für Wirtschaft und Arbeit tätig. Da auf dem Parteitag im Dezember 2002 noch gilt, dass Abgeordnete nicht gleichzeitig im Parteivorstand sein können – die Regel wird erst durch Mitgliederabstimmung im Mai 2003 abgeschafft –, verzichten Kuhn und Claudia Roth auf den Parteivorsitz.

Kuhn zählt sich selbst zum »Führungszirkel des Realo-Flügels«. Als Nachweis seiner Fachkompetenz muss er in Ermangelung nachprüfbarer Qualifikationsbeweise zu altbekannten Floskeln greifen: »Ich beschäftigte mich im Laufe meiner politischen Arbeit intensiv mit Wirtschafts- und Finanzpolitik … Bei den Koalitionsverhandlungen mit der SPD nach gewonnener Wahl 1998 verhandelte ich für die Grünen den finanzpolitischen Teil.«[1]

Schützenhilfe beim Hochjubeln zum Experten erhält Kuhn auch aus dem Fanblock des *Spiegel,* der in zwei ausführlichen Lobeshymnen binnen fünf Wochen Kuhns Karriereambitionen unterstützt. So schreibt Tina Hildebrandt: »Selbst politische Gegner bescheinigen dem Schwaben wirtschaftspolitischen Sachverstand.« Politische Gegner? Sachverstand? Es erinnert ein wenig an Daniel Küblböck, der als Jury-Mitglied in der RTL-Show »Star Duell« über die musikalischen Fähigkeiten der Kandidaten urteilte.

Worum es in Wahrheit geht, sagt Hildebrandt auch: »Kuhn wartet. Er wartet darauf, dass endlich wieder ein Job frei wird … der groß genug ist für seine Fähigkeiten und Ansprüche.« Das kann die Wirtschaftspolitik sein, muss aber nicht: »Neulich hat er ein Grundsatzpapier zur Verkehrspolitik geschrieben, obwohl er dafür gar nicht zuständig ist.« Und ebenfalls der *Spiegel* vermeldet trotz eines offiziellen Dementis von Bütikofer: »Grüne wollen Kuhn auf Ministerposten heben.«

Ursprünglich von Fischer selbst als Thronfolger eingesetzt –

»Das erbt alles der Fritz, der übernimmt den Laden«[2] –, hat sich Kuhn hinsichtlich der Zählebigkeit seines Nachfolgers Bütikofer grob verschätzt, und die inzwischen ins Europaparlament gewählte Angelika Beer kann er wegen der Frauenquote und Roths neuerlicher Chefsesselambitionen sowieso nicht ablösen.

So sitzt er im Frühjahr 2004 »im Warteraum und kann nur hoffen, dass sich die Tür öffnet«.[3]

Ute Vogt (SPD), Rechtsanwältin, Parlamentarische Staatssekretärin beim Bundesminister des Inneren:

Ministerin, egal wofür

Ute Vogt, geboren am 3. Oktober 1964 in Heidelberg, hat sich neben ihrer politischen Karriere auch eine bürgerliche Existenz als Rechtsanwältin aufgebaut.

Seit 1983 ist sie bei den Jusos, seit 1984 in der SPD, von 1984 bis 1988 im Vorstand der SPD Wiesloch, von 1987 bis 1993 im Kreisvorstand der SPD Rhein-Neckar, von 1989 bis 1994 im Gemeinderat Wiesloch. Ab 1989 ist sie im Juso-Landesvorstand, von 1991 bis 1994 Sprecherin des Landesverbandes, ab 1993 im SPD-Landesvorstand, ab 1995 SPD-Landesvize, ab Oktober 1994 im Bundestag, ab 1999 SPD-Landeschefin, 2001 Spitzenkandidatin für die Landtagswahl, ab November 2002 Parlamentarische Innenstaatssekretärin.

Aber der Staatssekretärsposten ist keineswegs das Ziel ihrer Träume, mutmaßt die *Welt* sofort nach Vogts Ernennung: »Wer den Ehrgeiz der Pforzheimer SPD-Politikerin kennt, weiß, dass sie darin nur eine Zwischenstation sieht auf dem Weg nach oben.«

Selten bekennen sich Politiker so fröhlich und frei zu ihrem Karrierismus wie Ute Vogt. So beginnt ihre Internetseite im Herbst 2003 mit Bücherwerbung in eigener Sache und einem Zitat des Verlages. »Sie weiß, was sie will: die Macht.«

Aufsteigerin Vogt hat das Kunststück fertig gebracht, selbst in der SPD als Karrieristin unangenehm aufzufallen. »Den Sprung in die erste Reihe hat Ute Vogt noch nicht geschafft. Weil ihr baden-württembergischer Landesverband bei der Bundestagswahl deutlich schlechter abgeschnitten hat als andere SPD-Gliederungen, wurde er bei der Verteilung der Ministerposten von Bundeskanzler Gerhard Schröder übergangen. Vor der Wahl als Chefin verschiedener Ministerien gehandelt, wurde Vogt zur Parlamentarischen Staatssekretärin ... berufen ... Manche in der SPD spekulieren schon, sie wolle den Innenminister beerben. Andere sagen, ihr Kurswert bei Schröder sei stark gesunken, weil sie vor allem durch Karrierebewusstsein, nicht aber durch inhaltliche Profilierung aufgefallen sei.«[4] Auch der *Tagesspiegel* sorgte sich um die Noch-nicht-Ministerin: Sie »hätte es packen können, galt aber als ungeeignet fürs Ressort Familie, weil sie allein stehend und kinderlos sei, heißt es in der SPD«.

Es geht hier aber nicht um die Motorrad fahrende »Powerfrau« Vogt, die offenbar für die Emanzipation der Frau eine ähnliche Bedeutung hat wie Condoleeza Rice für die Befreiung der Schwarzen.

Es geht um die bekennende und praktizierende Karrieristin Vogt, die vom Volk als Innenstaatssekretärin bezahlt wird. Offenbar meint sie, dass sie praktisch jedes Amt ausfüllen könnte – aber auf welchem Niveau und unter welchen Prämissen?

Selbst *Reuters* bescheinigt Vogt eine außerordentliche Flexibilität in Sachen Karriere: »Ute Vogts landespolitische Ambitionen würden ein Ministeramt nicht durchkreuzen. Die nächste

Landtagswahl, bei der sie wieder als Kandidatin für das Ministerpräsidentenamt antreten will, ist erst 2006.«

Schon zur Wahl 2001 waren objektive, qualifizierte Beobachter, wie etwa der handwerkspolitische Sprecher der SPD-Landtagsfraktion, Mario Capezzuto, voll des Lobes: »Mit Ute Vogt hat die SPD eine dynamische und kompetente Bewerberin für das Amt der Ministerpräsidentin.«

Felix Kurz vom *Spiegel* beeindruckte im Wahlkampf vor allem Vogts »amerikanischer Stil«: »So läuft die gesamte Organisation an den ordentlichen Parteigremien vorbei. Werbeagenturen wollen lieber mit Profis verhandeln als mit altgedienten Funktionären.«

Vogts kompetentestes Argument ist ein Foto: »Für das Bild musste die flotte Juristin Vogt, 36, die Lippen zusammenpressen und die Frisur so trimmen, als sei sie zehn Jahre älter.«[5] So strahlt sie Kompetenz für innen-, familien- und rechtspolitische Themen, womöglich auch noch wirtschafts-, finanz-, umwelt- und energiepolitische Kompetenz in einem aus.

Der Erfolg gibt ihr Recht. Die SPD holt bei der Landtagswahl 2001 überraschende 33,3 Prozent – 8,2 Prozent mehr als 1996.

Kerstin Müller (B' 90/Die Grünen), Volljuristin, Staatsministerin beim Bundesminister des Auswärtigen:

Außen oder Justiz oder irgendwas

Kerstin Müller, geboren am 13. November 1963 in Siegen, ab 1983 Jurastudentin, ab 1986 Grünen-Mitglied, schon ab 1987 – welche andere Partei hätte ihr das so schnell geboten – Chefin des

Kölner Kreisverbandes und von 1990 bis 1994 Chefin der Grünen in NRW. Nun folgt das zweite Staatsexamen sowie der Aufstieg in den Bundestag, und zwar sofort als Fraktionschefin neben Joschka Fischer (1994 bis 1998). Müller funktioniert als ideale Kalfaktorin. Im Interesse der Führung vertritt sie gegenüber der Fraktion die jeweils verlangte Position, ob Fundi oder Reala, ob Kernkraftgegnerin oder Kriegsbefürworterin. »1995 stimmte sie gegen den Bosnieneinsatz der Bundeswehr, im April 1999 argumentierte sie gegen ein sofortiges Ende des Nato-Bombardements auf Jugoslawien, was damals viele Grüne forderten. Und auch in der Kernfrage grüner Politik – ›wie hältst Du's mit der Atomkraft?‹ – musste die Realpolitikerin einen schmerzhaften Kompromiss eingehen.«[6]

Eigene geistige Impulse hatte der faktische Chef Fischer wohl ohnehin noch nie von ihr verlangt, auch nicht 1994, als er als routinierter hessischer Ex-Minister gemeinsam mit der damals noch völlig unerfahrenen 30-jährigen Parlamentsnovizin die Fraktionsdoppelspitze bildete und sie bis 1998 ununterbrochen an die Wand spielte und wie eine Gehilfin behandelte.

Auch von 1998 bis 2002, nun Fraktionschefin neben Schlauch, »wird sie in der Öffentlichkeit auch schon mal übersehen«.[7]

Dennoch gehört sie zum erfolgreichen sechsköpfigen Wahlkampfteam 2002. Ist also der Staatsministerjob im Oktober 2002 die prompte Belohnung nach dem Motto »ein Karriere-Posten, egal welcher«?

Denn offenbar war der Job im Außenamt gar nicht ihr Traumjob. Vor der Wahl mutmaßt die *tageszeitung,* dass Müller sich »verändern wollte. Sie soll, wenn den Grünen ein viertes Ministerium zufällt, Justizministerin werden. Wenn das nicht klappt, hat ihr Joschka Fischer den Posten einer Staatsministerin im Auswärtigen Amt in Aussicht gestellt«.

Und weil man zumindest untereinander Versprechen hält, macht für sie der promovierte Außenpolitiker und von Egon Bahr hoch gelobte Ludger Volmer Platz. Wieso eigentlich? Weil man einer Dame den Platz anbietet? Wurde er wegen schlechter Arbeit gefeuert? Wieso wurde er dann anschließend außenpolitischer Sprecher der Grünen? Vielleicht sind der Grund die von Volmer selbst offen beklagten »unzureichenden Kompetenzen« des Amtes? Dann aber fragt sich: Was könnte Kerstin Müller für das Gemeinwohl angesichts der abgesteckten Claims und ihrer außenpolitischen »Fähigkeiten« leisten, das nicht auch die TV-Juristin »Julia« Christine Hörbiger erledigen könnte?

Offenbar hat Müller dasselbe Verhältnis zu ihren Ämtern wie eine Schauspielerin zu ihren Engagements: Sie ist für alle möglichen Rollen offen, solange es ihrer Karriere und den damit verbundenen Vorteilen nutzt. Obwohl dem Gemeinwohl verpflichtet, ordnet Müller ihre gesamte Arbeit den eigennützigen (Macht-)Interessen derer unter, denen sie ihr Amt verdankt. Genau dies ist ja politische Korruption – sogar, wenn man nur materielle Vorteile gelten lässt: Für Kerstin Müller bedeutete der Jobwechsel bares Geld – und zwar aus der Kasse des Volkssouveräns.

Es mag ja sein, dass man sich die Fähigkeiten einer Außenstaatssekretärin durch die Lektüre von wissenschaftlicher Literatur wie *tageszeitung* oder *FAZ* aneignen kann. Dann allerdings wären Millionen aufmerksamer Zeitungsleser für dieses Amt nicht weniger geeignet als die Staatssekretärin Müller.

9. Die Spezies »Jung, karrieregeil und inkompetent«

Ihr Selbstbewusstsein steht in keiner Relation zu ihrer Kompetenz. Kaum im Bundestag, fragen sie schon, wann der Kanzlerjob frei wird. Sie produzieren Peinlichkeiten am Fließband und können unmöglich begreifen, was sie da eigentlich von sich geben.

Matthias Berninger (B' 90/Die Grünen), ohne Berufsausbildung, Parlamentarischer Staatssekretär bei der Bundesministerin für Verbraucherschutz, Ernährung und Landwirtschaft:

»Vom Studenten zum Staatssekretär«[1]

Matthias Berninger, geboren am 31. Januar 1971 in Kassel, verliert nach dem Abitur 1990 keine Zeit mit Wehr- oder Zivildienst, was deshalb erwähnenswert ist, weil er später massive Propaganda für den Einsatz deutscher Soldaten im Kosovo, in Mazedonien und in Afghanistan betreibt. Lieber studiert er von 1990 bis 1994 Chemie und Politik, wird aber weder Chemiker noch Politologe. Schließlich ist er seit 1990 Mitglied der Grünen, von 1993 bis 1994 im Kreistag Kassel. 1994 macht er noch schnell das erste Lehrer-Staatsexamen, dann startet er durch.

»Eben noch Student«[2] und ohne je eine Ausbildung zu Ende gebracht und einen Beruf erlernt zu haben, gelangt er 1994 als Gegenkandidat der Grünen Jugend Hessen zum Realo Hubert Kleinert auf einen vorderen Landeslistenplatz für die Bundestagswahl und in den Bundestag. Hier sitzt er im Jugendausschuss und »machte politisch über seinen Nimbus als mittlerweile 26-jähriger ›Youngster‹ des Bundestages hinaus als Freund der schwarz-grünen ›Pizza-Connection‹ von sich reden«.[3]

1998 ist er sowohl im Haushaltsausschuss als auch bildungspolitischer Fraktionssprecher mit neoliberalem Credo und im Januar 2001 endlich Staatssekretär.

Berninger selbst stellt seinen Staatssekretärsjob als unwahrscheinlich vielschichtig dar: »In dieser Funktion bin ich für ein sehr breit gefächertes Aufgabengebiet zuständig. Politische Zielsetzungen, die ich in der Vergangenheit immer nur exemplarisch bearbeiten konnte, verbinden sich hier zu einer Gesamtaufgabe: Ich kann mich nun für Themen einsetzen, die von der umweltverträglichen Landwirtschaft über eine nachhaltige Tierschutz- und Klimaschutzpolitik bis zu Fragen einer gerechten weltweiten Ernährungspolitik reichen. Auch im Bereich des Verbraucherschutzes gelingt es mir nun, unterschiedlichste Zielsetzungen zu verfolgen. Diese reichen von der Verbesserung der Rechte von Bahnkunden über die Sicherheit von Kinderspielzeug bis hin zu einer Kennzeichnungspflicht für die Strahlenbelastung von Mobiltelefonen.«

Zu deutsch: Von jedem etwas. Wahre Aufgabe des verbraucherpolitisch unbedarften Berninger (siehe Kasten) ist es, für die Grünen den Berufsjugendlichen zu mimen. Er ist ein Mime, und es ist fraglich, ob Berninger einen Deut mehr Fachkompetenz aufweist, als sich jeder bessere Schauspieler in einem Monat Drehbuchstudium aneignen könnte.

Berninger betätigt sich auch als Theoretiker der *Generation Golf.*[4] Entsprechend gehören zu seiner Zielgruppe besonders jene Besserbetuchtenkinder und Aufsteigertypen, die davon träumen, mit möglichst wenig Qualifikation und Anstrengung möglichst reich, mächtig und berühmt zu werden – Berninger lebt es ihnen ja vor.

Seine Berufung und er selbst verraten dieselbe Nonchalance, mit der seine rotgrünen Chefs in Armani-Anzügen und mit Cohiba posieren. Motto: Der Staatssekretär für Verbraucherschutz hat keinen Schimmer von Verbraucherschutz? Na und? In der Königinpastete ist ja auch keine Königin.

Ein fachlich inkompetenter Jüngling macht Stimmung für Grün, für Rotgrün, für Schwarzgrün, für Neoliberalismus. Das wäre sein gutes Recht – würde er nicht vom Steuerzahler für eine ganz andere Arbeit bezahlt, nämlich für wirksamen Verbraucherschutz.

Staatssekretär Berninger am 15. Juni 2004 im Chat zum Thema »Nachhaltiger Verbraucherschutz«:[5]

- »Nachhaltiger Konsum heißt anders einkaufen und bewusst entscheiden, so dass Menschen heute und morgen gut leben können.«
- »Nachhaltiger Konsum ist bereits heute möglich ... Zum Beispiel können Sie etwa 50 Euro im Jahr sparen, wenn Sie auf die Stand-by-Funktion verzichten.«
- »›Anders einkaufen‹ kann heißen, dass Sie beispielsweise Produkte kaufen, die nach den Prinzipien des ›fairen Handels‹ hergestellt wurden.«
- »Auch der Einkauf von Bioprodukten ist ein Beispiel für ›anders einkaufen‹.«

- »Der ökologische Landbau hat bereits seine Nische verlassen. Das sehen Sie daran, dass Sie Bio-Produkte bereits in vielen Lebensmittel-Discountern kaufen können. Nachhaltiger Konsum ist bereits heute möglich. Hier können auch die Unternehmen selbst Verantwortung übernehmen.«
- »Wir sind für den ›Nachhaltigen Warenkorb‹ und entwickeln gerade die Broschüre weiter ... Sie ist ein praktischer Leitfaden für Ihren Einkauf und soll Ihnen die Möglichkeit geben, das Bewusstsein über das Konsumverhalten zu schärfen ... Neue Bereiche (der Broschüre; T.W.) sind: Reinigung + Pflege sowie Freizeit, Unterhaltung und Kommunikation.«

In Berningers Welt hat jeder Mensch ein Staatssekretärsgehalt nebst Abgeordnetendiäten und kann in Bioläden das Beste vom Besten kaufen. »Nachhaltige Politik« bedeutet, Broschüren herzustellen und an die Verantwortung der Unternehmen zu appellieren.
Oder tut man Berninger unrecht, und er hat sich beim Chat heimlich von einem 17-jährigen Mitglied der Jungen Union vertreten lassen?

Hans Martin Bury (SPD), Diplombetriebswirt (BA), Staatsminister beim Bundesminister des Auswärtigen:

Schröders vermeintlicher Mediencoup

Hans Martin Bury, geboren am 5. April 1966 in Bietigheim, beendet 1988 mit 22 Jahren – nicht unterbrochen durch Wehrdienst oder Zivildienst – ein Schmalspurstudium als Dipl.-Betriebswirt (BA) und arbeitet danach bis 1990 als Vorstandsassistent der Volksbank Ludwigsburg. Ab 1988 ist er in der SPD und gleich Juso-Chef Ludwigsburg, ab 1989 Stadtrat in Bietigheim-Bissingen, ab 1990 im Bundestag, von 1992 bis 1994 Sprecher der »Youngsters« der Fraktion[6], ab 1994 Fraktionssprecher für Post und Telekommunikation, ab 1998 für Wirtschaft und Technologie, ab August 1999 Kanzleramtsminister, ab Oktober 2002 Staatsminister für Europa.

Auch Bury bekennt sich offen zur *Generation Golf.*[7] Wie bösartige Satire mutet an, dass er von 1998 bis 1999 – also als Volksvertreter und Fraktionssprecher für Wirtschaft (!) – im Aufsichtsrat einer Firma von Moritz Hunzinger sitzt, dessen Name oft im Zusammenhang mit Politikerbestechung fällt. Erst unmittelbar bevor Bury Staatsminister wird, steigt er aus.

Offenbar wäre Bury im Umweltministerium besser aufgehoben: Auch ohne Chemiestudium weiß er, dass Geld nicht stinkt.

Dass Burys Karriere nichts mit Kompetenz zu tun hat, durchschauen selbst jüngere Bundestagskollegen wie SPD-Mann Michael Roth (Jahrgang 1970): »Ein Reinfall auch Gerhard Schröders vermeintlicher Mediencoup, Hans Martin Bury, 33, als Staatsminister ins Kanzleramt zu holen … Nicht an jugendlichen Vorzeige-Politikern sei der Nachwuchs interessiert«, folgert der

Sozialdemokrat Roth, »sondern ›an einer Art positiver Political Leadership‹.«[8]

Zuerst im Kanzleramt und dann im Außenministerium wirkt Bury wie die Antwort der SPD auf die *t-online*-Werberin Enie van de Meiklokjes: Die Potsdamer Frohnatur soll ebenfalls nur das Firmen-Image auf »hip« trimmen: Kein Mensch erwartet von ihr, dass sie den Unterschied zwischen Server und Provider kennt.

Nun könnte man einwenden, dass das Einkommen des Werbeträgers Bury mit nur knapp über 250 000 Euro immer noch unter dem der sonstigen Promis liegt. Andererseits hat Ulknudel Enie auch nicht unterschrieben, Außenpolitik im Dienste des Gemeinwohls zu betreiben.

Simone Probst (B' 90/Die Grünen), Diplomphysikerin, Staatssekretärin beim Bundesminister für Umwelt, Naturschutz und Reaktorsicherheit:

Die »doppelte Null-Lösung«

Simone Probst, geboren am 3. Dezember 1967 in Hannover, macht selbst für grüne Verhältnisse eine Blitzkarriere. Obwohl Probst keine politische Aktivistin ist und lieber »eine anständige Physikerin«[9] werden will, tritt sie als Studentin 1989 den Grünen bei. Warum, deutet *Greenpeace* an: »Die Grünen in Paderborn suchten dringend Frauen für den Kreistag. Damals stichelten die welken Honoratioren, ob in der Politik jetzt Kinderarbeit erlaubt sei und Probst überhaupt schon wählen dürfe.«

Probst wird wirklich gewählt und – wennschon, dennschon – übernimmt auch gleich den Fraktionsvorsitz: »Ich dachte, das ist eine gute Sache, wenn man neu ist, denn alle Infos müssen nun über mich laufen.«[10]

Hauptsache, es macht Spaß, lästert der Volksmund – und das tut es, wenn auch nicht sofort: »Das kam erst durchs Machen.«[11] Auch der sichere Listenplatz für die Bundestagswahl 1994 war »ganz einfach zu kriegen«, wie sie sagt. Schließlich hat sie ja 1993 noch schnell ihr Examen als Diplomphysikerin gemacht.

Im Bundestag wird sie sofort parlamentarische Geschäftsführerin – bis dann nach der Wahl 1998 Jürgen Trittin anruft.

Greenpeace notiert: »Auch ihre überraschende Bestellung zur parlamentarischen Staatssekretärin wurde als Quotenfall gewertet, von der linken *›tageszeitung‹* gar als ›doppelte Null-Lösung‹ verspottet: Aus Gründen der Machtbalance zogen die Fundis Simone Probst und Gila Altmann als parlamentarische Staatssekretärinnen ins Umweltministerium ein, während profilierte Umweltexperten … vom Realo-Flügel leer ausgingen.«

Völlig ins Bild passt der Versuch, nach der Wahl 2002 dem Fraktionsküken Probst den von Claudia Roth und Fritz Kuhn zugunsten des Abgeordnetenmandats verschmähten Parteivorsitz aufzuschwatzen. Aber da dann auch Probst den versorgungsstiftenden Parlamentssitz und außerdem den Staatssekretärsjob aufgeben müsste, lehnt sie dankend ab.

Die allgemein anerkannte Quotenfrau sagt zum Problem Emanzipation der Frau: »Ich glaube, dass es für Frauen in Führungspositionen leicht ist, Kind und Karriere zu vereinbaren. Wenn Sie die Chefin sind, wer will Ihnen noch was sagen?«[12] Und eine Kostprobe ihrer Umweltkompetenz klingt so: »Moderne Umweltpolitik heißt, die Wirtschaft zu modernisieren, und dafür sitzen wir im Umweltministerium an einer Schlüsselstelle.«[13] Das hat man doch schon irgendwo gelesen. War es das FDP-Programm – oder doch die *Bildzeitung?*

Selbst wenn man der Quotenlogik der Grünen folgt, bleibt die Frage, ob sie in einem Achtzigmillionenvolk keine anderen Menschen über 18 Jahre mit dem Merkmal »Frau und Fundi« auftreiben konnten. Eine Simone Probst als Staatssekretärin erinnert fatal an Stefan Raabs Kultsong »Wadde-hadde-du-denn-da« vom Grand Prix Eurovision 2000 in Stockholm. Durch den extrem schwachsinnigen Text wollte Raab andeuten, dass dies und nichts anderes dem Niveau der heutigen Schlagertexte entspreche.

Hat Jürgen Trittin also Simone Probst deshalb gewählt, um das Parlament samt Regierung und besonders die Staatssekretäre als Gipfel der Lächerlichkeit darzustellen? Wollte er damit sagen: »Genau solche Menschen wie Simone Probst spiegeln das Niveau des deutschen Parlamentarismus wider?«

Hildegard Müller (CDU), Diplomkauffrau, Ex-Chefin Junge Union, Bundestagsausschuss für Gesundheit und Soziale Sicherung:

Merkels Vasallin – Karriere von der Bank geplant?

Hildegard Müller, geboren 1967 in Rheine, seit 1986 in der CDU, von 1987 bis Juni 1989 Lehrling bei der Dresdner Bank, von 1989 bis 1994 Studium zur Diplomkauffrau, seit 1995 Abteilungsdirektorin der Dresdner Bank, von 1998 bis 2002 Chefin der Jungen Union, von 1998 bis 2000 Mitglied im CDU-Vorstand, ab August 1999 Vizechefin der Mittelstands- und Wirtschaftsvereinigung der CDU NRW, seit 2001 hier im Bundesvorstand, seit 2000 im CDU-Präsidium.

Unionsfachmann Hans Peter Schütz vom *Stern* zählt Müller zu den »Vasallen der Chefin« Angela Merkel. Bei den montäglichen Sitzungen des Parteipräsidiums »weiß Präsidiumsmitglied Hildegard Müller, welche Wortmeldung von ihr erwartet wird ... Vor allem Hildegard Müller, ausgerüstet mit besonders SMS-tauglichem Gerät, textet im Präsidium pausenlos unterhalb der Tischkante und bedient zuweilen Nachrichtenagenturen mit einschlägigen Infos im Sinne der Vorsitzenden.«

Zum Lohn soll Müller möglichst bald möglichst groß rauskommen. Bereits in Stoibers Kompetenzteam 2002 wollte Merkel sie unterbringen. Aber wofür ist die Bankabteilungsleiterin eigentlich kompetent? Das *Schaumburger Wochenblatt* feiert sie als »ausgewiesene Expertin« für das Rentensystem, für *Bild* ist sie »Krankenkassen-Expertin«. Das ist nicht ganz falsch: Müller ist seit Januar 2001 im Beirat der *Barmenia Versicherungen,* also eine ganz gewöhnliche Lobbyistin, gleichsam die Live-Ausgabe eines *Barmenia*-Prospekts. Entsprechend sind auch ihre Forderungen nach »mehr Eigeninitiative, Leistungs- und Wettbewerbsanreize in den sozialen Sicherungssystemen« zu bewerten.

Natürlich ist Müller als »junge Bankerin« für Demokratie und gegen Planwirtschaft, aber auf welchem geistigen Niveau ist sie das? In einem Streitgespräch im Sommer 2000 sagt sie zu dem Ziel von Franz Müntefering, »30 unter 40« Jahren in den Bundestag zu bringen: »Was Müntefering da in die Welt setzt, klingt mehr nach Planwirtschaft als nach Demokratie.«[14]

Übrigens sollte gerade Müller mit dem Wort Planwirtschaft vorsichtig sein. Sehr planmäßig nämlich wurde sie als Lobbyistin einer Großbank aufgebaut. So fand der *Spiegel* heraus: »Die CDU-Politikerin Hildegard Müller kann seit Beginn ihrer Karriere als Politikerin auf kräftige Unterstützung der Dresdner Bank zählen. Schon als JU-Chefin erhielt sie finanzielle Hilfen ihres Arbeitgebers.«

Laut *Berliner Zeitung* beschloss der Vorstand am 15. August 2000: »Wir stellen Frau M. für drei Jahre einen zweckgebundenen Betrag von 20 000 Mark pro Jahr zur Verfügung«, weil »Frau Müller als jüngstes Präsidiumsmitglied der CDU ein sehr positiver Imageträger für unser Haus in der Politik ist.« Zudem werde ihr »eine sehr gute Verbindung zu Frau Merkel zugesprochen«.[15]

Derzeit erhält Müller laut Frontal 21 eine Summe von 2000 Euro im Monat, und zwar für Aufgaben im Bereich »Cultural Affairs«.

Ob vor dem Hintergrund von Müllers Kompetenz das Geld wirklich optimal angelegt ist, mögen Chefetage und Aktionäre beurteilen. Auch für die Vertretung von Bankeninteressen in der Politik dürfte nämlich guter Wille allein kaum ausreichen.

10. Die Quotenlobbyisten

Der konservative Publizist Konrad Adam schreibt in der *Welt:* »Proporz ist das, was in der Politik übrig bleibt, wenn keine besseren Argumente zur Hand sind. Das gilt seit Adenauers Zeiten; nur dass es damals die Konfession war, die mehr zählte als alles andere, während heute Alter, Geschlecht und regionale Herkunft den Ausschlag geben.«

Außerdem ist es die Zugehörigkeit zu Parteiflügeln und Interessenverbänden, die den Quotenlobbyisten unbeschadet ihrer Kompetenz zu Amt und Würden verhilft. Es liegt nahe, dass Quotenvertreter meist reine Symbolfiguren sind. Quotenfrauen vertreten so sehr Fraueninteressen und »Quotenossis« so sehr die Interessen der ostdeutschen Bevölkerung, wie Condoleeza Rice in der Bush-Regierung die Interessen der nichtweißen US-Bürger vertritt.

Quotenfrauen

Bei einem Frauenanteil von 39 Prozent in den Spitzen der Bundesministerien und Bundestagsausschüsse kann nahezu jede Politikerin als Quotenfrau denunziert werden. Zielgruppe der Maßnahme Quotenfrau sind jene Mitbürger, die einen hohen Frauenanteil auch in Aufsichtsräten, Vorständen oder Einbrecherbanden als Zeichen von Emanzipation werten. Die eventuell hinter der Bezeichnung Frauenquote verborgene Behauptung, bei Beurteilung nach Qualifikation hätte ein Mann den Posten erhalten müssen, kann allerdings angesichts des Personalangebots aller Parteien in das Reich der Fabel verwiesen werden.

Renate Schmidt (SPD), Programmiererin, Bundesministerin für Familie, Senioren, Frauen und Jugend:

Mutter der Nation oder Politik für die Mütterelite?

Renate Schmidt, geboren am 12. Dezember 1943 in Hanau/Main, verlässt in der 12. Klasse wegen der Geburt des ersten Kindes das Gymnasium, arbeitet von 1961 bis 1972 als Programmiererin und Systemanalytikerin in einem ordentlichen Beruf, wird dann SPD-Mitglied und freigestellte Betriebsrätin, bis 1980 – »Politik ist einer der tollsten Berufe, die es gibt«[1] – der Bundestag ruft. Von 1987 bis 1990 ist sie Fraktionsvize und Chefin des Arbeitskreises »Gleichstellung von Mann und Frau«, von 1990 bis 1994 Bundestagsvizepräsidentin, seit 1991 im SPD-Präsidium, von 1991 bis 2000 Chefin der SPD Bayern, von 1994 bis 2000 Chefin der Landtagsfraktion, seit 1997 Parteivize, ab 1999 Chefin des neugegründeten SPD-Kompetenznetzwerks »Forum Familie«, ab Oktober 2002 Ministerin.

Private Fachkompetenz hat Renate Schmidt durchaus: Sie verdiente das Geld, ihr Gatte war Hausmann, und nach dessen Tod war sie allein erziehende Mutter von drei Kindern.

Entsprechend agiert sie als eine Art »Mutter der Nation«, die sich besonders für die Probleme der Mütter einsetzt: So fordert sie ein besseres Betreuungs- und Bildungsangebot für die unter Dreijährigen, legt ein finanziell umstrittenes Konzept zur Kinderbetreuung vor und schreibt zweideutige Bücher über die schwere Vereinbarkeit von Beruf und Familie für Mütter. So lobt Susanne Gaschke in der *Zeit* die dreifache Mutter Schmidt für ihr Eintreten »für nichtstaatliche Vielfalt: für Tagesmütter, Elterninitiativen und die steuerliche Absetzbarkeit von Haushaltshilfen«, was Schmidt prompt den Vorwurf »Politik für die Mütterelite« einbringt.[2]

Doch so absurd die Inbesitznahme oder Einordnung Schmidts als Propagandistin für egoistische Karrierefrauen auch sein mag, letztlich kann die Ministerin schon auf Grund finanzieller »Sachzwänge« nichts als symbolische Politik abliefern: Es ist egal, welches Konzept an den leeren Kassen scheitert.

Vergisst man einmal, dass es sich dem Wortsinn nach um ein »Nonsens-Ministerium« handelt – bis auf männliche Singles ist es für *alle* zuständig –, so kann Renate Schmidt auch eine vergleichsweise große fachliche Erfahrung vorweisen: Sie ist eine der wenigen Alibi-Kompetenten der Regierung. Indes spricht einiges dafür, dass dies allein für ihre Berufung nicht ausgereicht hätte. Ohne ihre führende Rolle in der Partei und ihre dadurch erhoffte disziplinierende (»integrierende«) Wirkung vor allem beim vom Landesverband Bayern getragenen »Aufstand der Erfolglosen gegen die SPD-Parteispitze«[3] hätte sie das Amt kaum erhalten.

Allerdings kann man natürlich auch umgekehrt sagen, Renate Schmidt als widerspenstiger Geist habe durch das Ministeramt »kaltgestellt« – also von einflussreicheren Posten ferngehalten – werden sollen.

In jedem Fall bedient sie außer der »Bayernquote« vor allem die Frauenquote innerhalb der rotgrünen Regierung.

Katherina Reiche (CDU), Diplomchemikerin, Sprecherin der CDU/CSU-Bundestagsfraktion für Bildung und Forschung:

Die wandelnde Dreifachquote

Katherina Reiche, geboren am 16. Juli 1973 in Luckenwalde, tritt 1992 der Jungen Union und 1996 der CDU bei, ist seit 1997 Diplomchemikerin und seit 1998 im Bundestag. Vor der Bundestagswahl 2002 beruft Edmund Stoiber sie als mögliche Familienministerin in sein »Kompetenzteam«.

Was von diesem Team und von dem Mitglied Reiche zu halten ist, schreibt Konrad Adam in der *Welt:* »Man wird der jungen Frau nicht allzu großes Unrecht tun, wenn man ihr größtes Kapital die Dreifachquote nennt. Katherina Reiche ist eine Frau, sie ist jung, und sie stammt aus dem Osten. Seit knapp vier Jahren sitzt sie im Bundestag, wo sie zum ersten Mal erkennbar hervortrat, als sie den Kompromissantrag formulierte, der den Import von embryonalen Stammzellen unter Auflagen erlaubte. Die Art, in der sie das tat, verriet ein beträchtliches Talent zur Selbstdarstellung; viel mehr weiß man von ihr bislang noch nicht.«

Dieses Talent würdigt auch Jens Tartler von der *Financial Times Deutschland:* »Reiche, die ihr zweites Kind erwartet, erzählt, wie gut es jüngst in Hildesheim ankam, dass eine Frau über Familie spricht, die selber jeden Tag die Probleme meistert, ob in der U-Bahn oder beim Arbeitgeber.«

Ist Reiche also eine U-Bahn-Fahrerin und Arbeitnehmerin wie Millionen andere auch?

In Wahrheit ist sie ein Fabrikantenkind und war sogar Gesellschafterin des Familienbetriebs Hesco, der laut *Spiegel* im Jahr 1997 umgerechnet etwa 1 Million Euro Fördermittel zur Sicherung von Arbeits- und Ausbildungsplätzen erhalten habe, dann aber bewusst in die Insolvenz geführt worden sei, weshalb die Staatsanwaltschaft gegen Reiches Eltern wegen Untreue ermittele.[4]

Auf die *Zeit* wirkt sie denn auch »wie eine Jungunternehmerin, die sich in ein tristes Potsdamer Wahlkreisbüro verirrt hat: heller Blazer, weiße Bluse, topmodische Sandaletten«.

Modisch durchgestylt wirkt auch ihr Gerede: Zur Politik sei sie gekommen »wegen der sozialen Marktwirtschaft und Helmut Kohl als Kanzler der Einheit«.[5] Und was war ihr Motiv? »Mitgestalten und mitentscheiden können, auch für die Generation hier im Osten was zu tun, den Anschluss für die neuen Länder zu begleiten, das fand ich spannend.«[6]

Wie schon erwähnt, mutiert Reiche nach verlorener Wahl 2002 von der Familien- zur Bildungsexpertin, sorgt sich außer in der *Bildzeitung* um Benimm-Unterricht an allen Schulen vor allem um die Ausbildung für die Elite: Die frühe Einschulung, aber auch ständige Leistungsnachweise oder verbindliche Lehrerfortbildungen seien Voraussetzung für das Wissen einer neuen Elite. Ob sich das Kompetenzwunder Reiche selbst insgeheim auch zur Elite zählt?

Als Reiche vor der Wahl 2002 vor allem aus den eigenen Reihen angefeindet wird, geschieht dies freilich nicht wegen ihrer Fähigkeiten, sondern wegen ihres Familienstandes: Reiche ist ledig und erwartet von ihrem langjährigen Lebensgefährten ihr zweites Kind, was der katholischen Amtskirche und ihren Vertretern in der Union die heilige Zornesröte ins Gesicht treibt. Ausgerechnet die CSU aber hält dagegen und an Reiche fest. Michael Glos nennt jedoch weniger ethische als taktische Gründe: »Im Wahlkampf 1998 habe die Union indirekt versucht, die mehrfachen Ehen von Kanzler Gerhard Schröder und des damaligen

SPD-Chefs Oskar Lafontaine zu thematisieren. Diese Versuche seien fehlgeschlagen, weil sie angesichts der Lebenswirklichkeit in Deutschland nicht für Empörung sorgen.«[7]

Jenseits irgendwelcher Fachkompetenz – ob in Sachen Familie, Bildung oder attischer Vasenmalerei – könnte Reiche für die Union eine wichtige Rolle als moderne dynamische junge Frau spielen, die den Wählern und Wählerinnen signalisiert: Wir von der Union sind gar nicht so frömmelnd, verlogen und pharisäerhaft, wie die Leute immer sagen.

Nun ist es nicht so, dass Reiche nicht Kompetenz demonstrieren will. Welche Praktikantin oder Sekretärin auch immer die etwa fünfzig Pressemitteilungen pro Quartal verfasst: In Texten wie »PKW-Maut ist der 3. Streich von Manfred Stolpe« oder »Ausbildung ermöglichen statt Verstaatlichung vorantreiben« steckt sicher eine Menge Arbeit. Ähnliches gilt auch für die Beiträge zum Thema *Hochschule und Bildung*.[8]

Dennoch kommt Reiche aber nicht daran vorbei, dass sie in Sachen Bildungspolitik keine auch nur um einen Deut bessere nachprüfbare Ausbildung vorweisen kann als jene selbst ernannten Experten Tetzlaff und Dittsche. Und wen würde es ernsthaft interessieren, was diesen beiden zu Themen wie »Änderung des Hochschulzugangs – Schritt nach vorn für den Bildungsstandort Deutschland«, »Studienqualität durch Studienbeiträge steigern«, »Lehrerausbildung soll besser werden« oder »Ausbildung ermöglichen statt mit Abgabe belasten« so alles einfällt, wenn der Tag lang ist.

Iris Gleicke (SPD), Bauingenieurin, Parlamentarische Staatssekretärin beim Bundesminister für Verkehr, Bau- und Wohnungswesen:

Eine Bauzeichnerin zwischen Wohnungsabriss und totem Winkel

Iris Gleicke, geboren am 18. Juli 1964 in Schleusingen, ist seit 1983 ausgebildete Bauzeichnerin, seit 1986 Bauingenieurin (FH) und arbeitet bis zur Wende in ihrem Beruf. Ab August 1989 ist sie in der DDR-Oppositionsgruppe Neues Forum, im Januar 1990 Gründungsmitglied der SPD Schleusingen und wird Fraktionschefin im Stadtrat. Seit 1990 ist sie im Bundestag, von 1998 bis 2002 Fraktionsvize für Infrastruktur und Jugend, und seit November 2002 Staatssekretärin.

Der Lebenslauf auf ihrer Internetseite enthält folgende bewegende Passage: »März 2002 (Magdeburg) Ostparteitag – Iris Gleicke hält eine kämpferische Rede und fordert ihre Partei auf, mit viel Selbstbewusstsein auf ihre Erfolge zu blicken, ohne die bestehenden Defizite zu verschweigen.«

Laut eigenem Lebenslauf verfügt Gleicke über keinerlei nachprüfbare Qualifikation zum Thema Wohnungswesen, dennoch vertritt sie in der Zeitschrift *Das Parlament* eine sehr mutige Position zum subventionierten Abriss leer stehender Wohnungen in Ostdeutschland: »Ich kann sehr gut verstehen, dass die Leute ungern aufgeben, was sie sich mit viel Arbeit und Engagement hergerichtet haben. Denn die Wohnungen in den Plattenbauten sind ja nicht schlecht ... Wenn man versteht, dass das Überleben der Städte und der Wohnungswirtschaft auf dem Spiel steht ... dann kann man den Abriss des Hauses, in dem man viele Jahre gelebt hat, eher ertragen.«

Der Wohnungswirtschaft zuliebe lassen sich die Menschen mit

Freuden aus ihrem langjährigen Zuhause vertreiben – es ist ja für einen guten Zweck. Aber worin besteht der genau?

»Seit dem Bericht der Leerstandskommission von 2000 wissen aber alle, dass die Wohnungen vom Markt müssen.«

Die Wohnungen sind also nicht unbewohnbar und abrissreif, sondern sie sind auf dem Markt. Es geht also um ein Überangebot, das schlicht die Mietpreise drückt. Nur deshalb »brauchte die Wohnungswirtschaft zum Beispiel mehr Geld für den Abriss, das haben wir ermöglicht«.

Auch auf dem Gebiet der Verkehrssicherheit wird die Kompetenz der Expertin Gleicke gewürdigt. Stein des Anstoßes ist der rechts vor der Windschutzscheibe angebrachte »Dobli«-Spiegel für den »toten Winkel«. Der ADFC (Allgemeiner Deutscher Fahrrad-Club) fordert den Spiegel, der in den Niederlanden bereits seit 2003 Pflicht ist. Gleicke aber kritisiert, der Spiegel behindere die Sicht und sei »nicht vibrationsfrei« zu befestigen.[9]

Darin aber sieht Benno Koch, Chef des ADFC Berlin, »eine ungeheure Arroganz und fachliche Inkompetenz«. Nach Einschätzung des ADFC könnten nach dem niederländischen Vorbild bis zu 300 tödliche Unfälle jährlich im »toten Winkel« sofort vermieden werden.

Allein die Vorstellung, Gleicke gehöre zur Creme oder auch nur zum Durchschnitt deutscher Wohnungs- oder Verkehrsexperten, ist abwegig. Sie ist eine lupenreine Quoten-Frau, und dazu noch ostdeutscher Herkunft.

Quotenossis

Ähnlich wie bei den Quotenfrauen, ist im Grunde jede(r) Ossi in der Politik ein(e) Quotenossi. Das hängt mit der Durchführung der deutschen Vereinigung zusammen. Die demonstrative Berufung von Ossis wendet sich an jene Bevölkerungsschicht, die Staatsämter für Leute wie den inzwischen wegen Betrugs verurteilten Ex-Verkehrsminister Günther Krause oder Fernsehpräsenz angeblicher »Entertainer« wie Achim Menzel oder Carmen Nebel für ein Zeichen des Zusammenwachsens halten.

Cornelia Pieper (FDP), Diplomsprachmittlerin, Vorsitzende des Bundestagsausschusses für Bildung, Forschung und Technikfolgenabschützung:

»Der ganze Osten, den die FDP zu bieten hat«

Cornelia Pieper, geboren am 4. Februar 1959 in Halle an der Saale, ist seit 1982 Diplomsprachmittlerin (Übersetzerin), dann zunächst Dolmetscherin im Tourismus und Kulturbereich, von 1987 bis 1990 in der Abteilung Kultur/Bildung der LDPD, seit 1990 in der FDP und gleich Vizechefin des Kreisverbandes Halle, außerdem von 1990 bis 1994 Abgeordnete und Vizepräsidentin des Landtages Sachsen-Anhalt, seit 1993 im Parteivorstand, seit 1995 FDP-Landeschefin, von 1997 bis 2001 Bundesvize, von 1998 bis Mai 2002 im Bundestag und bis 2001 Fraktionsvize, ab 2001 Generalsekretärin der FDP, von April bis September 2002 Fraktionschefin im Landtag Sachsen-Anhalt, danach wieder im

Bundestag und forschungspolitische Fraktionssprecherin, ab Mai 2005 Vorsitzende des Bundestagsausschusses für Bildung, Forschung und Technikfolgenabschützung.

»Piep, piep, piep, ich hab euch alle lieb«, überschreibt der *Stern* ein Pieperporträt: »Ja, die Conny. Die blonde Conny, die flotte Conny, die lebenslustige Conny, die sich selten etwas denkt und vor allem niemals Böses ... Offen, bürgernah, beharrlich sei sie, sagen die, die sie mögen. Peinlich, inkompetent, enthemmt, sagen die, die sie nicht leiden können.«

Als Reiseleiterin in der DDR, sagt sie laut *Stern,* »musste ich auch schon immer vor einer großen Gruppe sprechen. Das habe ich damals gelernt, und das hilft mir auch heute. Man braucht ja auch in der Politik ein rhetorisches Talent«. Ironisch fügt der *Stern* hinzu: »Ja, das braucht man.«

Offenbar ist Pieper »der ganze Osten, den die FDP zu bieten hat: Bitte recht freundlich, bitte recht erfolgreich, bitte nicht zu anspruchsvoll. Conny – welch schöner Name für das Ost-Maskottchen des Parteivorsitzenden«.

Nur spricht das nicht gegen »den Osten«, nicht einmal gegen »die nette Frau aus dem Osten, das perfekte Pendant zu dem kühlen Mann aus dem Westen und mit Sicherheit ihm niemals gefährlich«. Westerwelle ist es, der das inkompetente Pendant braucht, eine, die schon aus fachlichen Gründen nicht ständig aufpassen kann, dass er die Firmenziele der *Hamburg-Mannheimer* nicht als wirtschaftspolitische Analyse der FDP ausgibt.

Piepers Kompetenz wird auch intern angezweifelt, so im April 2004 von den Jungen Liberalen Hessen: »Cornelia Pieper schafft es nicht, liberale Positionen zu verdeutlichen, stattdessen wirkt sie in der Öffentlichkeit fast immer inkompetent.«[10] Der schleswig-holsteinische FDP-Fraktionschef Wolfgang Kubicki »erwartet« schon im Januar 2003 Piepers Ablösung und kritisiert im Oktober,

Pieper würde »ihrer Verantwortung als FDP-Generalsekretärin nur unzureichend gerecht«.[11] Nur folgerichtig wird sie im Frühjahr 2005 auf den Vorsitz des – in Pisazeiten ja nicht so wichtigen – Bildungsausschusses abgeschoben. Die Fachkompetenz besitzt sie. Sie ist wie ihre Vorgängerin Ulrike Flach Übersetzerin.

Antje Hermenau (B' 90/ Die Grünen), Diplompädagogin, Haushaltspolitische Sprecherin der Bundestagsfraktion:

Die Russischlehrerin als Haushaltsexpertin

Antje Hermenau, geboren am 3. Juli 1964 in Leipzig, studiert von 1983 bis 1989 an der Karl-Marx-Universität Leipzig, ist von 1989 bis 1990 Lehrerin für Englisch, Deutsch, Russisch und Latein, tritt 1989 aus FDJ und FDGB aus und 1990 in Bündnis 90/Die Grünen ein, sitzt 1990 am runden Tisch der Stadt Leipzig, von 1990 bis 1994 im sächsischen Landtag und hier im Ausschuss für Jugend, Schule und Sport, Hochschule und Wissenschaft sowie Petitionen. Seit 1994 ist sie im Bundestag, seit 2002 fungiert sie als Haushaltsexpertin der Grünen.

Hermenau gehört zu jenen einstigen DDR-Bürgern, die von farblosen Mitläufern in SED-nahen Organisationen gleichsam über Nacht zu fundamentalistischen Predigern der freien Marktwirtschaft in einer Weise wurden, dass neben ihnen sogar ausgewiesene Marktwirtschaftler wie Wolfgang Clement oder Edmund Stoiber wie linke Gewerkschafter wirken.

Mal will Hermenau sämtliche Autobahnen privatisieren, mal

wirft sie Fritz Kuhn und Joschka Fischer »eine zu große Nähe zur SPD« oder auch »Sparen um jeden Preis« vor, mal fabuliert sie von machtmotivierten Tauschgeschäften mit der Opposition zu Lasten der Bevölkerung: »Wir könnten zum Beispiel für die Streichung der Eigenheimzulage der Union bei ihrer Forderung nach einer Gewerbesteuerreform entgegenkommen.«[12]

Dem *Welt*-Autor Nikolaus Blome dient Hermenau denn auch vor allen anderen als Kronzeugin für weiteren Sozialabbau: »›Reformen‹ des deutschen Sozial- und Versorgungsstaates können in Wahrheit ja nur Kürzungen sein, wenn stimmt, was die Haushaltsexpertin der Grünen sagt. Antje Hermenau: Die Deutschen lebten zu einem Viertel mindestens über ihre Verhältnisse und hätten bereits lange, lange Jahre von der Substanz gezehrt.«

Hermenaus nachvollziehbarer Nutzen für die Grünenspitze und die Regierung besteht also in der Vertretung von Regierungspolitik auch gegen die Basis, wie übrigens auch bei umstrittenen Bundeswehreinsätzen, z. B. in Afghanistan, was ihr prompt den Ehrentitel *Olivgrüne* einbringt.[13]

Zudem ist Hermenau eben eine Ostdeutsche, was im Hinblick auf die Probleme der Ost-Grünen und den innerparteilichen »Ost-West-Konflikt« nicht ohne Bedeutung ist.

So wird Hermenau in der *Financial Times Deutschland* mit ihrem Nein zu einer *Sonderwirtschaftszone Ost* zitiert: »Ein weiteres Absenken der jetzt schon relativ niedrigen Durchschnittseinkommen im Osten hielte nicht nur die Kaufkraft weiter niedrig, sondern führe auch zu weiteren Steuerausfällen. Nicht die Löhne, sondern die Lohnnebenkosten seien durch die Überfrachtung mit den Kosten der deutschen Einheit zu hoch.«

Wer Hermenaus Einlassungen für haushaltspolitisch kompetent hält, der hält wahrscheinlich auch »Rübe ab« für eine rechtswissenschaftliche Äußerung und »Freie Fahrt für freie

Bürger« für einen qualifizierten Beitrag zur verkehrspolitischen Debatte.

Christoph Matschie (SPD), Mechaniker, Theologe, Parlamentarischer Staatssekretär bei der Bundesministerin für Bildung und Forschung:

Der pulverisierte Wunschschwiegersohn

Christoph Matschie, geboren am 15. Juli 1961 in Mühlhausen als Pfarrerssohn, macht nach dem Abitur eine Mechanikerausbildung, arbeitet als Krankenpfleger, wird schließlich Diplomtheologe und leistet seinen Grundwehrdienst in der NVA. 1989 tritt er nach der Wende der SDP (später SPD) bei, vertritt 1989/90 die SDP/SPD am zentralen Runden Tisch in Berlin, ist von Januar 1990 bis September 1990 im Vorstand der SPD-Ost, von Februar 1990 bis September 1990 im Präsidium und bereits Ende 1990 im Bundestag, von 1990 bis 1994 im Entwicklungspolitischen Ausschuss, von 1994 bis 1998 Sprecher der jungen Abgeordneten und im Fraktionsvorstand, von 1994 bis 2002 im Umweltausschuss (seit 1998 Vorsitz), seit 1999 ist er SPD-Chef in Thüringen, seit 2001 Mitglied im Bundesvorstand und seit Oktober 2002 Staatssekretär.

Wie viele Ostdeutsche hat auch Matschie eine Aversion gegen alles, was auch nur entfernt mit Arbeiterbewegung oder Solidarität zu tun hat. »Mit vielen Traditionen der alten SPD kann der Ostdeutsche nichts anfangen – seit er SPD-Landeschef ist, werden zum Beispiel auf den thüringischen Parteitagen keine Arbeiterlieder mehr gesungen. Auch das Genossen-Du behagt ihm nicht.«[14] Dafür aber attestiert ihm sein Sprecher Frank Schulze »das Image eines Wunschschwiegersohns«.

Wieso wird Matschie Staatssekretär für Bildung, wo er doch vorher mit Entwicklungs- und Umweltpolitik befasst war? Wieso wird er überhaupt Staatssekretär, wo er doch schon Thüringer SPD-Chef ist? Kann man einen dieser Jobs oder beide halbtags oder »mit links« erledigen? Wer so fragt, ist schon hereingefallen: Matschie erhält das Staatsamt nicht trotz, sondern wegen des Parteiamts. Sein Vorgänger im Landesvorsitz, Richard Dewes, hämmert ihm ein: »Er muss sein Profil schärfen. Er muss auch mal in Berlin eine Meinung vertreten, die nicht opportun ist.« Gesagt, getan: Im Juni 2004 stellt Jens Schneider in der *Süddeutschen Zeitung* fest: »Der sozialdemokratische Spitzenkandidat hat sich mehrmals in der Bildungspolitik profiliert, wurde aber immer von Bildungsministerin Bulmahn zurückgepfiffen.«

Da denkt der Bürger, Staatssekretär Matschie zermartere sich Physis und Psyche, Herz und Hirn beim Ringen um die beste Bildungspolitik – und in Wahrheit produziert er am Fließband medienwirksame, »nicht opportune Vorschläge«. »Das haben sich seine Sozialdemokraten daheim in Thüringen immer von ihrem Spitzenkandidaten Christoph Matschie gewünscht: Schlagzeilen, die ihm bundesweit Profil verschaffen – und dann ins beschauliche Thüringen hineinwirken … Natürlich ist Matschie umgehend von seiner Ministerin Edelgard Bulmahn zurückgepfiffen worden. Doch auch das gehört zum kalkulierten Spiel.«[15]

Allerdings spielt der Wähler nicht mit. Bei der Landtagswahl im Juni 2004 wird die SPD mit 14,5 Prozent, dem zweitschlechtesten Ergebnis aller Zeiten bei einer Landtagswahl, geradezu »pulverisiert«.

Gewerkschaftsvertreter

Franz Thönnes (SPD), Industriekaufmann, Gewerkschaftssekretär, Parlamentarischer Staatssekretär bei der Bundesministerin für Gesundheit und Soziale Sicherung:

Schröders Aufpasser bei Ulla Schmidt

Franz Thönnes, geboren am 16. September 1954 in Essen, ist nach der mittleren Reife von 1973 bis 1978 Verkaufssachbearbeiter, von 1972 bis 1978 Jugendvertreter und Betriebsrat, ab 1979 Sekretär der IG Chemie-Papier-Keramik, von 1980 bis 1988 Bezirkssekretär, von 1988 bis 1994 Geschäftsführer der Verwaltungsstelle Hamburg.

Frei nach der Devise »Auf einem Bein kann man nicht stehen« verläuft parallel die Parteikarriere: Ab 1978 ist Thönnes in der SPD, von 1986 bis 1992 Kreisvorsitzender von Stormarn. 1997 bis 1999 Parteivize von Schleswig-Holstein, von 1999 bis April 2003 Chef der Landes-SPD und Mitglied in der Programmkommission des Parteivorstandes.

Auf dieser Grundlage wird dann auch der fulminante Aufstieg des Politikers Thönnes nachvollziehbar: Von 1986 bis 1994 ist er im Kreistag Stormarn, ab 1994 im Bundestag, von 1998 bis 2000 Sozialpolitischer Vizesprecher der SPD-Bundestagsfraktion, November 2000 bis Januar 2001 Sozialpolitischer Fraktionssprecher, von Februar 2001 bis Oktober 2002 Fraktionsvize und seitdem Staatssekretär.

Der gelernte Industriekaufmann Franz Thönnes gibt als Beruf *Gewerkschaftssekretär* an – ein Wink mit dem Zaunpfahl?

Unter welchen Aspekten bzw. in welcher Eigenschaft wurde

Thönnes Staatssekretär? Laut *Spiegel* ist Thönnes eine Doppelfunktion zugedacht: »So sind die Sommers, Zwickels oder Schmoldts über jeden Schritt der für sie so wichtigen Sozialministerin Ulla Schmidt bestens informiert. Weil er die überschaubaren Qualitäten der Genossin aus Aachen realistisch einschätzt, hat Schröder ihr die beiden Staatssekretäre Franz Thönnes und Heinrich Tiemann als Aufpasser an die Seite gestellt. Der eine diente jahrelang als Gewerkschaftssekretär in Hamburg, der andere, zuletzt Abteilungsleiter im Kanzleramt, erfuhr seine politische Sozialisation bei der IG Metall.«

Ob der Industriekaufmann Thönnes der Lehrerin Schmidt eine sonderliche Hilfe bei der Gesundheitsreform ist, sei dahingestellt – an die Öffentlichkeit gedrungen ist davon nichts. Auch ob DGB-Chef Sommer keine anderen Informationsquellen zur Gesundheitsreform hat als ausgerechnet diese beiden Staatssekretäre, erscheint fraglich und eher ein Produkt der Gewerkschaftsphobie einiger *Spiegel*-Redakteure zu sein. Plausibler erscheint, dass es auch hier um »symbolische Politik« geht: Schröder und ebenso die Gewerkschaftsführung wollen zum beiderseitigen Nutzen den Eindruck erwecken, »die« Gewerkschaft – und damit wohl in irgendeiner Form »die kleinen Leute« – seien am Reformprozess beteiligt.

Aber egal, ob der Schwanz mit dem Hund wedelt oder umgekehrt: Mit Kompetenz auf den Gebieten *Gesundheit* und *Soziale Sicherheit* hatte die Ernennung von Franz Thönnes zum Staatssekretär wohl kaum etwas zu tun.

Interessant wird es, wenn die Partei-Basis, die zumindest formal eine Bundestagskarriere erst ermöglicht, aufbegehrt. So stellt sich Thönnes im Streit um die Agenda 2010 hinter Schröder. Die prompte Folge ist seine »indirekte Abstrafung« im April 2003 durch Abwahl als Landesvorsitzender. Laut *Spiegel* hat die Basis

Franz Thönnes »regelrecht weggeputscht. Der mausgraue Thönnes ... stand in ihren Augen stellvertretend für die Regierung Schröder und den verhassten Reformkurs. Das reicht in diesen Tagen für eine Abwahl«.

Heinrich Tiemann (SPD), Diplomverwaltungswirt, beamteter Staatssekretär im Bundesministerium für Gesundheit und Soziale Sicherung:

Schröders Strippenzieher bei Ulla Schmidt

Heinrich Tiemann, geboren am 15. Juni 1951 in Schwenningen am Neckar, lässt sich nach der mittleren Reife von 1968 bis 1973 zum Beamten im gehobenen nichttechnischen Verwaltungsdienst ausbilden, schließt 1978 ein Studium als Diplomverwaltungswirt ab, arbeitet von 1980 bis 1985 in der IG Metall-Bildungsstätte Lohr am Main, von 1985 bis 1991 in der Abteilung Grundsatzfragen beim IG Metall-Vorstand. Von 1991 bis 1997 ist er Leiter der Politischen Abteilung beim SPD-Vorstand, außerdem von 1993 bis 1994 Sekretär der Kommission »Regierungsprogramm 1994«, von 1997 bis 1998 Leiter der Planungsgruppe der SPD-Bundestagsfraktion. Im November 1998 erfolgt nach 25 Jahren die Wiederauferstehung des Beamten Tiemann: Als Ministerialdirektor und Abteilungsleiter im Bundeskanzleramt ist er bis 1998 zuständig für Soziales, Bildung, Forschung, Umwelt, Verkehr, Verbraucherschutz und Landwirtschaft.

Das klingt nach »Gott und die Welt«, und Tiemann selbst spricht im Untersuchungsausschuss »Wahlkampflügen« ganz locker von einem »heterogenen Themenmix«.[16]

Seit November 2002 ist Tiemann beamteter Staatssekretär und von Dezember 2002 bis September 2003 Mitglied der Kommission »Nachhaltigkeit in der Finanzierung der Sozialen Sicherungssysteme« (Rürup-Kommission).

Wie schon erwähnt, sieht der *Spiegel* neben Thönnes auch Tiemann als Gewerkschaftsvertreter in der Regierung, da er »seine politische Sozialisation bei der IG Metall« erfahren habe. Aber wie bei Thönnes wird auch bei Tiemann umgekehrt ein Schuh daraus.

Tiemann gilt als enger Schröder-Vertrauter. So organisiert er die Runden im Bündnis für Arbeit und ist Protokollant des rotgrünen Koalitionsvertrages. Aufschlussreich ist folgende Einschätzung der *Welt:* »Wie es heißt, zog Tiemann auch schon bei Riesters Rentenreform die Strippen. Als der damalige Arbeitsminister mit der Reform am Widerstand der Gewerkschaften und der SPD-Linken zu scheitern drohte, war es Ulla Schmidt (damals Fraktionsvize), die im engsten Kontakt mit Tiemann mit den Reformkritikern verhandelte und schließlich durch allerlei Zugeständnisse deren Zustimmung sicherte. Tiemann gab dabei vor, wie weit die Zugeständnisse gehen durften. Schmidts gutes Zusammenspiel mit dem Kanzleramt zahlte sich für sie aus: Sie erhielt den Ministerposten. Auch wenn sie jetzt Chefin von Tiemann ist, dürfte er dafür sorgen, dass sie die Wünsche des Kanzleramts ausführt, also im Zweifelsfall reformbereiter ist als bisher.«

Gerd Andres (SPD), Maschinenschlosser, Parlamentarischer Staatssekretär beim Bundesminister für Arbeit und Sozialordnung:

»Roter Gralshüter« des Sozialstaats?

Gerd Andres, geboren am 8. April 1951 in Wirges/Westerwald, tritt 1968 mit 17 Jahren in die SPD ein, ist von 1976 bis 1977 Vizechef der Jungsozialisten, von 1988 bis 1996 Mitglied des Bundesvorstandes der Arbeitsgemeinschaft für Arbeitnehmerfragen (AfA).

Von 1974 bis 1998 ist er Sekretär beim Hauptvorstand der IG Chemie-Papier-Keramik (jetzt IG Bergbau, Chemie, Energie), von 1981 bis 1987 Leiter der Abteilung Bildung.

Seit 1987 ist er im Bundestag, von 1988 bis 1998 im Fraktionsvorstand, von 1997 bis 1998 sozialpolitischer Fraktionssprecher, von 1998 bis 2002 Staatssekretär für Arbeit und Sozialordnung, nach der Wahl 2002 Staatssekretär für Wirtschaft und Arbeit.

Auf der Internetseite des Bundestages gibt Andres in der 14. Wahlperiode (1998 bis 2002) im Lebenslauf als Beruf noch *Maschinenschlosser* an, in der 15. Wahlperiode ist dieser Hinweis aus der Vita verschwunden. Sollte sich ausgerechnet ein führender Gewerkschaftsfunktionär seines ehrlichen Handwerksberufs schämen? Andres gilt dem *Spiegel* als einer der »roten Gralshüter« der Gewerkschaften im Bundestag und soll »als Staatssekretär dafür sorgen, dass der Sozialstaat nicht unter die Räder kommt«.

Wie es sich wirklich verhält, schildert Ulrike Meyer-Timpe in der *Zeit:* »Eines muss man dem Kanzler lassen: Gerhard Schröder beherrscht das Marketing. Im März durfte Gerd Andres den Boden bereiten. Der Staatssekretär im Arbeitsministerium plauderte vorsichtig von Sanktionen gegenüber Jobverweigerern. Im April holte Schröder selbst weit aus und verpasste den Arbeitslosen via *Bild* einen Schlag: Es gebe kein Recht auf Faulheit.«

Auch hier erweist sich die Gleichung Gewerkschaftsführer = Arbeitnehmervertreter als mindestens irreführend. Vielmehr deckt Andres, wie Karin Nink von der *Financial Times Deutschland* urteilt, für Schröder »die Gewerkschaftsflanke ab«.

Und was genauso schwer wiegt: Andres hat »als ehemaliger Sprecher des Seeheimer Kreises enge Verbindungen zu dem mächtigen konservativ-traditionellen Zirkel der SPD«.[17]

SPD-Linke

Edelgard Bulmahn (SPD), Studienrätin, Bundesministerin für Bildung und Forschung:

Noch kein geeigneter Nachfolger?

Edelgard Bulmahn, geboren am 4. März 1951 in Minden als Tochter einer Friseurin und eines Binnenschiffers, muss die neunte Klasse wegen Latein wiederholen, tritt 1969 drei Jahre vor dem Abitur der SPD bei, ist ab 1987 im Bundestag, ab 1991 im Fraktionsvorstand, von 1990 bis 1994 Fraktionsvize für Forschung- und Technologie, ab 1993 im Parteivorstand, ab 1995 Chefin des SPD-Wissenschaftsforums, von 1995 bis 1996 Vorsitzende im Bundestagsausschuss für Bildung, Wissenschaft, Forschung, Technologie, von 1996 bis 1998 Fraktionsvize für Bildung und Forschung, von 1998 bis 2003 SPD-Chefin Niedersachsen, ab Oktober 1998 Bundesministerin, seit 2003 im SPD-Präsidium.

Jan Ross von der *Zeit* sieht Bulmahn als »eine Frau, die in ihrem Traumjob angelangt ist«. Die »Sitzenbleiberin«[18] und Studienrätin für Politik und Englisch hat das einzige Ministeramt inne, in dem die ausschließliche Ausbildung als Lehrer keinen merkwürdigen Beigeschmack hat.

Aber in Wahrheit hat die Postenvergabe 2002 an Bulmahn weniger etwas mit ihrer bildungspolitischen Qualifikation zu tun als vielmehr mit Schröders parteipolitischer Überlegung, sich die Loyalität des als »links« geltenden Landesverbandes Niedersachsen und seiner damaligen Chefin zu erkaufen und das »Frauensoll« zu erfüllen. Reuters sieht das so: »Als Frau und Vertreterin des linken SPD-Flügels erfüllte Bulmahn gleich mehrere Quoten bei der Suche nach der Kabinettsbesetzung. Das Fachwissen brachte sie ebenfalls mit.«

Allerdings amüsiert sich der *Stern* über ihre Wertschätzung durch Gerhard Schröder und Kanzleramtschef Steinmeier: »Redet Edelgard Bulmahn, dann plaudern die beiden Herren zuweilen halblaut miteinander. Dann kennt die Bildungsministerin mal wieder ihren Stellenwert im Kanzlerteam.«

Dass Edelgard Bulmahn möglicherweise die Fähigkeiten zu echter Bildungspolitik hätte, macht die Sache fast noch beschämender. Es ist, als betätige sich ein ausgebildeter Arzt gegen Geld als Wunderheiler. So wird zunächst Bulmahns Ministerium verkleinert, die Technologie-Abteilung geht ans Wirtschaftsministerium. Dann beschneidet Schröder bei der Reform der Ausbildungsförderung (Bafög) Bulmahns Pläne. Kein Wunder, dass Bulmahn im *Bericht aus Bonn* der ARD ein Freudscher Versprecher unterläuft: Das neue Bafög sei so reichlich, dass man während des Semesters nicht mal mehr zu »studieren« brauche.[19]

Der Quotenlinken und Quotenfrau Bulmahn nimmt man etwaige Fachkompetenz nicht übel, aber es gibt Wichtigeres …

Wobei auch hier Kompetenz sehr relativ ist: Zumindest der Bildungsteil des Ministeriums ist fast ausschließlich Ausdruck symbolischer Politik: »Die tun was« – während die nachprüfbaren Ergebnisse immer katastrophaler und peinlicher werden. Schon 2000 meint Christian Füller im *Freitag:* »Das Bild des fleißigen, aber unterschätzten Lieschens passt nicht wirklich auf die Politikerin … Edelgard Bulmahn hat vieles begonnen … Gemessen freilich an den großen Versprechungen der rot-grünen Koalitionäre sind bestenfalls Reförmchen herausgekommen.« Und als Deutschland im Juli 2003 in der Rangliste der PISA-Studie auf Platz 22 abrutscht, schreibt Thorsten Hamsen in der *Berliner Zeitung:* »… für die Bundesbildungsministerin Edelgard Bulmahn Anlass genug, wieder einmal die ›große Bildungsreform‹ einzufordern. Das tut sie seit fünf Jahren.«

Und wenn sie mal etwas zustande zu bringen scheint, dann sieht das so aus: Im Juli 2004 kippt das Bundesverfassungsgericht die geplante Einführung der »Juniorprofessur«, die an deutschen Universitäten die Habilitation ersetzen und damit eine Karrierebeschleunigung ermöglichen sollte. Die Novelle von 2002 verletze die Zuständigkeiten der Länder und sei damit grundgesetzwidrig. Hat Bulmahn, wenn vom Justizministerium kompetente Hilfe nicht zu erwarten war, nicht fähige Juristen zu Rate ziehen können? Wenn das nur ein Einzelfall wäre! »Die rot-grüne Innovationsoffensive droht zum Flop zu werden«, notiert der *Spiegel* im August 2004. »Bildungsministerin Bulmahn kassiert Rückschläge in Serie. Ihr Glück: Bislang gibt es keinen geeigneten Nachfolger für sie.«

Heidemarie Wieczorek-Zeul (SPD), Lehrerin, Bundesministerin für wirtschaftliche Zusammenarbeit und Entwicklung

Zwischen linkem Flügel und Vetternwirtschaft?

Heidemarie Wieczorek-Zeul, geboren am 21. November 1942 in Frankfurt am Main, ist seit 1965 in der SPD, von 1965 bis 1974 Haupt- und Realschullehrerin für Englisch und Geschichte, von 1968 bis 1972 im Stadtrat Rüsselsheim, von 1974 bis 1977 Juso-chefin, von 1979 bis 1987 im Europaparlament, von 1988 bis 1999 Chefin des traditionell linken SPD-Bezirks Hessen-Süd. Seit 1984 ist sie im Bundesvorstand, seit 1993 Vizechefin und europapolitische Sprecherin der SPD. 1993 unterliegen sie und Gerhard Schröder per Mitgliederbefragung zum SPD-Vorsitz gegen Rudolf Scharping. Ab 1987 ist sie Abgeordnete im Bundestag und Fraktionssprecherin für Europapolitik und seit Oktober 1998 Ministerin.

Die Kompetenzfrage ist in diesem Ministerium unwichtig. Es gab nie herausragende oder katastrophale Entwicklungshilfeminister und wird vermutlich nie welche geben, weil das Ministerium zu unbedeutend und zu nebulös ist. Als »entwicklungspolitische Ziele« nennt Wieczorek-Zeul, »die weltweite Armut zu mindern, den Frieden zu sichern, die Globalisierung gerecht zu gestalten«.[20] Als Aufgaben »Mitgestaltung globaler Rahmenbedingungen, Entwicklung bilateraler und multilateraler Förderstrategien und Unterstützung von Entwicklungsprogrammen und -projekten der Partnerländer, Förderung der entwicklungspolitischen Zusammenarbeit nichtstaatlicher Organisationen, Erfolgskontrolle und Kontrolle der Mittelverwendung« und als

Erfolgskontrolle unter anderem »Projektevaluierung Indien: Rechtshilfe für Adivasi«, »Projektevaluierung Russland: Fortbildung für Manager« oder »Sektorenevaluierung Pakistan: Grundschule für Landkinder«.[21]

Die Lehrerin Wieczorek-Zeul verdankt denn auch ihr Amt nicht irgendeiner Fachkompetenz – wie wäre die auch zu definieren? –, sondern vor allem ihrer Stellung innerhalb der Partei, nämlich als Repräsentantin des »linken Flügels« in der SPD. Als solche mahnt sie zum Beispiel, »die SPD müsse rasch verlorenes Vertrauen zurückgewinnen«, dankt Schröder »für seine Standhaftigkeit bei der Ablehnung des Irak-Kriegs« oder bringt die Erbschaftssteuer ins Spiel.

Zweifellos aber ist Wieczorek-Zeul eher die »Talkshow-Linke« als die Galionsfigur der SPD-Linken. Liegt ihre wahre Kompetenz, ihre wahre Begabung vielleicht woanders? Schlagzeilen macht sie vor allem wegen Protektion im eigenen Haus. Hans-Jürgen Leersch berichtet im August 2000 in der *Welt* von einer Rebellion des Personalrats des Ministeriums »gegen die Versuche der SPD-Politikerin, enge Mitarbeiter bevorzugt zu befördern und verdiente SPD-Genossen ins Haus zu schleusen«. Konrad Melchers vom *Evangelischen Pressedienst* sieht in dem Protest nur die Spitze eines Eisberges. Vor allem werfe man Wieczorek-Zeul vor, »dass sie in erster Linie Leute von außen in entscheidende Positionen des BMZ gebracht hat – allen voran den beamteten Staatssekretär Erich Stather –, die fast alle Neulinge in dem komplizierten Politikfeld waren und das Ministerium mit seinem Irrgarten aus Durchführungs- und Vorfeldorganisationen nicht kannten«.

Ottmar Schreiner (SPD), Volljurist, Bundesvorsitzender der Arbeitsgemeinschaft für Arbeitnehmerfragen (AfA) beim SPD-Parteivorstand:

Alibi-Linker oder einsamer Warner in der Wüste?

Ottmar Schreiner, geboren am 21. Februar 1946 in Merzig, ist seit 1969 in der SPD, von 1966 bis 1968 Zeitsoldat, von 1971 bis 1972 AStA-Vorsitzender der Universität Saarbrücken, besteht 1972 das zweite Jura-Staatsexamen, ist von 1974 bis 1977 Juso-Vize, seit 1980 im Bundestag, von 1991 bis 1997 Fraktionssprecher im Ausschuss für Arbeit und Sozialordnung, von 1997 bis 1998 Fraktionsvize, von Oktober 1998 bis September 1999 Bundesgeschäftsführer der SPD. Als Lafontaine-Mann wird er nach dessen Rücktritt von Schröders Parteisoldaten Müntefering abgelöst. Seit März 2000 ist er Chef der Arbeitsgemeinschaft für Arbeitnehmerfragen (AfA) beim SPD-Parteivorstand.

Ottmar Schreiner ist eine Art »Erzfeind« Gerhard Schröders. Beim Kampf um den Juso-Vorsitz im Februar 1978 unterliegt der »gemäßigte« Schreiner dem »linksradikalen« Schröder. Ziemlich genau 20 Jahre später, im Frühjahr 1998, gehört Schreiner zu jenen linken Bundestagsabgeordneten, die gegen einen möglichen Kanzlerkandidaten Gerhard Schröder Sturm laufen.

Seitdem versteht Schreiner sich selbst vielleicht als »linkes Gewissen« der SPD. Für Daniel F. Sturm von der *Welt* ist er gar ein »linker Strippenzieher gegen den großen Schröder«, aber ist er das wirklich?

Zwar stimmen er und weitere Abweichler im September 2003 gegen den Gesundheitskompromiss mit der Union. Aber es ist ja nichts passiert, und so kann man ihn genauso gut als »Alibi-Linken« sehen. Schreiner sagt Dinge wie: »Der Kurs muss deutlich verändert werden, sonst wird sich an den Wahlschlappen auch in Zukunft nichts ändern«, »den Trend der Umverteilung von unten nach oben stoppen«, »eine Zusammenführung von Arbeitslosen- und Sozialhilfe, die nicht voll zu Lasten der Langzeitarbeitslosen geht«, »darauf verzichten, den Spitzensteuersatz zu Beginn des nächsten Jahres weiter abzusenken«.[22]

Autor Sturm schwärmt denn auch: »Seine Rhetorik ist ohnehin brillant, zu schweigen von der Fähigkeit, Begriffe wie ›Steuervergünstigungsabbaugesetz‹ in Bruchteilen von Sekunden auszusprechen.« Aber was bringt das? »Auf manche Jüngere unter den SPD-Bundestagsabgeordneten wirkt ihr Fraktionskollege Ottmar Schreiner wie ein politisches Fossil. Schreiners Vorstellungen erscheinen den Enkeln Gerhard Schröders wie aus einer anderen Zeit.«

Dass junge, sozial und fachlich semikompetente Karrieristen, die sich niemals in ihrem Leben dem Arbeitsmarkt gestellt haben und nie in einem richtigen Beruf Eigeninitiative, Mobilität und Eigenverantwortung bewiesen haben, mit Begriffen wie »Menschenwürde«, »Solidarität« und »soziale Gerechtigkeit« nichts anfangen können, ist eine Sache.

Andererseits bleibt Schreiner der einsame Warner in der Wüste. Sein Problem ist, dass seine Positionen längst nicht mehr als eine »linke Alternative« innerhalb der SPD, sondern als mit der Politik der SPD-Führung schlicht unvereinbar angesehen werden. Daher wird er selbst als »Feigenblatt« zusehends wirkungslos: Wer wählt noch wegen Ottmar Schreiner die SPD? Damit entwickelt sich Ottmar Schreiner zur – je nach Standpunkt – tragischen oder tragikomischen Figur.

Quotengrüne

Jürgen Trittin (B' 90/Die Grünen), Diplom-Sozialwirt, Journalist, Bundesminister für Umwelt, Naturschutz und Reaktorsicherheit:

Der Quotenfundi:
»Guter Junge, böser Junge« mit Joschka Fischer

Jürgen Trittin, geboren am 25. Oktober 1954 in Bremen, macht 1973 Abitur und vertreibt sich die Zeit danach laut Internetseite des Bundestages mit »Studium der Sozialwissenschaften in Göttingen, Wehr- und Zivildienst, Tätigkeiten als wissenschaftlicher Mitarbeiter, Fraktionsassistent, freier Journalist und Pressesprecher«, ist außerdem im AStA der Universität und Präsident des Studentenparlaments. Nicht erwähnt wird sein Wirken im maoistischen »Kommunistischen Bund« (KB), womöglich weil er nach der Erinnerung der früheren Grünenchefin Jutta Ditfurth im Schatten späterer Grünenpromis wie Thomas Ebermann und Rainer Trampert gestanden hat.

Seit 1980 ist Trittin Mitglied der Grünen, von 1982 bis 1984 Fraktionsgeschäftsführer der Alternativen-Grünen-Initiativen-Liste (AGIL) Göttingen, von 1984 bis 1985 Pressesprecher der Landtagsfraktion Niedersachsen, von 1985 bis 1990 und 1994 bis 1995 im Landtag, von 1985 bis 1986 und von 1988 bis 1990 Fraktionschef, von 1990 bis 1994 niedersächsischer Minister für Bundes- und Europaangelegenheiten, von 1994 bis 1998 Vorstandssprecher von Bündnis 90/Die Grünen, seit 1998 im Bundestag und seit Oktober 1998 Umweltminister.

Selbstverständlich findet sich auch in Trittins Biografie nicht der leiseste Hinweis auf irgendeine Beschäftigung mit den Fachgebieten seines Ministeriums. Trittins Bedeutung für die Grünen ist allerdings nicht hoch genug einzuschätzen. Bereits im Juli 1999 warnt Hannes Koch in der *tageszeitung:* »Fällt Trittin, fallen die Grünen … Trittin ist ein Symbol für ein Symbol: das partielle, trotzige Aufbegehren gegen die Herrschaft von Mark und Pfennig. Eine Partei muß sich verändern, wenn sie vom Rand der Gesellschaft in deren Machtzentrum marschiert … Erneuerung aber ist etwas anderes als Verleugnung der eigenen Herkunft. Versucht die Finanzfraktion, die Wurzeln auszureißen, wird sie die Partei eliminieren … Wenn die Partei ›sozial‹ aus ihrem Selbstverständnis streicht, ist es vorbei.«

Auch der *Spiegel* fragt 1999: »Zerreibt die Öko-Partei sich am Atomausstieg?« und diagnostiziert »grassierende Untergangsstimmung in den Reihen der Grünen«.

Aber offenbar leben die Grünen noch; denn gemeinsam mit Joschka Fischer praktiziert Trittin die ebenso abgegriffene wie erfolgreiche Methode »guter Junge, böser Junge«, »des barocken Lieblings der deutschen Politik und ihres Buhmanns vom Dienst«.[23]

Der Trick dabei ist, dass des einen Buhmann des anderen Liebling ist. Trittin soll die möglicherweise existenzentscheidenden Stimmen derer sichern, die mit den Grünen noch immer Hoffnung auf eine umweltbewusstere, sozialere, friedliche und humanere Gesellschaft verbinden und die jene peinlichen Albernheiten wie das Dosenpfand nicht für das letzte Wort der früheren Friedens- und Umweltpartei halten.

Deshalb versucht er zum Beispiel, den Atomkonsens vom Ausstiegsverzicht zum Ausstiegsbeginn oder die Ökosteuer von der haushaltssanierenden Verbrauchssteuer zur Umweltmaßnahme umzudeuten. Deshalb fordert er sogar von Zeit zu Zeit die Vermögenssteuer oder mahnt sogar, dass der »Sozialabbau nicht zu einem Beitrag zur Generationengerechtigkeit umgelogen werden« solle[24], und bricht deshalb auch schon mal einen Koalitionsstreit vom Zaun wie den um den Emissionshandel. Doppelsinnige *Spiegel*-Überschrift: »Mit heißer Luft in die Krise«.

Besonders kämpferisch soll es wohl wirken, wenn er etwa dem damaligen CDU-Generalsekretär Laurenz Meyer »die Mentalität eines Skinheads und nicht nur das Aussehen« bescheinigt.[25]

Ausgerüstet mit dem »linken« Image, kann er sogar den Bruch eines der größten grünen Tabus, Bundeswehreinsätze im Ausland, mit der Verhinderung einer bösen schwarzgelben Regierung begründen: »Bundesumweltminister Jürgen Trittin hat in seiner Rede für Zustimmung zur Bereitstellung von Bundeswehrsoldaten im Anti-Terror-Krieg geworben. Trittin plädierte eindringlich für die Fortsetzung der Koalition, um das Land nicht ›den Henkels, Glos und Westerwelles‹ zu überlassen.«[26]

Aber ist Trittin wirklich »seinen Überzeugungen treu geblieben«, wie Christian Bauschke von der *Welt* meint? Immerhin ist für den Minister auf dem Höhepunkt der Krise von 1999 die Spaß- und Überflussgesellschaft ausgebrochen: Ganz auf Schröders Spuren und unter reger Anteilnahme von *Bild* führt er im Magazin *Life&Style* Designer-Mode vor und präsentiert sich damit als im Kern unpolitischer, neureicher eitler Geck. Ein Internet-Kommentator fragt sich, »ob sich der *Bild*-Leser empören soll oder der Neid nicht doch schon in Bewunderung umgeschlagen ist. Ist das schon Sexy Politics, Herr Trittin?«[27]

Auch der eigennützige Karrierist schimmert zuweilen bei Trittin durch, dem die Betätigungsfelder auf dem Weg nach oben völlig egal zu sein scheinen.

So meldet der *Spiegel* mit dem Fünkchen Wahrheit in der Ironie: »Ob die Berufung das Signal für eine künftige neue Verkehrs- und Baupolitik sein soll, blieb fürs Erste im Ungewissen … Jürgen Trittin soll zum Umweltressort auch das Ministerium für Verkehr und Bau übernehmen. Wenn auch nur vorübergehend.«

Und im April 2003 attestiert ihm das Hamburger Magazin Ambitionen für die Fischer-Nachfolge als Außenminister: »Er redet jedenfalls schon so. Eifrig müht sich der Umweltminister, seine Zuhörer öffentlich und intern mit seinen Erkenntnissplittern über den Irak-Konflikt zu beeindrucken.« All dies ist sicher aller Ehren wert: Aber was nutzt es, wenn ein hoch bezahlter Profi des FC Bayern gut Canasta und Tennis, aber grauenhaft Fußball spielt. Als ob es eines weiteren »Kompetenz«-Beweises bedurft hätte, verabschiedet sich Trittin vom 2000 festgeschriebenen rotgrünen Klimaschutzziel, den Ausstoß von klimaschädigendem Kohlendioxid bis Ende des Jahres um 25 Prozent gegenüber 1990 zu reduzieren. Stattdessen spricht er vom so genannten ›Nationalen Klimaschutzziel‹, als habe er nie etwas damit zu tun gehabt.[28]

Margareta Wolf (B' 90/Die Grünen), ohne Berufsausbildung, Parlamentarische Staatssekretärin beim Bundesminister für Umwelt, Naturschutz und Reaktorsicherheit:

Die Quotenreala für alles

Margareta Wolf, geboren am 26. Mai 1957 in Lennestadt-Meggen, tritt 1980 den Grünen bei, beendet 1983 ihr neunjähriges

Studium (Englisch, Spanisch, Volkswirtschaft) ohne Abschluss, kommt aber dafür 1984 in den Bundesvorstand der Grünen, ist von 1985 bis 1989 Frauenreferentin der hessischen Grünen, von 1989 bis 1994 politische Landesgeschäftsführerin, ab 1994 im Bundestag und gleich parlamentarische Geschäftsführerin sowie wirtschaftspolitische Sprecherin, von 1998 bis 2000 im Fraktionsvorstand und politische Koordinatorin des Arbeitskreises I (Wirtschaft, Finanzen, Soziales, Arbeitsmarkt, Gesundheit) sowie Grünensprecherin im Bundestagsausschuss für Wirtschaft und Technologie. Von Januar 2001 bis September 2002 ist sie Staatssekretärin im Wirtschaftsministerium und Mittelstandsbeauftragte der Bundesregierung, bis sie in gleichem Rang ins Umweltressort wechselt: Ihr Posten im Wirtschaftressort wird für Rezzo Schlauch gebraucht.

Ins Wirtschaftsministerium kommt die neoliberale Amateurökonomin Wolf auf Wunsch des damaligen Ministers Werner Müller: »Gerade Mittelständler halten die geplante Reform des Betriebsverfassungsgesetzes für schädlich, ebenso das neue Teilzeitgesetz. Wolf soll nun, pünktlich zu den Bundestagswahlen 2002, für bessere Laune sorgen.«[29]

Voll des Lobes ist auch Hendrik Munsberg von der *Berliner Zeitung:* »Wolf gilt als kompetent, fleißig und zuverlässig. Die Grüne hat sich wirtschaftspolitisches Profil erarbeitet.« Worin das Profil besteht? »Sie trat dafür ein, die Ladenschlusszeiten für kleine Einzelhändler zu lockern … Und Wolf gilt als Urheberin eines Vorstoßes ihres Fraktionschefs Rezzo Schlauch …, dass Beschäftigte – unter Durchbrechung des so genannten Günstigkeitsprinzips im Tarifrecht – vorübergehend auf Teile ihres Lohns verzichten können sollten, wenn sie dadurch ihrer Firma aus einer Krise helfen.«

Man kann natürlich sagen, dass derlei Konzepte eine unredigierte Übernahme des Wunschzettels der Wirtschaft darstellen und auch das Kompetenzniveau durchschnittlich begabter Zwölfjähriger nicht überschreiten.

Diese unglaubliche Wirtschaftskompetenz beantwortet allerdings noch nicht die Frage, was Wolf im Umweltressort verloren hat. Aufsehen erregt sie bestenfalls in ihrer Eigenschaft als Aufsichtsrätin der Deutschen Bahn (seit 2003), als sie mit Briefkopf ihres Ministeriums zu Beratungen über die Bahnpreise einlädt, was in den zuständigen Ministerien und bei der Bahn gebührend gewürdigt wird. Selbst der *Spiegel* erwähnt Wolf zum Beispiel von Oktober 2003 bis Juli 2004 nur ein einziges Mal: Da setzt sie sich in einem »flammenden Aufruf« an Gerhard Mayer-Vorfelder für die Abschaffung der Fifa-Regel 12 ein, wonach Spieler, die beim Torjubel ihr Trikot ausziehen, eine gelbe Karte erhalten: »Weg mit der gelben Karte – her mit dem freiwilligen Zeigen sportlicher Oberkörper.«

Margareta Wolf ist im Wesentlichen eine »Quotenreala«: Sollte es die Versorgungskarawane der Grünen erfordern, wäre ihr auch ein Job im Familien- oder Justizministerium sowie im Innen- oder Außenressort zuzutrauen – und gäbe es ein »Mitteministerium«, sogar dort.

Hans-Christian Ströbele (B' 90/Die Grünen), Rechtsanwalt, Stellvertretender Vorsitzender der Bundestagsfraktion:

Der gemobbte Linke vom Dienst

Hans-Christian Ströbele, geboren am 7. Juni 1939 in Halle an der Saale als Sohn eines Chemikers, wird 1945 von der US-Army mit seiner Familie in die Westzone gebracht, macht 1959 Abitur, leistet 1960 ein Jahr Wehrpflicht, lehnt hier die Beförderung zum Gefreiten ab, wird zum Vertrauensmann des Bataillons gewählt und scheidet als Kanonier der Reserve aus, studiert ab 1960 Jura und Politik, hilft 1961 nach dem Bau der Berliner Mauer bei der Familienzusammenführung aus Ost und West, tritt 1967 als Rechtsreferendar in das Anwaltsbüro Mahler zur Unterstützung von Demonstrationsteilnehmern und 1970 in die SPD ein. Von 1969 bis 1979 gehört er dem *Sozialistischen Anwaltskollektiv* an, verteidigt ab 1970 Mitglieder der Roten-Armee-Fraktion, wird 1975 vom RAF-Prozess in Stuttgart-Stammheim und aus der SPD ausgeschlossen, wirkt ab 1977 bei der Gründung der *tageszeitung* mit und 1980 bei der Gründung der Alternativen Liste für Demokratie und Umweltschutz (AL; später Berliner Landesverband der Grünen).

Von 1985 bis 1987 ist er im Bundestag, von 1990 bis 1991 Parteichef, ab 1998 wieder im Bundestag und Mitglied im Rechtsausschuss sowie im Untersuchungsausschuss Geheimdienste, kommt 2002 mit dem bislang einzigen Direktmandat in der Geschichte der Grünen erneut in den Bundestag und ist unter anderem Fraktionsvize, im Rechtsausschuss und im Parlamentarischen Kontrollgremium für Geheimdienste.

Vor der Bundestagswahl 2002 versuchen die Berliner Grünen, Ströbele wegen seiner *regierungsfeindlichen* Haltung in der Friedens- und Sozialpolitik aus dem Bundestag und aus der Politik herauszumobben, und verweigern ihm einen guten Platz auf der Landesliste.

Dennoch sieht es so aus, als entscheide sich Ströbele in dem Spannungsfeld zwischen Machterhalt und Gewissen – »Fraktionsdisziplin muss sein. Ohne sie wird es jede Regierung schwer haben, aber Fraktionsdisziplin hat Grenzen«[30] – stets für den Machterhalt, wenn auch natürlich mit irrsinnig großen »Bauchschmerzen«.[31]

So veranstaltet Ströbele bei der Bundestagsabstimmung im November 2001 über den Anti-Terror-Einsatz der Bundeswehr mit anderen linken Grünen ein bühnenreifes Theater mit genau vier ungefährlichen Gegenstimmen.

Er äußert in einer feierlichen Erklärung zur Umsetzung von Hartz III und Hartz IV die allergrößten Bedenken, um dann doch wieder die Kurve zu kriegen: »Wir stellen uns der Einbringung der Gesetzentwürfe nicht entgegen mit der Aufforderung, folgende Punkte im parlamentarischen Verfahren vor der 2. und 3. Lesung zu verändern …«[32]

So berechenbar, unglaubwürdig und in gewisser Weise albern und rührend Ströbeles Darstellung des *Linken vom Dienst* auch sein mag – für die Grünen leisten solche Bedenkenträger unschätzbare Dienste zur Gewinnung jener Wähler, die trotz aller (rot)grüner Sozial-, Militär- und Rechtspolitik noch glauben, irgendeinen Unterschied zu den übrigen Parteien zu erkennen.

Claudia Roth (B' 90/Die Grünen), Dramaturgin, Beauftragte der Bundesregierung für Menschenrechtspolitik und Humanitäre Hilfe:

»Heulsuse fürs grüne Spartenprogramm«

Claudia Roth, geboren am 15. Mai 1955 in Ulm, ist von 1974 bis 1975 Theaterstudentin, von 1975 bis 1977 Theaterdramaturgin, von 1982 bis 1985 Managerin der Band *Ton Steine Scherben,* von 1985 bis 1989 Pressesprecherin der Grünen im Bundestag, von 1989 bis 1998 im Europaparlament, ab 1994 Fraktionschefin der Grünen, ab 1998 im Bundestag und dort 1998 bis März 2001 Vorsitzende des Ausschusses für Menschenrechte und Humanitäre Hilfe, von 2001 bis Dezember 2002 Parteivorsitzende (gemeinsam mit Fritz Kuhn), danach im Bundestag, seit März 2003 Beauftragte der Bundesregierung für Menschenrechtspolitik und Humanitäre Hilfe im Auswärtigen Amt. Im Juli 2004 erhält sie den französischen Orden *Ritter der Ehrenlegion* »für ihren Einsatz für die Menschenrechte, die europäische Kultur und gegen jede Form der Diskriminierung«. Seit Oktober 2004 ist sie erneut Parteichefin.

Claudia Roth ist gelebte Dramaturgie, eine »Emo-Bombe«.[33] Laut einem ulkigen ZDF-Porträt steht Roth »für linkes Engagement und Eigensinn«, und zwar »mit Herzblut und Leidenschaft«.[34] Letzteres klingt nach der sonntäglichen ARD-Schmonzette *Lindenstraße,* und genau wie »Mutter Beimer« führt Roth sich auf, wenn sie in Talkshows oder auf Partei-»Events« ihrer Mission nachgeht: »Etwas machen, wodurch die Welt gerechter und lebenswerter wird.« So nämlich formuliert sie schon vor dem Abitur ihren Berufswunsch, wobei treffender gewesen wäre: »Als

Gutmensch wohlhabend, berühmt und vor allem irre wichtig werden.«

Nicht zufällig kommt sie bei Fernsehprediger *Beckmann* damit durch: »Mit offenem Visier und ungeschützt traute sie sich noch nach Lüchow-Dannenberg, als Joschka Fischer und Jürgen Trittin schon große Gesten und ernste Mienen übten. Claudia Roth bekennt Farbe und kommt bei der Basis anscheinend damit an. Sie hält sich nicht an die Kleiderordnung und mischt die politische Farbenlehre auf.«[35]

Die *Welt am Sonntag* nennt sie etwas wirklichkeitsnäher »Heulsuse fürs grüne Spartenprogramm«. Was sonst auch soll man davon halten, wenn die »Linke« Claudia Roth sich zuerst über den »unverhältnismäßigen« Einsatz von Streubomben in Afghanistan echauffiert, kurz darauf aber unter Einsatz aller theatralischer Mittel für die Zustimmung der Grünen zum Afghanistaneinsatz der Bundeswehr kämpft und anschließend gemeinsam mit Nina Hagen für eine »Gala zugunsten afghanischer Frauen« – also vor allem zur Linderung der Folgen des von ihr selbst unterstützten Krieges – wirbt?

Und wenn die Zustimmung zur Agenda 2010 inklusive Arbeitslosengeld II irgendwie »links« sein sollte, dann wird dieser ohnehin kaum definierbare Begriff vollends zur Makulatur.

Für den Schriftsteller Richard Wagner ist Claudia Roth das Paradebeispiel für die Entpolitisierung der 68er: »Alles, vom Antifaschismus bis zur Ökologie, haben sie jedoch in Lifestylebilder verwandelt. So konnte auf die Moralistin Petra Kelly eine Claudia Roth folgen … Als Lieblingslinks erscheinen auf ihrer Homepage: Amnesty International, der Lesben- und Schwulenverband, das Filmfestival Berlinale und der Fußballverein SSV Ulm 1846. Von Politik keine Spur.«[36]

11. Die Parteisoldaten

Die Bezeichnung »Parteisoldat« hat nichts mit der Bewertung von Kompetenz zu tun: Ein Kapitän kann seine Truppe auch bei der Stange und Laune halten – und trotzdem keine Ahnung vom richtigen Kurs haben. Ein guter Parteisoldat erfüllt dort seine Pflicht, wo die Partei ihn hinstellt.

Dieses Pflichtbewusstsein, das man ihm mindestens auf zweihundert Meter ansehen muss, unterscheidet ihn von den »Um-jeden-Preis-Karrieristen«, obwohl auch er ständig Aufgaben wahrnimmt, von denen er nicht den leisesten Schimmer hat. Denn der treue Parteisoldat denkt selbstverständlich niemals an seine Karriere – obwohl er sie natürlich trotzdem macht.

Es gibt ihn offenbar nur bei der Sozialdemokratie. Als typische Parteisoldaten vergangener Zeiten betrachtet man Herbert Wehner und Hans-Jochen Vogel, als aktuelle Parteisoldaten gelten Franz Müntefering und sogar Manfred Stolpe, nicht zuletzt aber Peter Struck.

Peter Struck (SPD), Rechtsanwalt,
Bundesminister der Verteidigung:

Ohne Wehrdienst am Hindukusch

Peter Struck, geboren am 24. Januar 1943 in Göttingen, stammt als Sohn eines Autoschlossers aus kleinen Verhältnissen. Folglich verliert er laut Lebenslauf auf seinem Weg nach oben keine Zeit – schon gar nicht nach dem Abitur 1962 als Wehrpflichtiger bei der

Bundeswehr. Stattdessen beginnt er ein Jurastudium, tritt 1964 in die SPD ein, promoviert 1971 zum Dr. jur. und wird Regierungsrat in der Hamburgischen Verwaltung, ist von 1971 bis 1972 persönlicher Referent des Präsidenten der Universität Hamburg, danach in der Hamburger Finanzbehörde, außerdem von 1971 bis 1987 im Kreistag Uelzen, seit 1973 Stadtrat und Vizestadtdirektor von Uelzen, seit 1980 im Bundestag, seit 1983 zugelassener Rechtsanwalt, von 1990 bis 1998 Erster Parlamentarischer Fraktionsgeschäftsführer, von 1998 bis 2002 Fraktionschef und seit 27. Juli 2002 Nachfolger von Rudolf Scharping als Verteidigungsminister.

Worin besteht »verteidigungspolitische Kompetenz«, die der Bürger erwartet und auf die er Anspruch hat? Normalweise darin, in Abstimmung mit dem Regierungschef und anderen Ministerien (Außen-, Innen-, Justiz-) die Landesverteidigung im Rahmen des Grundgesetzes zu ermöglichen. Dazu gehört neben der Einordnung der eigenen Strategie in die diversen Bündnissysteme natürlich auch das Gebot der Sparsamkeit, zum Beispiel die Frage: Welche Waffen benötigt man und wie viele? Wieso braucht man 600 Eurofighter-Raketen und nicht 550 oder 650? Die kompetente Entscheidung solcher Fragen erwartet der Volkssouverän mit (Verfassungs-)Recht.

Was aber erwarten diejenigen, denen Struck Amt und Mandat verdankt, von ihrem Mann?

a) Die Existenzberechtigung der Bundeswehr nach dem Ende des Kalten Krieges sicherzustellen. Struck tut dies mit der deutschen Variante der Breschnew-Doktrin: »Die klassische Landesverteidigung, wie wir sie aus Zeiten des Kalten Krieges kannten, hat nicht mehr erste Priorität. Aber natürlich ist das Vorgehen gegen internationalen Terrorismus Landesverteidigung in einem erweiterten Sinn.«[1] Und: »Theoretisch kann man auch sagen, die Sicherheit der Bundesrepublik wird auch am Hindukusch verteidigt.«[2]

b) Einsatz der Bundeswehr im Inneren. Als Anlässe werden Terroreinsätze genannt, aber fest steht: Ist das Grundgesetz einmal geändert, können auch Demonstrationen, Streiks oder der Wahlsieg einer extremen Partei als »Notstand« bezeichnet werden.
c) Einführung der Berufsarmee. Sie ist billiger und könnte den Vorteil größerer »Pflegeleichtigkeit« haben, da der Respekt vor den Menschenrechten, insbesondere dem Recht auf Leben, geringer entwickelt sein dürfte als bei der Wehrpflichtigen-Armee.

Diese allgemeinen Interessen zur Machterhaltung treffen sich mit den besonderen Interessen der Rüstungsindustrie. Sehr treffend überschrieb *NTV.de* einen entsprechenden Bericht über die neuen Aufgaben: »Rüstungswettlauf. Mehr Geld für Struck?« Und Struck macht gleich Nägel mit Köpfen: »Um eigene Akzente zu setzen, hat sich Struck nun einen persönlichen Berater an die Seite gestellt: Werner Engelhardt, ehemals Aufsichtsratsvorsitzender des Rüstungskonzerns *Rheinmetall.* Der Manager, der erst im Frühjahr die Waffenschmiede verließ, soll Struck als ›Scharnier‹ zur deutschen Wehrindustrie dienen.«[3]

Im Grunde kann sich jeder Rüstungslobbyist hinter dem »Gemeingut Verteidigungsfähigkeit« verstecken. Vor diesem Hintergrund erscheint auch verständlich, dass mit Peter Struck ein bewährter Partei-Apparatschik Verteidigungsminister wird, dessen Neigung und Kompetenz in Sachen Verteidigungspolitik bis dato unbekannt sind, dem aber Kompetenz in Haushalts- und Finanzpolitik nachgesagt wird.

Für Hans-Jürgen Leersch von der *Welt* ist Struck ein »schlagfertiger Partei-Soldat mit Hang zur Großspurigkeit«. Diesen Ruf hatte er sozusagen interfraktionell: »Man attestierte ihm in Streitfragen Beweglichkeit und die Fähigkeit, die Fraktion mit deutlichen Worten auf Kurs zu bringen.«[4]

Dabei gilt sein Verhältnis zu Schröder als eher durchwachsen: »Zwischen dem in die Rolle des Staatsmannes geschlüpften Schröder und dem gerne in Jeans auf Wahlpartys erscheinenden Struck liegen Welten. Und Schröder lässt keinen Zweifel daran, wie Strucks Welt aussieht: Peter Struck, damals noch Fraktionsgeschäftsführer, organisiere in der SPD ein ›Kartell der Mittelmäßigkeit‹, höhnte Schröder als Ministerpräsident schon vor Jahren.«[5]

Aber das Interesse der Machterhaltung verbindet, und sein Gesellenstück als Schröders bedingungsloser Gefolgsmann liefert Struck als Anführer der Drohkampagne gegen die Fraktionsabweichler bei der Mazedonienabstimmung am 29. August 2001. Im *ZDF-Morgenmagazin* sagt er am 3. September: »Struck oder Müntefering oder Schröder sind nicht in den Deutschen Bundestag gewählt worden, weil wir so Supertypen wären, sondern weil wir die Kandidaten der SPD waren. Wir sind dem Programm und auch den Beschlüssen der Partei verpflichtet.«

Der Zyniker wird Strucks Selbsteinschätzung nicht widersprechen: Wo wären diese »Supertypen« ohne die Partei, ganz auf sich selbst und ihre Fähigkeiten gestellt? Andererseits verdreht auch der Jurist Struck die Verfassung und sogar »normales Recht«. Es ist absurd zu meinen, im Konfliktfall sei der Angestellte eher dem Personalchef als dem Firmeninhaber verpflichtet. Struck sagt im *Morgenmagazin* weiter: »Von Gewissensfragen abgesehen … – manche der 19, die nicht mitgestimmt haben, die sich zwar auf das Gewissen berufen haben, aber andere Gründe hatten, werden schon in der Fraktion angesprochen werden. Sie werden auch von mir angesprochen werden.«

Nicht nur, dass der Rechtsanwalt Struck die »Unschuldsvermutung« einfach beiseite fegt und die Abweichler als Gewissenssimulanten hinstellt: Die in Mafia-Diktion (»angesprochen«) vorgetragene Drohung und sein darin enthaltenes Bekenntnis zum Mobbing sind ein Lehrbeispiel politischer Korruption durch Erpressung.

Trotz oder gerade wegen dieses Politikverständnisses sagt *Welt*-Autor Leersch dem »loyalen Parteisoldaten« noch Großes voraus: »Wer seinen Job so gut erledigt, hat auch das Zeug für andere Verwendungen, heißt es in der SPD. Die politische Karriere Strucks ist noch lange nicht zu Ende.«

12. Die Wirtschaftslobbyisten und Doppelverdiener

»Statt Schlips und Kragen sollten die Politiker im Bundestag Trikots tragen, mit den Logos der Firmen, von denen sie bezahlt werden. Um Kontakte zu vereinfachen, könnte auch gleich die Kontonummer des Politikers auf dem Rücken gut lesbar angebracht sein.«

Der Spiegel[1]

Kontaktfreudige Politiker sind der Stolz eines jeden Volkes, auch des unseren. Besonders stolz sind wir, wenn es um Kontakte zum Grundpfeiler unserer Gesellschaft geht, nämlich zur Wirtschaft. Beruhigt sind wir, wenn diese Kontakte mit Wirtschaftsunternehmen nicht nach dem Lustprinzip erfolgen, sondern eine verbindliche, berechenbare Basis erhalten, zum Beispiel durch einen bezahlten Job in einem Gremium dieser Unternehmen.

Nun rücken manche übermisstrauische Menschen diese Beziehungen in die Nähe der Korruption. So nörgelt Professor Hans Herbert von Arnim: »Abgeordnete werden nach dem Grundgesetz zur Sicherung ihrer Unabhängigkeit vom Steuerzahler bezahlt – und nicht zu schlecht. Wenn sie sich jetzt in die finanziellen Hände eines Unternehmens oder Verbandes begeben, verkaufen sie diese ihre Unabhängigkeit. Sie werden zu Dienern zweier Herren, und das darf eigentlich nicht sein.«

Nun muss man nicht immer gleich das Schlimmste denken: Vielleicht sehen ja die Firmen in diesen Politikern nicht das Bundestagsmitglied, sondern den Menschen und Experten.

Sicher war man bei der *Barmenia* ganz überrascht, dass ihre Beiräte Hildegard Müller und Andreas Storm (beide CDU) im Bundestag sitzen und zufällig auch noch im Gesundheitsausschuss. Und sicher hätte die *Hamburg-Mannheimer* Rainer Wend nie in den Beirat berufen, wenn man von seinem Hobby als Chef des Wirtschaftsausschusses des Bundestages gewusst hätte.

Umgekehrt trennen die Amts- und Mandatsträger natürlich ganz strikt zwischen ihren Tätigkeiten für das Volk und für das Unternehmen. Und sicherlich gibt es Hunderte von Fällen, wo ein Bundestagsabgeordneter im Konfliktfall für das Volk und gegen das Unternehmen gehandelt hat.

Gerade weil also die Politiker nichts zu verbergen haben, kann man sich unbefangen mit dieser Thematik beschäftigen.

Vollzeitberuf Volksvertreter und Nebenjob

Nach einer Studie des Soziologieprofessors Heinrich Best von der Jenaer Friedrich-Schiller-Universität hat etwa jeder vierte Bundestagsabgeordnete Zeit für einen Nebenjob mit durchschnittlich acht Wochenstunden Aufwand. Das ist vorbildlicher Arbeitseifer, denn dieselben Abgeordneten geben für ihr Mandat etwa 60 Wochenarbeitsstunden an. Fritz Schösser (SPD), Mitglied im Ausschuss für Gesundheit und Soziale Sicherung, bringt es sogar auf 18,5 Wochenstunden für den DGB gegen 3300 Euro pro Monat.[2]

Neidische Bürger führen oft ins Feld, ihnen selbst seien Nebentätigkeiten vom Arbeitgeber nur äußerst eingeschränkt oder gar nicht erlaubt, weil man von ihnen den vollen und nicht den teilweisen Einsatz seiner Arbeitskraft erwarte. Und manch ein gehässiger Bürger hätte gewisse Politiker womöglich gar nicht erst in den Bundestag gewählt, wenn sie erklärt hätten, sie arbeiteten für sehr gutes Geld in Großkonzernen, und falls dann noch Zeit übrig bleibe, verträten sie im Parlament die Interessen des Volkes.

Hendrik Munsberg von der *Berliner Zeitung* wittert darüber hinaus Korruptionsgefahr: »Wer weiß, dass im Zuge eines komplexen Gesetzgebungsverfahrens (wie einer Gesundheitsreform) oft genug nur die winzige Korrektur eines Fachpolitikers ausreicht, um Partialinteressen von Unternehmen zu befördern, der weiß auch, wie anfällig unser parlamentarisches System für versteckte Einflussnahme ist.«

Andererseits können die Politiker den Wähler nicht damit beruhigen, dass sie trotz finanzieller Zuwendungen gar nicht wirklich für das Unternehmen tätig seien.

Denn Entlohnung fürs Nichtstun ist ja noch schlimmer und wird sogar im Diätenurteil des Bundesverfassungsgerichts von 1975 gerügt, wie Hans-Herbert von Arnim betont: »Zahlungen, für die Abgeordnete keine normale Gegenleistung erbringen, begründen den bösen Schein, dass politischer Einfluss oder Insiderwissen gekauft wird.« Von Arnim moniert daher, dass dieses Urteil bislang noch nicht in Strafrecht umgesetzt wurde.

Zudem »geht es keineswegs nur um die Beeinflussung parlamentarischer Entscheidungen. Auch der Zugang zum Machthaber, den Abgeordnete vermitteln, ist Firmen und Verbänden oft viel Geld wert. Das Gleiche gilt für die frühzeitige Information, was politisch ansteht.«[3]

Nimmt man zu den Einkommensempfängern die Aufsichtsräte, Beiräte und Berater hinzu, so war im vorigen Bundestag laut *Monitor* jeder zweite Abgeordnete zusätzlich für ein Unternehmen tätig. Im aktuellen Bundestag verdienen 370 von 601 Abgeordneten dazu.

Natürlich gibt es auch »schwarze Schafe«, wie etwa den CDU-

Bundestagsabgeordneten und Lobbymuffel Uwe Schummer: »Ich habe vor drei Jahren den Bürgerinnen und Bürgern meines Wahlkreises im Kreis Viersen einen Bürgervertrag angeboten und habe unterschrieben, dass ich keine Nebeneinkünfte annehme und dass ich meine Einkünfte einmal im Jahr offen lege.«[4]

Auch sein SPD-Kollege Ulrich Kelber behauptet, er habe für bezahlte Nebenjobs überhaupt keine Zeit: »Bundestagsabgeordneter zu sein, ist ... auf jeden Fall ein Vollzeit-Job. Ich bin persönlich meistens morgens um 7.00 Uhr im Büro und selten vor Mitternacht wieder raus.«[5]

Aber sogar der Ist-Zustand ist unseren Spitzenpolitikern noch nicht integer genug: Aufgeschreckt weniger durch die Doppelverdienerskandale selbst als vielmehr durch die Wählerstimmen kostende öffentliche Reaktion, versprechen alle Parteien Anfang 2005 auf Werbespotniveau eine Verschärfung der Abgeordnetenregeln. Ulrike Winkelmann lobt das in der *tageszeitung* als »rituelle Reinwaschung«: »Die Debatte über Lobbyismus und Einflussnahme der Industrie wollen aber weder die Regierungs- noch die Oppositionsparteien. Sie möchten der Öffentlichkeit lieber irgendetwas hinwerfen, das nach ›Durchgreifen‹ und ›Ehrlichkeit‹ aussieht.« Die Aversion gegen Offenlegung der Geschäftsbeziehungen von Abgeordneten könnte den abwegigen Verdacht nähren, es ginge vor allem um Anwälte und Selbständige, die genau von jenen Unternehmen Riesenaufträge erhalten, über deren Interessen Bundestag und Regierung entscheiden. Diese Art von Korruption ist weltweit geradezu ein Klassiker. So wurden nach Erkenntnissen des Schweizer Untersuchungsrichters Paul Perraudin vom September 2000 beim legendären Verkauf der *Leuna*-Raffinerie und des *Minol*-Tankstellennetzes frei erfundene Scheinstudien zur Tarnung von Schmiergeld benutzt. Aber bei uns ist derlei natürlich ausgeschlossen und muss daher auch nicht kontrolliert werden.

Lobbyabteilungen gibt es mittlerweile in fast allen größeren Konzernen. Bei VW leitet sie der frühere saarländische Finanzminister Reinhold Knopp, der auf einer Fachtagung im Januar 2003 die Hauptaufgabe benannte: Aufbau und Pflege eines effektiven Netzwerks zur Vertretung der Firmeninteressen in der politischen Willensbildung.[6] So sitzen im Bundestag zwei Gehaltsempfänger von VW und einer von Siemens, in Landtagen je vier.[7] Die *Dresdner Bank* kommt auf zwei Leute im Bund und drei in den Landtagen.[8]

Gerade die Doppelverdiener beweisen zuweilen einen sechsten Sinn für Tragikomik. Besonders eindrucksvoll endet zum Beispiel die Affäre um den SPD-Abgeordneten Jann-Peter Janssen. Anfang 2005 erklärt Volkswagen, wo Janssen früher Betriebsrat in Emden war, er habe nach seiner Wahl in den Bundestag seit 1994 noch Gehalt bezogen. Erst seit dem 1. Januar 2005 ruhe das Arbeitsverhältnis auf seinen Wunsch. Janssen bestreitet dies, gibt aber am 13. Januar sein Mandat zurück, was Niedersachsens SPD-Chef Wolfgang Jüttner gemäß dem Ritual in derartigen Fällen mit »Respekt« quittiert. Da der scharfsinnige Analytiker Jüttner sofort erkennt, »einer kann nur Recht haben«,[9] ein Volksvertreter aber grundsätzlich nicht lügt, bleibt die Frage, ob das Geld versehentlich auf ein falsches Konto überwiesen wurde, Janssen aus Prinzip seine Kontoauszüge nicht liest oder er womöglich an Amnesie leidet.

Aber auch Fälle wie die folgenden berühren den Wähler zutiefst.

Laurenz Meyer (CDU):

Zwischen Stammtisch und Klatschspalte

Laurenz Meyer, geboren am 15. Februar 1948 in Salzkotten, Kreis Paderborn, macht 1975 Examen als Diplomvolkswirt. Danach arbeitet er bei VEW, zuletzt kaufmännischer Leiter in der Bezirksdirektion Arnsberg.

Von 1975 bis 1995 ist er Stadtrat in Hamm, ab 1990 im Landtag Nordrhein-Westfalen, und zwar bis 1999 als wirtschaftspolitischer Fraktionssprecher, danach bis 2000 als Fraktionschef, dann als Landtagsvizepräsident. Von 1995 bis 2001 ist er Schatzmeister der Landes-CDU, seit 2000 im Bundesvorstand und seit 2002 im Bundestag. Vor allem aber ist Laurenz Meyer seit November 2000 CDU-Generalsekretär. Das urplötzliche einstweilige Ende der Politkarriere kommt im Dezember 2004 mit dem Bekanntwerden seiner Bezüge vom Energieversorger *RWE.*

Bereits ein halbes Jahr nach dem Amtsantritt als Generalsekretär urteilt Matthias Geis in der *Zeit:* »Laurenz Meyer, der eigentlich für die Verwandlung von Inhalt in Offensive zuständig wäre, hat sich inzwischen als Totalausfall erwiesen.« Etwas voreilig, denn drei Jahre später erlebt ihn Franziska Reich vom *Stern* als einen, der gut ankommt, vor allem als »Frauen-Flüsterer«: »Mann o Mann, dieser Meyer! So ein Charmeur. Mit diesem Lächeln, das die Herzen im Dutzend schmilzt! Der dirty-flirty Sekretär!« Sehr erfolgreich gibt er die Frohnatur: »Er lacht viel. Er lacht ausgiebig. Er lacht wie beschwipst, denn zurzeit, so scheint es, macht alles, aber wirklich alles Spaß in seinem Leben … Arbeit ist Arbeit, Schnaps ist Schnaps.« Meyer erscheint »schlichtweg unionsbeliebt, ein jeder lobt und preist Verhandlungsgeschick und Kompetenz, Geduld und Lebensfreude … Einziger Wermutstropfen, so murren nur noch ganz wenige: nun ja, seine bunten Geschichten, sein Hang zur Klatschspalte.«

Letzteres allerdings ist gewollt, schließlich sind die Klatschspalten eine Hauptinformationsquelle seiner Zielgruppe. Auch die zweite Quelle hat Meyer fest im Visier. Nicht zufällig beginnt seine Internetseite mit dem Appell: »Wir müssen so reden, dass uns die Leute an den Stammtischen verstehen!«

Zur Beurteilung von Meyers Kompetenz gelten dieselben Kriterien wie für die *Bildzeitung*. Auch dieses Blatt hat ja kaum den Anspruch, irgendein Problem wissenschaftlich zu erklären. Es beansprucht nur eine einzige Kompetenz: »dem Volk aufs Maul zu schauen« und sich zum Sprachrohr des »gesunden Volksempfindens« zu machen.

Der Kanzler braucht »Bild, Bams und die Glotze«, Merkel braucht Meyer.

Brauchte.

Wie der sprichwörtliche Blitz aus heiterem Himmel trifft Meyer die Enthüllung seiner Einkünfte von RWE. So erhielt er 1999 und 2000 umgerechnet rund 128 000 Euro, obwohl er seit dem Frühjahr 1999 Landtagsfraktionschef war. Und noch als CDU-Generalsekretär bezog er zwischen November 2000 und April 2001 rund 40 000 Euro Gehalt. Zudem gab ihm RWE Strom und Gas zum Freundschaftspreis sowie einen privaten Baukredit.[10]

Den Grund für derlei Noblesse sieht *Spiegel*-Leser Burckhard Kretschmer im Geben und Nehmen: »Dass Meyer als Vorkämpfer für den Bau neuer Kernkraftwerke mit verbilligtem Atomstrom gefördert wird, gleichzeitig aber für den Abbau von ›schädlichen Subventionen‹ bei erneuerbaren Energien trommelt, macht doch Sinn – aus Sicht von RWE zumindest.«

Auch Meyers nett gemeinte Geste, 80 000 Euro für notleidende Kinder zu spenden, kommt nicht überall gut an. Brigitte Fehrle von der *Berliner Zeitung* empört sich: »Dass er das unrechtmäßig erhaltene Geld jetzt einem SOS-Kinderdorf spendet, ist ein Hohn. Die Kinder haben besseres Geld verdient.«

Ähnlich wie im Falle Friedrich Merz gilt für Meyers politische Zukunft – obwohl er im Moment im politischen Abseits steht –, dass so gut wie alles möglich ist.

Ulrike Flach (FDP):

Das fleißige Lieschen

Ulrike Flach, geboren am 1. Januar 1951 in Oberhausen, ist Diplomübersetzerin, seit 1998 im Bundestag, außerdem FDP-Landesvize NRW und im Bundesvorstand.

Obwohl sie laut Lebenslauf dieselbe bildungspolitische Ausbildung wie die Teletubbies genossen hat, ist sie Vorsitzende des Bundestagsausschusses für Bildung, Forschung und Technikfolgenabschützung. Was aber in Zeiten von Pisa selbst für Experten eine fast übermenschliche und zeitraubende Aufgabe wäre, das erledigt Autodidaktik-Genie Flach mit links. Laut *Spiegel* hat sie etwa seit Beginn ihrer Bundestagszeit 1998 für *Siemens* laut Vertrag »Übersetzungsarbeiten für ein tarifliches Brutto-Jahresgehalt von 60 000 Euro« geleistet – mangels Firmenschreibtisch natürlich von »zu Hause«.

Zum Vergleich: Laut der Bundesanstalt für Arbeit von 2003 verdienen angestellte Diplomübersetzer bis 42 000 Euro ... Aber was soll's: seit Jahresbeginn 2005 ruht der Vertrag. Offenbar zu spät: Ende Januar 2005 kostet sie die Affäre den Vorsitz im Bildungsausschuss.

Hermann-Josef Arentz (CDU):

Fürstlicher Lohn für nichts?

Hermann-Josef Arentz, geboren am 20. Januar 1953 in Köln, ist seit 1976 ein Fast-Lehrer mit 1. Staatsexamen, seit 1980 im Kreisvorstand Köln, Vize-Chef der CDU Mittelrhein und im Landtag NRW, seit 1987 Chef des CDU-Bundesfachausschusses Sozialpolitik und seit 1991 im CDU-Landesvorstand. Mit alledem offenbar nicht ausgelastet, wird er 1992 Mitarbeiter der (inzwischen zu RWE gehörigen) Rheinbraun AG in Köln. Von 1993 bis 2001 ist er außerdem Bundesvize der CDU-Sozialausschüsse CDA. Seit 1998 ist er im Bundesvorstand und seit April 2000 im Präsidium der CDU sowie seit Juni 2001 CDA-Chef. Er soll im Falle eines Wahlsiegs der CDU in NRW Arbeitsminister werden.

Ende 2004 aber kommt heraus, dass er von RWE jahrelang ohne Gegenleistung 60 000 Euro jährlich plus kostenlosen Strom kassiert hat. Auf dem Bundesparteitag Anfang Dezember 2004 erfolgt sein »kläglicher Abschied« aus dem Präsidium mit nur 33,8 Prozent der Delegiertenstimmen.[11] Kurz darauf tritt er von all seinen politischen Ämtern zurück und verzichtet auf eine Landtagskandidatur im Mai 2005.

Da Arentz außerdem der Gewerkschaft IG Bergbau-Chemie-Energie (IG BCE), dem Familienbund der Deutschen Katholiken, der Gesellschaft Katholischer Publizisten und dem Hauptausschuss des Diözesanrates der Katholiken im Erzbistum Köln angehört, drängt sich dem Wähler das völlig unberechtigte Fazit auf: »So sehen also die streng gläubigen katholischen Arbeitnehmervertreter der CDU aus.«

Werner Müller (parteilos):

»8000 Euro monatlich für den E.ON-Minister«[12]

Der Fall des überaus integren Wirtschaftsministers Werner Müller (1998 bis 2002) ist zwar Geschichte, andererseits aber ein klassisches Beispiel für die Haltlosigkeit von Korruptionsanwürfen gegen Doppelverdiener. Überspitzt ausgedrückt: *Kennste Müller, kennste alle.* Unstrittig ist:

- Müller bekam während seiner Ministertätigkeit von E.ON eine Rente von 8000 Euro im Monat. Den Anspruch darauf hatte er aber schon vorher durch 18 Mitarbeiterjahre erworben.
- Der Minister Müller galt als hochgradig industriefreundlich: »Wettbewerber, Kartellwächter und Verbraucherverbände erregten sich schon immer über die industrienahe Haltung des Politikers.«[13] Er lehnte eine Regulierungsbehörde für niedrigere Strompreise trotz Drucks der EU strikt ab. Er verhinderte Regelungen für die Nutzung der Netze der Ex-Monopolisten RWE und E.ON durch Konkurrenten. Er blockierte monatelang die Freigabe des Gasmarktes. Er leitete trotz strikter Ablehnung durch das Bundeskartellamt die Fusion von Deutschlands größtem Stromkonzern E.ON mit Europas größtem Gashändler, der Ruhrgas, in die Wege.
- Nur zwölf Monate nach Ende seiner Ministerzeit »bedankte sich die Industrie artig bei ihrem ehemaligen Mitarbeiter. Müller wurde Chef der mächtigen Ruhrkohle AG (RAG). Das Kohleunternehmen gehört zu einem Drittel der E.ON«.[14]

Es spricht für den Energiekonzern, dass er einem solch unabhängigen Freigeist erneut eine Chance gibt.

Ludger Volmer (B' 90/Die Grünen):

Zum Wohle des deutschen Volkes und eigenen Nutzens

Ludger Volmer, geboren am 17. Februar 1952 in Gelsenkirchen, Diplomsozialwissenschaftler, 1979 Mitbegründer der Grünen und 1993 von Bündnis 90/Die Grünen, von 1991 bis 1994 Sprecher des Bundesvorstandes, im Bundestag vom 10. April 1985 bis 1990 und seit 1994, 1986 Fraktionssprecher, von 1998 bis 2002 Staatsminister im Auswärtigen Amt, seit Oktober 2002 außenpolitischer Fraktionssprecher und im Auswärtigen Ausschuss des Bundestages. Seit 2003 »Freiberuflicher Berater, Synthesis Applied Networking Business Services GmbH, Bad Honnef«.

Die Beraterаffäre Volmer zeigt exemplarisch, dass in der Praxis ein politisches Amt und ein privater Beraterjob nicht sauber zu trennen sind.

Für den *Spiegel* »riecht der Fall Volmer noch viel unangenehmer« als die anderen Doppelverdienerskandale. Volmer soll die Kontakte aus seiner Zeit als Staatsminister »ganz ungeniert für bezahlte Lobbyarbeit« nutzen. Konkret hat er »quasi als Türöffner« für die *Synthesis* gewirkt. Die Beratungsfirma arbeitet fast ausschließlich für die vor vier Jahren privatisierte Bundesdruckerei, die die hochmoderne deutsche Passtechnik auch im Ausland verkaufen will. Mindestens zweimal jedenfalls reiste Volmer mit Delegationen ins Ausland, je einmal nach Südafrika und Vietnam. Schon einige Tage nach der Südafrika-Reise, auf der Volmer das Büro der Bundesdruckerei in Johannesburg eröffnete, unterschrieben die Behörden am Kap laut *Spiegel Online* mit der Bundesdruckerei einen lukrativen Vorvertrag für die Lieferung von neuen Pässen. Auf Nachfrage bestätigte eine Sprecherin der

Druckerei auch, dass Volmer für die erfolgreiche Vermittlung ein Beraterhonorar erhalten habe.[15]

Das ist aber noch gar nichts gegen die »Visa«-Affäre. Volmer hatte im März 2000 die Behörden angewiesen, in Visa-Verfahren im Zweifel für die Reisefreiheit zu entscheiden, für manche ein Grund für einen massiven Anstieg der Visa-Erteilung aus Osteuropa. Diese »Reiseschutzpässe« galten als Ersatz für Bürgschaften von Einladern in Deutschland und wurden hergestellt – von der Bundesdruckerei.[16]

Nach langem Hin und Her um seine Person macht Volmer dem peinlichen Spiel ein Ende und gibt im Februar 2005 seine politischen Ämter auf.

Der »Musterlobbyist«

Günter Rexrodt

Günter Rexrodt, geboren am 12. September 1941 in Berlin, gestorben am 19. August 2004 in Berlin, war promovierter Diplomkaufmann, von 1968 bis 1979 bei der Industrie- und Handelskammer Berlin, von 1979 bis 1982 beim Senator für Wirtschaft, von 1982 bis 1985 Wirtschaftsstaatssekretär, von 1985 bis 1989 Finanzsenator, von April bis Dezember 1989 bei der Citibank, New York, von Januar 1990 bis August 1991 Vorstandschef der Citibank Frankfurt, von September 1991 bis Januar 1993 im Vorstand der Treuhandanstalt Berlin, ab 1994 im Bundestag, vom 21. Januar 1993 bis 26. Oktober 1998 Bundesminister für Wirtschaft.

Ab 1980 war er in der FDP, von 1983 bis 1987 und von 1989 bis März 1994 FDP-Vize Berlin, ab 1990 im Bundesvorstand und im Bundesfachausschuss Finanzen und Steuern, von 1994 bis 1995 FDP-Chef Berlin, ab 1999 im FDP-Präsidium, ab 2000 wieder Berliner FDP-Chef, ab 2001 FDP-Bundesschatzmeister.

Günter Rexrodt war ein quasi offiziell anerkannter »Musterlobbyist«[17]: Man müsse sich vor Augen führen, dass »jede Äußerung oder jedes Verhalten des Günter Rexrodt auf direkten oder indirekten finanziellen Zuwendungen Dritter beruhen kann. Wer weiß, welche Auftraggeber ihn zum Beispiel in dieser Kalenderwoche finanzieren«. Rexrodt müsse sein Mandat und den Landesvorsitz wegen »Missbrauchs der Partei« niederlegen.[18] Dies sagte kein verbaler Amokläufer einer Konkurrenzpartei, sondern sein eigener Berliner Parteifreund Peter Landauer.

Noch schärferes Geschütz fuhr Christoph Keese von der *Financial Times Deutschland* auf: »Eigentlich ist die FDP keine richtige Partei mehr, sondern ein Lobbyist für Interessen einzelner Berufsgruppen. Da ist es nur folgerichtig, dass Fraktionsmitglied Günter Rexrodt im Vorstand einer Lobbyfirma sitzt und Aufsichtsratsmandate bei einer PR-Firma, einem Strukturvertrieb sowie Investmentgesellschaften innehat. Als Aufsichtsrat der Agiv Real Estate AG und der Maklerfirma DTZ Zadelhoff muss Rexrodt aus Loyalität gegen eine Änderung der Subventionen für die Bauwirtschaft sein. Rexrodt ist das Symbol der modernen FDP: nicht ein Parlamentarier, der nebenher noch seinem Hauptberuf nachgeht, sondern ein bezahlter Lobbyist, der anders als seine PR-Kollegen nicht im Foyer warten muss, sondern im Bundestag die Gesetzgebung selbst beeinflussen darf.«

Ins Bild passt auch Rexrodts Verhalten bei den Abgeordnetenhauswahlen 2001. Zwar führte er die FDP zurück ins Parlament. Als aber die FDP nicht in die Regierung kam, verzichtete er auf sein Mandat und blieb lieber als haushaltspolitischer Fraktionssprecher und Mitglied des Haushaltsausschusses im Bundestag. Es liegt auf der Hand, dass der Lobbyist Rexrodt auf Bundesebene für seine Auftraggeber nützlicher sein konnte.[19]

Ausgewählte Lobbyisten und Doppelverdiener im Bundestag

Wolfgang Bosbach (CDU), Fraktionsvize:
Securitas Sicherheitsdienste Holding Beteiligungs-GmbH, Düsseldorf (Aufsichtsrat).

Rainer Brüderle (FDP), Parteivize, Fraktionsvize, Mitglied im Ausschuss für Wirtschaft und Arbeit:
Deutsche Bank AG, Frankfurt am Main (Beirat). *GC Corporate Finance AG,* Wirtschaftsprüfungsgesellschaft, Frankfurt am Main (Aufsichtsrat). *Landesbank Rheinland-Pfalz,* Mainz (Gewährträger-Versammlung). *Provinzial-Feuer- und Provinzial-Lebensversicherungsanstalt der Rheinprovinz,* Düsseldorf (Stellvertretendes Mitglied im Verwaltungsrat). *Regulierungsbehörde für Telekommunikation und Post,* Bonn (Beirat).

Herbert Frankenhauser (CSU), Mitglied im Haushaltsausschuss:
Gehaltsliste *Daimler Benz*[20]

Wolfgang Gerhardt (FDP), Fraktionschef:
Alte Leipziger Lebensversicherung aG, Oberursel (Beirat). *Hallesche-Nationale Krankenversicherung aG,* Stuttgart

(Beirat). *Rücker AG Maschinenbau, Elektronik, Informatik,* Wiesbaden (Aufsichtsrat).

Michael Glos (CSU), Erster Fraktionsvize:
Commerzbank AG, Frankfurt am Main (Landesbeirat Bayern). *Gasversorgung Unterfranken GmbH,* Würzburg (Gesellschafter). *Münchener Hypothekenbank eG,* München (Vizechef des Aufsichtsrates). *THÜGA AG,* München (Beirat).

Klaus W. Lippold (CDU), Fraktionsvize:
Geschäftsführer der Landesvertretung Hessen des *Bundesverbandes der Deutschen Industrie e. V.,* Frankfurt am Main. Geschäftsführer der *Vereinigung hessischer Unternehmerverbände e. V. (VhU),* Frankfurt am Main.

Friedrich Merz (CDU), Ex-Fraktionsvize:
AXA Konzern AG, Köln (Vorsitzender des Konzernbeirates). *AXA Versicherung AG,* Köln (Aufsichtsrat). *Commerzbank AG,* Frankfurt am Main (Beirat). *Möller & Förster KG,* Baumärkte-Baustoffe, Hamburg (Beirat). *Odewald & Compagnie Gesellschaft für Beteiligungen mbH,* Berlin (Beirat). *Rockwool Beteiligungs GmbH,* Gladbeck (Aufsichtsrat).

Hildegard Müller (CDU), Ausschuss für Gesundheit und Soziale Sicherung:
Barmenia Versicherungs-AG, Wuppertal (Beirat). *NOVA Allgemeine Versicherung AG,* Hamburg (Aufsichtsrat). *Dresdner Bank* (Gehaltsliste).

Christine Scheel (Bündnis 90/Die Grünen), Chefin des Finanzausschusses:

Bausparkasse Schwäbisch Hall AG, Schwäbisch Hall (Vertrauensfrau der Bausparer/-innen).
Im Dezember 2003 verlässt Scheel die Beiräte der *Barmenia* und der *Nürnberger Versicherung* und lässt einen weiteren Nebenjob bei der *Hamburg-Mannheimer* auslaufen, weil ihre Partei rebelliert.[21]

Reinhard Schultz (SPD), Ausschuss für Umwelt und Reaktorsicherheit:
Vattenfall Europe (Aufsichtsrat und laut Frontal 21 auch Berater).[22]

Andreas Storm (CDU), Mitglied des Gesundheitsausschusses:
Allianz Lebensversicherungs-AG Stuttgart (Beirat für Zukunftsfragen der Altersvorsorge). *Barmenia Versicherungs-AG,* Wuppertal (Beirat).

Dieter Thomae (FDP), Fraktionsvize, Mitglied des Gesundheitsausschusses:
Curanum AG Seniorenresidenzen und Pflegeeinrichtungen, München (Aufsichtsrat).

Rainer Wend (SPD), Vorsitzender des Ausschusses für Wirtschaft und Arbeit:
Bielefelder Gemeinnützige Wohnungsgesellschaft, Bielefeld (Vizechef des Aufsichtsrates). *Hamburg-Mannheimer Versicherungs-AG,* Hamburg (Beirat).
Bis Januar 2003 ist Wend im Aufsichtsrat der Berliner *WMP Eurocom AG.* Als ein WMP-Beratervertrag mit der Bundesanstalt für Arbeit auffliegt und Anstaltsleiter Gerster

dessen vorzeitige Auflösung erwägt, verlässt Wend eilends WMP.[23]

Guido Westerwelle (FDP), Parteichef:
Hamburg-Mannheimer Versicherungs-AG (Beirat).

Inge Wettig-Danielmeier (SPD), Bundesschatzmeisterin:
Volksfürsorge Deutsche Lebensversicherung AG. Volksfürsorge Deutsche Sachversicherung AG. AdvoCard Deutsche Rechtsschutzversicherung AG, Hamburg (Mitglied des gemeinsamen Beirates).

Der Aufsichtsratskönig

Heinz Riesenhuber, Ex-Bundesforschungsminister (1982 bis 1993) und Bundestagsabgeordneter, macht auf der Internetseite des Bundestages unter anderem folgende »veröffentlichungspflichtige Angaben«:

> Mitglied im Aufsichtsrat:
> *Altana AG,* Bad Homburg, *EVOTEC OAI AG,* Hamburg (Vorsitz). *Frankfurter Allgemeine Zeitung GmbH,* Frankfurt/Main. *Henkel KGaA,* Düsseldorf, *InSynCo AG Management- und IT-Beratung,* Hamburg (Vizevorsitz). *OSRAM GmbH,* München, *VfW AG Logistik und Rücknahmesysteme,* Köln (Vizevorsitz). *Vodafone GmbH,* Düsseldorf.
>
> Mitglied im Beirat:
> *Frankfurter Versicherungs-AG,* München. *KarstadtQuelle New Media AG,* Essen. *Heidelberg Innovation Bio-*

Science Venture II GmbH & Co. KG, Heidelberg (Investorenbeirat).

Mitglied im Verwaltungsrat:
HBM BioVentures AG, Baar/Schweiz.

Vorträge:
IHK für München und Oberbayern, München. *Public Relations/Public Affairs,* Frankfurt am Main. *KSB Aktiengesellschaft,* Frankenthal. Veranstaltungsforum *Verlagsgruppe Holtzbrinck,* Berlin. *dr. reese – beckmann + partner gbr,* Bad Neustadt. *Kreissparkasse Aschersleben – Staßfurt,* Aschersleben. *IHK Cottbus,* Cottbus. *Ramsauer & Guillot,* Mannheim, Bonn, Berlin, (drei Vorträge). *Mettenmeier GmbH,* Paderborn. *Zentec GmbH,* Aschaffenburg.

13. Die Beamten – Garanten einer soliden Verwaltung?

Angesichts der durchwachsenen Fachkompetenz des *gewählten* (parlamentarischen) Führungspersonals ruhen große Erwartungen auf den politischen Beamten, besonders den beamteten Staatssekretären. Aber werden diese Hoffnungen erfüllt?

Der Politologe Wilhelm Hennis beklagt, »dass wir kein Berufsbeamtentum mehr haben, das sein Handwerk versteht ... Von diesen Fachleuten konnte man erwarten, dass sie ihre Materie beherrschten. Heute gilt die Ministerialbürokratie in Berlin nicht mehr viel. Die Minister umgeben sich lieber mit Jasagern und Schmeichlern statt mit Fachleuten«.[1]

Letzteres aber scheint auf den ersten Blick durch das Beamtenrechtsrahmengesetz (BRRG) abgedeckt, wonach »der Beamte auf Lebenszeit jederzeit in den einstweiligen Ruhestand versetzt werden kann, wenn er ein Amt bekleidet, bei dessen Ausübung er in fortdauernder Übereinstimmung mit den grundsätzlichen politischen Ansichten und Zielen der Regierung stehen muß«.[2]

Hans Herbert von Arnim sieht darin »ein besonders großes Einfallstor für Ämterpatronage«.[3]

Zwar ist es völlig legitim und verständlich, dass zum Beispiel die neue rotgrüne Regierung im Jahr 1998 sofort 61 Beamte, darunter 15 Staatssekretäre und 44 Abteilungsleiter, in den einstweiligen Ruhestand versetzt hat. Aber durch wen sind sie ersetzt worden? Wurde berücksichtigt, was der naive Normalbürger sowieso voraussetzt, dass nämlich politische Übereinstimmung nur ein *Zusatzkriterium,* nicht etwa der *Ersatz* für fachliche Qualifikation ist?

Frank Walter Steinmeier (SPD), Volljurist, beamteter Staatssekretär,
Chef des Bundeskanzleramtes:

Mitverantwortlich für das Regierungschaos?

Frank Walter Steinmeier, geboren am 5. Januar 1956 in Detmold, ist von 1974 bis 1976 bei der Bundeswehr, besteht 1986 das zweite Jurastaatsexamen, ist von 1986 bis 1991 Wissenschaftlicher Mitarbeiter am Fachbereich Rechtswissenschaft der Universität Gießen, 1991 Medienreferent für Medienrecht und Medienpolitik in der Niedersächsischen Staatskanzlei unter Ministerpräsident Gerhard Schröder, von 1993 bis 1994 Chef von Schröders persönlichem Büro, von 1994 bis 1996 Chef der Abteilung für Richtlinien der Politik, Ressortkoordinierung und -planung, von 1996 bis 1998 Staatssekretär und Leiter der Niedersächsischen Staatskanzlei. »Es war Steinmeier, sagen viele, der damals Niedersachsen regiert hat. Er fütterte den Ministerpräsidenten Schröder mit halbseitigen Aktennotizen, und der sagte: ›Mach mal, Frank!‹«[4]

Seit November 1998 ist er Staatssekretär im Bundeskanzleramt und Beauftragter für die Nachrichtendienste, seit Juli 1999 Chef des Bundeskanzleramtes.

Steinmeier gilt als »Schröders wichtigster Kopf – und mitverantwortlich für das Regierungschaos«.[5] Eine seiner großen Stärken ist die Selbstinszenierung: »Der Mann, der am Tisch der Macht zur Linken Gerhard Schröders sitzt und damit, wiewohl nur beamteter Staatssekretär, nach Sitzordnung auf Ranghöhe mit Außenminister Josef Fischer, pflegt sie gekonnt … Was er liebt, sind Fotos, die von Kanzlernähe künden und von Unentbehrlichkeit.« Schröder selbst sagt bei Kerner, außer seiner Doris und seiner Büroleiterin Sigrid Krampitz vertraue er nur »dem Frank«.[6]

Allerdings ist Steinmeier »mehr Dienstleister der Macht als Macher«. Er gilt als »allwissende graue Effizienz in der Regierungszentrale, umgeben von einem Corleone-Clan, der … keinen Widerspruch wagt und beflissen seinen Willen exekutiert«. Im Kanzleramt »hustet heute keine Maus mehr, ohne dass Steinmeier es erlaubt hat«. Steinmeier umgebe sich mit »buckelnden Zwergen«.[7]

Dummerweise hat der Ruhm als Kanzlervertrauter eine Kehrseite. Kritiker auch in der SPD fragen, ob Steinmeier für den Absturz der SPD und die »Pfuschpolitik der Regierung« nicht mitverantwortlich ist.[8] Tatsächlich hat »Steinmeier die zahllosen Kurswechsel des Kanzlers nicht verhindert, dessen Einlagen als Mode-Geck, das endlose Chaos seiner politischen Entscheidungsfindung, mal als ›Konsens-Kanzler‹, mal als ›Genosse der Bosse‹, mitgetragen«.[9]

Parteiübergreifenden Respekt erhält er allerdings für seinen Eifer: »Ameisenfleiß treibt ihn um. Keine Hobbys, keine Zeit für Kino und Theater. Stets macht er im Kanzleramt das Licht aus.«

Volker Halsch (SPD), Politikmagister, beamteter Staatssekretär beim Bundesminister der Finanzen

Eichels zentraler Macher – »kein Experte für Steuerfragen«

Volker Halsch, geboren am 9. Oktober 1964 in Fulda, startet 1990 als frisch gebackener »Magister Artium« der Politik unverzüglich seine Karriere im Windschatten Hans Eichels: Zunächst ist er Mitarbeiter des hessischen Landtagsabgeordneten Rudi Hilfenhaus, ab Januar 1991 Referent der SPD Hessen, ab 1995 persönlicher Referent von Ministerpräsident Eichel, ab 1997 SPD-Landesgeschäftsführer. Im April 1999 wechselt er an Eichels Seite als Leiter des Ministerbüros nach Berlin, im Juni 1999 wird er Leiter des Leitungsstabs des Ministeriums, im November 2002 beamteter Staatssekretär.

Als Halschs »Aufgaben« nennt die Internetseite des Ministeriums: »Zuständig für die Bereiche Grundsatzfragen der Finanz- und Wirtschaftspolitik, Finanzbeziehungen, Besitz- und Verkehrssteuern sowie für die Zentralabteilung.« Selbst die sonst so moderate *Welt* beurteilt den Staatssekretär Halsch nach vier Jahren Amtszeit im November 2002 bemerkenswert abfällig: »Nein, er ist kein Experte für Steuerfragen. Nein, er entwickelt keine Theorie für ein globales Finanzsystem. Nein, wahrscheinlich könnte er auch nicht das System von Bretton Woods erläutern. Aber: Ja, Volker Halsch ... ist der zentrale Macher in dem Ressort, das ... um seine Position gegen das Doppelhaus von Superminister Wolfgang Clement kämpfen muss. Da braucht Eichel einen politischen Macher, keinen Referenten für Fachfragen. Ohne den 38-jährigen Hessen lief schon in den vergangenen vier Jahren wenig im Ministerium. Bei wichtigen Sitzungen gehört er zum Inventar, strategische Entscheidungen liefen fast ausnahmslos über den Schreibtisch des bisherigen ›Leiters des Leitungsstabes‹. Halsch ist ›Loyalität pur‹, sagt ein Unionsabgeordneter bewundernd.«

Wie von Weizsäcker und von Arnim es – mit vornehmeren Worten – andeuten: keine Ahnung vom Fachlichen, aber Weltmeister im Machtkampf. Volker Halsch hat sein Glück und seine Fähigkeiten keine Sekunde seines Lebens auf dem freien Arbeitsmarkt erprobt, und schon gar nicht hat er sich dem Wählervotum gestellt. Auch die Lebenswirklichkeit der Bevölkerung dürfte ihm so vertraut sein wie einem Tibeter das Pfingstfest.

Peter Eickenboom, Jurist, beamteter Staatssekretär beim Bundesminister der Verteidigung:

Strucks guter alter Bekannter

Peter Eickenboom, geboren am 13. Dezember 1942 in Bonn, studiert von 1962 bis 1967 Jura, wird gleich nach dem zweiten Staatsexamen 1971 Mitarbeiter der Bundestagsverwaltung, gönnt sich nebenbei zwölf Jahre (1962 bis 1974) Politik- und Geschichtsstudium, wird 1976 persönlicher Referent von Bundestagspräsidentin Annemarie Renger, arbeitet ab 1981 in der Bundestagsverwaltung, wird Sekretariatsleiter des Rechnungsprüfungsausschusses, 1983 des Haushaltsausschusses, 1989 Unterabteilungsleiter, 1990 Abteilungsleiter sowie Bundestagsvizedirektor und 1998 Direktor. Anfang November 2002 wird er Staatssekretär.

Mit dieser Vita, die einer SPD-Mitgliedschaft gar nicht bedarf und in der sich von Verteidigungspolitik keine Spur findet, scheint Eickenboom geradezu prädestiniert für sein Amt. Denn der in den Augen von Wolfgang Thierse »versierte Administrator« und promovierte Jurist hat ein unsagbares Plus: dass er nämlich Struck aus dessen Zeit als SPD-Fraktionschef »gut kennt«.[10] Dies und nicht eine wie immer geartete, über Nacht entstandene Verteidigungskompetenz dürfte der tiefere Grund der Berufung Eickenbooms zum Staatssekretär sein.

In zehn Jahren war Eickenboom der *Welt* laut Archiv nur achtmal wichtig genug für eine Erwähnung.

In einer Meldung vom 3. März 2000 heißt es: »Bundestagsdirektor Peter Eickenboom hatte alle Mitarbeiter an ihre Dienstpflichten erinnert und für den Donnerstag und auch für den Rosenmontag normales Arbeiten angeordnet. Die Berliner Verwaltungszentrale kapitulierte jedoch vor ihrer Bonner Nebenstelle: Am Rhein war gestern wie immer dienstfrei, und auch am Rosenmontag muss niemand Urlaub nehmen, um den Karnevalsumzug zu erleben.«

Eine Meldung vom 10. Februar 2002 lautet: »Obwohl der Direktor des Bundestages, Peter Eickenboom, nur die Bonner Mitarbeiter an Weiberfastnacht und Rosenmontag mit der Hausverfügung 3/2002 vom Dienst befreite, ging am Donnerstag nichts mehr in der Berliner Bundestagsverwaltung. Mehrere hundert Mitarbeiter schunkelten bei rheinischen Liedern in der Kantine des gerade bezogenen Jakob-Kaiser-Hauses neben dem Reichstag.«

Was Eickenboom sonst noch so tut, wenn mal kein Karneval ist? Er führt zum Beispiel im Juli 2004 die Verhandlungen des Verteidigungsministeriums mit dem Industriekonsortium *Isic 21* über die vollständige Erneuerung der Informationstechnik der Bundeswehr, Arbeitstitel *Herkules,* ein Auftrag über 6,5 Milliarden Euro. Das übliche Problem: Das Rüstungskonsortium will 500 Millionen Euro Nachschlag. Die Haltung der Bundeswehr: Sie lehnt den Nachschlag ab, ist aber »kompromissbereit bei der Leistungsbeschreibung«.[11]

Welche Funktion hat nun der militärische Laie Eickenboom? Geht ihn der ganze Militärkram gar nichts an? Wieso schickt Struck dann nicht einen normalen vereidigten Notar? Redet Eickenboom doch mit? Wie will er beurteilen, auf welches Gerät man verzichten kann? Und wenn *er* das wirklich kann, vermag das dann nicht auch jeder beliebige Bundeswehroffizier? Ist er nur ein kompetenzloser Botenjunge? Hätte es dann nicht auch eine Chefsekretärin getan?

Das stichhaltigste Argument für Eickenboom als Staatssekretär scheint seine Freundschaft zu Peter Struck zu sein.

Rainer Baake (B' 90/Die Grünen), Diplomvolkswirt, beamteter Staatssekretär beim Bundesminister für Umwelt, Naturschutz und Reaktorsicherheit:

»Sang sich in den Fischer-Chören nach oben«

Rainer Baake, geboren am 15. August 1955 in Witten. Nach seinem Examen zum Diplomvolkswirt ist er von 1985 bis 1991 Erster Beigeordneter des Landkreises Marburg-Biedenkopf, von 1991 bis 1998 – offenbar als begnadeter Autodidakt – Staatssekretär im Hessischen Ministerium für Umwelt, Energie und Bundesangelegenheiten. Da Eichel die Hessenwahl verliert, Schröder aber die Bundestagswahl gewinnt, findet er – ähnlich wie Eichel selbst – Unterschlupf beim Bund, und zwar als beamteter Staatssekretär.

Hat Baake den Job wegen seiner Qualifikation – die *tageszeitung* lästert: »Baake managt die Gesetzesnovellen« – oder für die getreue Unterstützung des rotgrünen Kurses wie etwa seine Stimmungsmache gegen den baldigen Atomausstieg? Die frühere Grünen-Chefin Jutta Ditfurth behauptet jedenfalls, Rainer Baake »sang sich in den Fischer-Chören nach oben«[12], und tatsächlich scheint ihn seine Vita als ganz gewöhnlichen grünen Parteibuchkarrieristen auszuweisen.

Aber nicht alle urteilen so ungerecht: Laut einer Lobeshymne der *Frankfurter Allgemeinen Zeitung* wird Baake »sogar in der Wirtschaft für sein taktisches Geschick, die umsichtig-strategische Vorbereitung seiner Initiativen und deren erfolgreiche mediale Orchestrierung gelobt. Baake ist Trittins zentrale Stütze. Bei dem Volkswirt laufen alle Fäden zusammen, er ist eloquent, nicht arrogant, geschmeidig, aber beharrlich und linientreu, aber nicht stur und dogmatisch. Analytisch und lösungsorientiert ficht Baake seine Kämpfe«.

Für symbolische Umweltpolitik benötigt man nicht so sehr Fachkompetenz in Umweltfragen als vielmehr in Journalismus und Prosa, und Baake müht sich redlich: Mal nörgelt er pflichtschuldigst am geplanten Verkauf der Hanauer Brennelementefabrik nach China herum, mal lobt er den »Beitrag der Abfallwirtschaft zum Klimaschutz« bis zur Satiregrenze, mal verkündet er das einheitliche Rücknahmesystem beim Dosenpfand wie den Einstieg in eine neue Epoche der Menschheit.

Ob Baake allerdings derjenige welcher ist, der als Beamter all jene Fachkompetenz mitbringen soll, die der politischen Leitung des Ministeriums möglicherweise fehlt, erscheint nicht hundertprozentig sicher – aber was macht das schon in diesem Ministerium?

Alfred Tacke (SPD), Diplomvolkswirt, ehemaliger beamteter Staatssekretär beim Bundesminister für Wirtschaft und Arbeit:

Schröders FROG –
vom Beraterstammkunden zum »Überläufer«

Alfred Tacke, geboren 1951 in Celle, ist von 1976 bis 1987 Hochschulassistent, seit 1982 Dr. rer. pol., von 1987 bis 1990 beim DGB, von 1991 bis 1998 beamteter Staatssekretär im Niedersächsischen Ministerium für Wirtschaft, Technologie und Verkehr, seit 27. Oktober 1998 beamteter Staatssekretär im Bundesministerium für Wirtschaft und Arbeit mit Schwerpunkt Energiepolitik, ab 14. November 2000 persönlicher Beauftragter des Bundeskanzlers zur Vorbereitung des Weltwirtschaftsgipfels, seit Januar 2005 Vorstandschef der *Steag.*

Tacke gehört zur Schröderseilschaft »Frogs« (»Friends of Gerd«), die 1998 von Hannover nach Bonn und dann nach Berlin umzog.

Logischerweise verbindet sie »ein gemeinsames Verständnis von Politik. Dazu gehört auch, Unternehmensberater für die Meinungsbildung heranzuziehen«.[13] Tacke selbst gibt offen zu: »Wir fragen derzeit lieber Unternehmensberater wie McKinsey oder Berger, wenn wir schnell ein Politikkonzept brauchen.«[14]

Im April 2004 wird er von »Regierungskreisen« allen Ernstes als Nachfolger des Bundesbankpräsidenten Welteke gehandelt. Als das nicht klappt, geht der Regierungsexperte für Energie eben zu einem Energiekonzern, als Vorstandschef zur RAG-Tochter *Steag,* Deutschlands fünftgrößtem Stromversorger. RAG-Vorstandsvorsitzender aber ist zufällig Ex-Wirtschaftsminister Werner Müller, der ja schon einmal sein Chef war.

Für den *Spiegel* ist dieser Wechsel »nicht illegitim, aber anrüchig«. Es bestehe »Filzverdacht«, weil Tacke seinerzeit trotz Ablehnung durch das Bundeskartellamt die Ministererlaubnis zur Fusion von E.ON und Ruhrgas erteilt habe und jetzt »in ein mit diesen Firmen eng verbundenes Unternehmen« wechsele. Ganz offen fragt die wirtschaftspolitische CDU/CSU-Fraktionssprecherin Dagmar Wöhrl, »ob die damalige Fusionsgenehmigung in irgendeinem Zusammenhang mit dem finanziell sicher äußerst lukrativen Berufswechsel Tackes stehe«. Und FDP-Chef Guido Westerwelle setzt noch einen drauf: »Das stinkt zum Himmel, und das werden wir aufklären.«[15]

14. Die Versorgungsfälle: »Man muss an die Zukunft denken«

Marieluise Beck (B' 90/ Die Grünen), Parlamentarische Staatssekretärin bei der Bundesministerin für Familie, Senioren, Frauen und Jugend:

Derselbe Job, ein höheres Amt, ein besseres Gehalt

Marieluise Beck, geboren am 25. Juni 1952 in Bramsche/Osnabrück, ist zunächst Realschullehrerin für Deutsch, Geschichte und Gemeinschaftskunde, ab 1980 bei den Grünen, von 1983 bis April 1985 und von 1987 bis 1990 im Bundestag, kommt nach dem Scheitern der Grünen 1990 an der Fünfprozenthürde von 1991 bis 1994 in der Bremer Bürgerschaft unter, ist seit 1994 wieder im Bundestag, von 1994 bis 1998 im Innenausschuss, von 1998 bis 2002 Ausländerbeauftragte der Bundesregierung und seit Oktober 2002 Staatssekretärin sowie Beauftragte der Bundesregierung für Migration, Flüchtlinge und Integration.

Kurz gesagt: Beck macht seit 2002 denselben Job wie zuvor, nur eben jetzt als Staatssekretärin. Sie ist in puncto Einkommen, Karriere und Ansehen »eins raufgerutscht« – der Steuerzahler hat's ja. Ein besonderes Fachwissen in Ausländerfragen oder anderen Aufgabenbereichen des Ministeriums, das über die Kompetenz eines durchschnittlich politisch interessierten Bürgers hinausgeht, ist aus Becks Vita nicht ersichtlich.

Erich Stather (SPD), beamteter Staatssekretär bei der Bundesministerin für wirtschaftliche Zusammenarbeit und Entwicklung:

Der klassische Versorgungsfall?

Erich Stather, geboren am 18. September 1948 in Freiburg/Breisgau, ist von 1969 bis 1971 bei der Bundeswehr. Bis zum 30. Lebensjahr studiert er wie so viele seiner Generation Soziologie, arbeitet nach dem Magisterexamen 1978 ein Jahr im Presseamt der Stadt Mainz und danach für die verschiedensten einflussreichen SPD-Größen. So ist er von 1979 bis 1983 persönlicher Referent des Mainzer Oberbürgermeisters Jockel Fuchs, von 1983 bis 1989 Pressesprecher der Landtagsfraktion Rheinland-Pfalz und persönlicher Referent von Fraktionschef Rudolf Scharping, von 1989 bis 1991 Pressesprecher der SPD-Landtagsfraktion Hessen unter dem späteren Bundesbankpräsidenten Ernst Welteke, von 1991 bis Dezember 1993 Staatssekretär und Sprecher der Landesregierung Hessen unter Hans Eichel.

Die Zeit von 1994 bis Oktober 1998 überbrückt er in einem »Büro für Projekte, Entwicklung und Organisation, Information, Kommunikation für Wirtschaft, Verwaltung und Politik, Seminare«, dann klappt es mit dem Posten als Staatssekretär und dem Aufsichtsratsvorsitz in der *Deutschen Gesellschaft für Technische Zusammenarbeit* (GTZ) und auch in der *Deutschen Investitions- und Entwicklungsgesellschaft mbH* (DEG).

Wie im Abschnitt über Ministerin Wieczorek-Zeul schon gesagt, hat Stather selbst nach Einschätzung der Mitarbeiter des Ministeriums bei Amtsantritt keinen Schimmer vom »komplizierten Politikfeld«.[1]

Wenn dem so ist, hat die Berufung Stathers mit einer Stellenbesetzung im Interesse des Volkssouveräns natürlich nichts zu tun, mit »Fürsorgepflicht« für die Seilschaft dagegen eine ganze Menge. Noch typischer kann ein Versorgungsfall eigentlich kaum sein. Man ist versucht zu fragen, ob Wieczorek-Zeul keine protektionswürdigeren Verwandten und Bekannten hat.

Angelika Beer (B' 90/Die Grünen), Arzthelferin, Anwaltsgehilfin und Europa-Abgeordnete:

»Weiß wenig, hat nichts zu sagen«

Angelika Beer, geboren am 24. Mai 1957 in Kiel, ist selbst unter Deutschlands Spitzenpolitikern eine besonders tragikomische und peinliche Figur. Schon ihre Kindheit ist grauenvoll. Mit 14 verliert sie ihren Vater, einen CDU-Landtagsabgeordneten, durch Krebs, mit 15 ihre Mutter durch Selbstmord. Mit 16 ist sie Mutter eines Sohnes und verheiratet, mit 18 wieder geschieden und macht Ausbildungen zur Arzthelferin und zur Rechtsanwalts- und Notargehilfin. Außerdem ist sie in der Alternativen Bewegung aktiv, Fachrichtung »Anti-AKW« und Frieden.

Arno Luik beschreibt Beers Credo im *Stern:* »Wichtig sein. Ernst genommen werden. Das ist es, worum sie gekämpft hat, ihr Leben lang. Sie, die nicht studiert hat, die kein Abitur vorweisen kann. Ganz nach oben hat sie es dennoch geschafft, sie, die Notargehilfin aus Lütjenburg. Aber ihr Triumph ist kein Triumph: Auf dem Höhepunkt ihrer Karriere nimmt man sie nicht mehr ernst.«

Zunächst allerdings geht's voran: 1980 ist sie Gründungsmitglied der Grünen, seit 1998 im Bundesparteirat. Von 1987 bis 1990 sitzt sie im Bundestag, nach dem Scheitern der Grünen an der Fünfprozenthürde von 1991 bis 1994 im Parteivorstand, danach bis 2002 wieder im Bundestag, nun als verteidigungspolitische Fraktionssprecherin. Dann erhält Beer von ihrem Landesverband keinen guten Listenplatz mehr und steht ohne Arbeitsplatz da. Am 9. Dezember 2002 aber gibt es einen »Spitzenjob für die Arbeitslose« (dpa): Weil Claudia Roth und Fritz Kuhn ein versorgungsrelevantes Bundestagsmandat wollen und wegen der Trennung von Amt und Mandat ihre Parteichefsessel räumen müssen, wird Beer gemeinsam mit Reinhard Bütikofer Parteivorsitzende.

Doch von da an geht's bergab. Oliver Tolmein urteilt im *Freitag* noch extrem wohlwollend: »Die großen Probleme sind ihr, weil sich an ihnen Leerformeln am prächtigsten entfalten können, die liebsten. ›Das Renten- und Gesundheitssystem gehört in seiner jetzigen Form ebenso auf den Prüfstand wie die Wehrpflicht. Das sind wir dem Land schon deshalb schuldig, weil die Opposition keinerlei Konzepte aufzuweisen hat.‹ Wenn … Angelika Beer sich dem Land gegenüber als Schuldnerin erklärt, klingt es nicht nur wie TÜV, es ist auch nicht länger gültig als eine der hübschen bunten Plaketten.«

Beer ist damals Chefin einer Regierungspartei. »Sie ist – zumindest auf dem Papier – eine der wichtigsten Frauen in diesem Land. Aber sie ist eine Parteichefin, die so gut wie gar nicht mehr in der politischen Öffentlichkeit vorkommt – und wenn sie vorkommt, geht sie unter.«[2]

Beer gilt selbst intern als rundum inkompetent. Die Folge: »Sager, Göring-Eckardt und Bütikofer besprechen alle strategischen Fragen zusammen mit Joschka Fischer in kleinen vertraulichen Runden«[3], und »Angelika Beer bekommt einen Termin bei den Ministern, wenn sie Glück hat. Machtspiele, man kennt das, aber sie hat dem nichts entgegenzusetzen. Sagt eine Spitzen-Grüne:

›Als Frau würde ich sie ja gern gegen diese Machos verteidigen. Aber ich kann es nicht, sie hat zu wenig drauf.‹«[4]

Eine Einzelmeinung? Ein Journalist vom *Tagesspiegel* spricht aus, was viele denken: »Weiß wenig, hat nichts zu sagen.«

Nach einem Auftritt an der Basis im Herbst 2003 in einem Essener Lokal, wo sie vor 25 Leuten zwanzig Minuten lang über Terrorismus, Steuer- und Gesundheitsreform, Rüstungsharmonisierung, Tierschutz und Genverordnung redet, urteilt der grüne NRW-Landtagsabgeordnete Thomas Rommelspacher: »Dürftig, dünn. An der Uni würde ich ihr dafür eine Vier geben.«[5]

Die frühere Abgeordnete Annelie Buntenbach wird sogar persönlich: »Glauben Sie denn, dass Sie in der SPD jemand finden würden, der etwas über Rudolf Scharping sagen würde?«[6]

Auch Stephan Haselberger von der *Welt* vergleicht Beer mit Scharping: »Trotzig wehrt die Einzelkämpferin alle Nachfragen nach ihrem Seelenzustand ab ... Als ›verschlossen und abgekapselt‹ erleben sie Parteifreunde, als emotionslos und hart. Das ist eine schwer fassbare und eigentlich sehr traurige Geschichte ... jetzt erkennen manche an ihr Züge wie an Rudolf Scharping in seinem letzten Jahr als Verteidigungsminister. Dessen politischer Autismus kostete ihn letztlich das Amt.«

Ihren Ruf als »Scharping der Grünen« erwirbt sich Beer neben ihrem schlechten Ruf in der eigenen Partei vor allem durch Medienauftritte. »Wenn Beer Schlagzeilen macht, dann leider nur in der *Bunten,* in der sie ihr Liebesleben mit einem Bundeswehroffizier und siebenfachen Vater ausbreitete. Das hat für viele Grüne den Scharping-Beigeschmack.«[7]

Ein Glanzlicht besonderer Art ist ihr feuchtfröhlicher Auftritt am 9. Februar 2003 im »Talk in Berlin« bei NTV mit Olaf Scholz, Guido Westerwelle und Wolfgang Schäuble. Mit ihnen, so schildert der *Stern* den Auftritt der offenbar Alkoholisierten, »sollte sie über die Irak-Krise reden – und sagte dann so etwas: ›Wnn ess denn so isst, mussn deutsche Soldaten mtkämpfen.‹ Massenvernichtungswaffen? ›Das waren Schdudenten‹, stammelte sie.«

Insgesamt erscheint Angelika Beer eher für eine psychologische als für eine politische Bewertung geeignet: Sie ist eher »Opfer« als »Täterin«. Wichtiger als Beers Kompetenz und Trinkfestigkeit ist die Frage, wie eine solche Person es so weit bringen konnte: Ist sie »ein später Kollateralschaden des Kosovokrieges?«[8]

Hat Joschka Fischer die damalige Pazifistin auf den Balkan geschickt, damit sie dort unter dem Eindruck der Kriegsbilder zur Nato »bekehrt« werde? Tatsächlich lässt sie sich auf Panzern fotografieren, faltet bei Bundeswehrgelöbnissen andächtig die Hände oder nennt Soldaten »meine Jungs«. Seitdem vertritt sie recht stramm Fischers Kriegskurs, genauer gesagt: »wenn's passt«: Beer hat »im Laufe der Zeit insbesondere ihre Haltung zu Krieg und Frieden so flexibel den jeweiligen Gegebenheiten angepasst, dass schließlich alles eines war«.[9] So kommen Sätze zustande wie: »Wir wissen, dass der Krieg auch nicht als ›Ultima Ratio‹ vertretbar ist, sondern nur, wenn wir keinen anderen Ausweg mehr wissen.« Fast lohnt es nicht mehr zu fragen, ob nicht sogar eine Anwaltsgehilfin die deutsche Übersetzung von *Ultima Ratio* kennen müsste.

»Letzte Chance Straßburg« lautet der Titel des zitierten *Welt*-Artikels vor dem Dresdner Parteitag im November 2003, wo Beer sich um einen Listenplatz für das Europaparlament bewirbt, und auch nach Meinung von Markus Deggerich vom *Spiegel* »geht es um die Zukunft der Parteichefin Angelika Beer. Die unglückliche Militärexpertin befindet sich im Dauersinkflug … Es wird gemutmaßt, dass Beer sich nicht zuletzt deshalb um einen Sitz im Europaparlament bemüht, weil ihr das Amt der Parteivorsitzenden über den Kopf wächst.«

Dass sie tatsächlich nominiert wird und es aufgrund des Ergebnisses der Europawahl im Juni 2004 wirklich schafft, zeigt nicht nur ein weiteres Mal die »hohe« Wertschätzung dieses Parlaments, sondern scheint auch für alle Beteiligten die beste Lösung zu sein.

Achim Großmann (SPD), Parlamentarischer Staatssekretär beim Bundesminister für Verkehr, Bau und Wohnungswesen:

Der diplompsychologische Aspekt des Baulobbyismus

Achim Großmann, geboren am 17. April 1947 in Aachen, ist seit 1971 in der SPD, von 1972 bis 1986 als Diplompsychologe in der Familien-Beratung, seit 1982 Chef des SPD-Unterbezirks Aachen, von 1983 bis 1995 im Bezirksvorstand Mittelrhein.

Großmanns Parlamentskarriere ist übersichtlich: Seit 1975 im Stadtrat Würselen, seit 1987 im Bundestag, von 1991 bis 1998 wohnungspolitischer Fraktionssprecher, seit Oktober 1998 Staatssekretär.

Jegliche nachweisbare Fachqualifikation Großmanns für das Amt bleibt sorgfältig verborgen: Mit Stolpe, Mertens, Gleicke und Großmann wirkt die Spitze dieses Ministeriums wie ein flammendes Plädoyer gegen irgendeine Fachausbildung und zeugt einerseits von der Chuzpe der rotgrünen Führung, andererseits von der Irrelevanz des Ressorts für die tatsächliche rotgrüne Verkehrspolitik.

Auf dem Ausgabenkonto des Steuerzahlers taucht Großmann häufiger auf als im *Spiegel.* Nur dreimal seit 1998 ist er den Hamburgern überhaupt eine Silbe wert:

- Im Januar 2001 wird er als Lobbyist gewürdigt, der der Bauwirtschaft möglichst viel Geld aus der Rentenreform zuschanzen will: »Lange hatte die Immobilienbranche schlicht verschlafen, welch gigantischer Finanzstrom ihr da zu entgehen drohte. Aber dann wurde die Baulobby ... aktiv: Heim- und Grunderwerb sollten ins Gesetzeswerk, koste es, was es wolle ... Bauminister Kurt Bodewig und sein Staatssekretär Achim Großmann drängten Arbeitsminister Riester, Immobilienvermögen (in den Förderungskatalog für die private Zusatzversorgung; T.W.) einzubeziehen.«
- Im April 2001 wirft ihm das Blatt »Schönfärberei und Selbstbetrug« bei der Einschätzung der Zusammenarbeit der Ministerien zwischen Bonn und Berlin vor.
- Im Oktober 2002 brüstet er sich als »der Mann mit den meisten Ernennungsurkunden« zum Staatssekretär. Schließlich hatte er mit Müntefering, Klimmt, zwei Wochen kommissarisch Trittin, Bodewig und Stolpe schon fünf Chefs.

Wenn er überhaupt Erwähnenswertes produziert, dann solches: Im August 2004 berichtet *Frontal 21* über »Planung ohne Sinn – Überflüssige Straßen auf Steuerzahler-Kosten«: »So wird das Bundesverkehrsministerium und sein Wegeplan zum Tummelplatz politischer Kungelei. Der Bürger zahlt ja.« Über Großmann heißt es: »In seinem Wahlkreis hat er sich ganze acht solcher Umgehungen genehmigt, fast alle im vordringlichen Bedarf. Der Verkehrswegeplan wimmelt von solchen Beispielen ... 300 bis 400 Straßenbauprojekte halten Experten für unsinnig, überflüssig, unwirtschaftlich. Steuergeldverschwendung in Milliardenhöhe.«

Wie sagt der Herrn Staatssekretär Großmann finanzierende Bürger: Man gönnt sich ja sonst nichts.

15. Die Parteikarriere als Sprungbrett

Für einige Politiker ist die Politkarriere nur eine Etappe zu materiell oder ideell noch lohnenswerteren Ämtern.

Das Sprungbrett zum öffentlichen Amt

Ernst Welteke (SPD), Diplomvolkswirt, Bundesbankpräsident:

Vornehm geht der Welteke zugrunde

Ernst Welteke, geboren am 21. August 1942 in Korbach, stammt als Sohn eines Bankangestellten und einer Hausfrau aus kleinen Verhältnissen, macht zunächst eine Lehre als Landmaschinenmechaniker, holt das Abitur nach, tritt 1965 der SPD bei, ist seit 1971 Diplomvolkswirt, ab 1972 Büroleiter des damaligen hessischen Ministerpräsidenten Albert Osswald, ab 1974 im Landtag, von 1984 bis 1987 und von 1988 bis 1991 Fraktionschef, von 1991 bis 1994 Wirtschaftsminister, von 1994 bis 1995 Finanzminister, von 1995 bis 1999 Präsident der Landeszentralbank, ab September 1999 bis April 2004 Bundesbankpräsident. Anfang April 2004 gerät Welteke nach einem unscheinbaren Bericht auf Seite 106 des *Spiegel*[1] massiv in die Kritik, weil er sich zum Jahreswechsel 2001/02 anlässlich einer Feier zur Euro-Einführung vier Übernachtungen im Luxus-Hotel *Adlon* für sich und seine Familie im Werte von 7661 Euro und 20 Cent von der Dresdner Bank bezahlen ließ. Daraufhin lässt er sein Amt ruhen und tritt zurück.

Welteke verdankt jeden einzelnen Tag seines Berufslebens den hessischen SPD-Größen Albert Osswald und Hans Eichel. Auch wenn Ellen Schuster von der Deutschen Welle von einer »unbestrittenen Fachkompetenz« Weltekes schwärmt: Deutlicher und peinlicher kann eine Parteibuchkarriere kaum verlaufen.

Florian Gerster (SPD), Diplompsychologe, Ex-Chef der Bundesagentur für Arbeit:

»Rüde Methoden, dubiose Geschäfte?«

Florian Gerster, geboren am 7. Mai 1949 in Worms, Arztsohn und Neffe des früheren rheinland-pfälzischen CDU-Chefs Johannes Gerster, tritt 1966 mit 17 Jahren in die SPD ein, ist ab 1974 Stadtrat, seit 1975 Diplompsychologe, ab 1977 bis 1987 im Landtag, von 1981 bis 1991 freier Personalberater, von 1987 bis 1991 im Bundestag, von 1991 bis 1994 Landesminister für Bundesangelegenheiten und Europa, ab 1994 Minister für Arbeit, Soziales und Gesundheit und ab 2001 zusätzlich für Familienpolitik. Im März 2002 wird er Chef der Bundesanstalt für Arbeit (seit 2004 *Bundesagentur für Arbeit).* Gerster nimmt den Job nur an, nachdem sein Gehalt auf 250 000 Euro (etwa soviel wie der Kanzler) verdoppelt wird. Gerhard Schröder begründet Gersters Berufung mit den Worten: »Ich schicke meinen besten Mann auf meine wichtigste Baustelle.«[2]

Im November 2003 gerät Gerster wegen eines nicht ausgeschriebenen Beraterauftrags in die Schlagzeilen: Die Firma *WMP* soll für 1,3 Millionen Euro das Image der Anstalt verbessern. Mitte Januar 2004 werden Verträge mit fünf Beraterfirmen und einem

Gesamtvolumen von 38 Millionen Euro bekannt. Am 20. Januar werden Vorwürfe laut, Gerster solle die Fälschung interner Behördenprotokolle veranlasst haben, um die Affäre zu vertuschen. Am 24. Januar entzieht ihm der Verwaltungsrat der Agentur das Vertrauen, eine halbe Stunde später wird er von Wirtschaftsminister Clement entlassen.

Die Meinungen über Gerster sind zuletzt nahezu einhellig: »Größenwahn«, »Großspurigkeit«, »Gernegroß«, »überbezahlter Manager des Elends«, »klein gewachsen, aber große Klappe«, »rüde Methoden, dubiose Geschäfte«, »Herrschaftsmarotte«, »Der Herr verbrät Beitragsmittel der Arbeitnehmer nach Gutsherrenart«, »Dem Herrn beliebt es, auf hohem Ross zu reiten«, »Gewichtheber ohne Hantel«, »Hat diese Primadonna wirklich Psychologie studiert?«[3]

Zwar meint Ralf Isermann von *AFP:* »Sein Können blieb unbestritten.« Aber schon als Mainzer Sozialminister verspricht er für 100 000 Sozialhilfeempfänger eine Arbeit und schafft es für 11 000.[4] Und auch der Agenturchef Gerster hat die Fakten gegen sich: Die Zahl der Arbeitslosen erreicht 2003 mit im Schnitt 4,376 Millionen den Höchststand seit 1997.

Florian Gerster ist als Charakter natürlich kein SPD-Genosse vom Schlage der Ruhrpottkumpel, wohl aber ein Seelenverwandter des »Genossen der Bosse«, *Brioni*-Trägers und *Cohiba*-Rauchers Gerhard Schröder. Insofern kann es gut sein, dass der Kanzler seinerzeit den Posten an Gerster (außer nach Parteibuch natürlich) nach »Kompetenz« vergeben hat – nämlich dann, wenn für ihn Kompetenz und Großspurigkeit dasselbe sind.

Roman Herzog (CDU), Juraprofessor, Ex-Präsident des Bundesverfassungsgerichtes, ehemaliger Bundespräsident:

Von Helmut Kohl geködert?

Roman Herzog, geboren am 5. April 1934 in Landshut, ist zweifellos ein Mann vom Fach. Von 1965 bis 1969 ist er Professor für Staatsrecht und Politik an der Freien Universität Berlin, von 1969 bis 1972 dasselbe an der Hochschule für Verwaltungswissenschaften Speyer.

Dann aber gerät er in das »System Kohl«: »Mit Hilfe der Partei konnte Kohl sein Netzwerk ergänzen, denn nun hatte er Posten anzubieten ... Den Rechtsprofessor Roman Herzog köderte Kohl mit dem Angebot, Vertreter von Rheinland-Pfalz im Bund zu werden. Und dem heutigen thüringischen Ministerpräsidenten Bernhard Vogel verschaffte er eine Bundestagskandidatur.«[5]

So wird Herzog 1973 Staatssekretär und Bonner Vertreter der von Helmut Kohl und später von Bernhard Vogel geführten Mainzer Landesregierung, von 1978 bis 1980 ist er Kultusminister in der von Lothar Späth geführten Landesregierung Baden-Württemberg, von 1980 bis 1983 dort Innenminister. 1983 wird er zum Richter am Bundesverfassungsgericht ernannt. Er ist hier bis 1987 Vorsitzender des Ersten Senats und Vizepräsident, von 1987 bis 1994 Präsident des Bundesverfassungsgerichts, bis er schließlich Bundespräsident wird. Eine Politikkarriere als Sprungbrett zum höchsten deutschen Richteramt können auch der Rechtsanwalt Ernst Benda (CDU, 1971 bis 1983) als Bundesinnenminister und die Juraprofessorin Jutta Limbach (SPD, 1994 bis 2002) als Berliner Justizsenatorin vorweisen.

Dieses Hin-und-her-Hüpfen zwischen den drei eigentlich unabhängigen Gewalten – alle drei waren natürlich auch Abgeordnete und damit Mitglieder der Legislative – ist umso bemerkenswerter, als die Gewaltenteilung in den Artikeln 1 Absatz 3 und 20 Absatz 2 des Grundgesetzes geregelt wird und somit zu den unabänderlichen Prinzipien gehört.

Praktisch bedeutet das die Annahme, dass ein Politiker heute erbittert für die eigene und gegen die konkurrierende Partei eintritt, morgen als Verfassungsrichter völlig unabhängig und unbefangen darüber entscheiden soll, welche der beiden Parteien im Recht ist. Das Bundesverfassungsgericht entscheidet über Zuwanderung und Schwangerschaftsabbruch, über Ladenschluss und Bundeswehreinsätze, über Pflegeversicherung und Ökosteuer. Es ist eine Art »heimliche Regierung«, bei der peinlichst auf den Parteienproporz geachtet wird.

Dies aber hat fatale Auswirkungen, wie Hans Herbert von Arnim feststellt: »Die gelegentlich geäußerte Hoffnung, das Bundesverfassungsgericht werde gegen die Patronagetendenzen wirksam Front machen, wird wohl Illusion bleiben. Die Richter sitzen im Glashaus, weil auch sie ihre Bestellung vielfach dem Parteienproporz verdanken.«[6]

Überflüssig zu sagen, dass auf SPD-Frau Limbach wieder ein Unionsvertreter folgen musste. Der aktuelle Präsident des Bundesverfassungsgerichtes, Hans-Jürgen Papier, ist CSU-Mitglied.

Sprungbrett in die Wirtschaft

Nicht alle Spitzenpolitiker können sich in der Privatwirtschaft durchsetzen – wären sie sonst Politiker geworden? Die besten Kräfte schaffen es aber doch, wie zum Beispiel:

- Manfred Lahnstein (SPD), von 1980 bis 1982 Kanzleramtschef und ab 1982 Bundesfinanzminister unter Helmut Schmidt, geht nach dem Ende der sozialliberalen Koalition 1983 als Vorstandsmitglied zum *Bertelsmann*-Konzern und wechselt 1994 in den Aufsichtsrat.
- Hans Friderichs (FDP), ab 1972 Bundeswirtschaftsminister, wechselt 1977 überraschend in den Vorstand der *Dresdner Bank* und ist hier von 1978 bis 1985 Vorstandssprecher. 1984, also als amtierender Bankchef, wird er im Prozess um die Flick-Parteispendenaffäre in seiner Eigenschaft als Ex-Bundeswirtschaftsminister wegen Steuerhinterziehung zu 61 500 DM Geldstrafe verurteilt.

Das sind aber noch unspektakuläre Fälle, verglichen mit den folgenden Glanzleistungen.

Hartmut Meyer (SPD), Brandenburger Verkehrs- und Bauminister:

Vom Verhandlungsgegner zum Berater

Hartmut Meyer, geboren am 18. September 1943 in Merseburg, ist seit 1968 Diplomingenieur für Maschinenbau, seit 1976 für Bauwirtschaft, ab 1980 Direktor für Ökonomie im Landbaukombinat Frankfurt (Oder), ab 1990 in der SPD, im Vorstand der aus dem Kombinat hervorgegangenen Aktiengesellschaft und Landrat im Kreis Bad Freienwalde, danach ab Oktober 1990 im Landtag als Parlamentarischer Fraktionsgeschäftsführer, von 1993 bis 2003 Minister für Stadtentwicklung, Wohnen und Verkehr.

Minister Meyer schließt im Dezember 2002 mit der *Bahn AG* ohne Ausschreibung einen Zehnjahresvertrag mit einem Volumen von 1,92 Milliarden Euro. Im September 2003 tritt Meyer nach zehnjähriger Amtszeit überraschend zurück. Als im März 2004 bekannt wird, dass Meyer nun Berater der *Bahn AG* wird, ermittelt die Staatsanwaltschaft wegen Korruption. Der Anfangsverdacht ergebe sich aus »möglicherweise erkennbaren und vermeidbaren wirtschaftlichen Nachteilen für das Land Brandenburg« und »spiegelbildlichen Vorteilen« für die Bahn. Meyers Privathaus sowie Räume der Bahn und einer Beraterfirma werden durchsucht. Im Juni 2004 werden die Ermittlungen eingestellt. Davon mag man halten, was man will: Meyer ist der soziale und hoffentlich finanzielle Aufstieg von der Politik in die Wirtschaft geglückt.

Frank Bielka (SPD), ehemaliger Berliner Finanzstaatssekretär:

Sich selbst das Gehalt erhöht?

Franz Bielka, geboren am 22. Oktober 1947 in Berlin, ist nach dem Betriebswirtschaftsstudium ab 1974 wissenschaftlicher Assistent der Berliner SPD-Fraktion, ab 1979 Persönlicher Referent des Innensenators, ab 1981 Referent beim Bausenator, ab 1985 Bezirksstadtrat für Jugend und Sport in Berlin-Neukölln, ab 1989 Neuköllner Bezirksbürgermeister, dann Staatssekretär: ab 1991 für Bau- und Wohnungswesen, ab 1996 für Finanzen, ab 1999 für Stadtentwicklung Berlin (zuständig für Bauen und Wohnen), ab Juni 2001 wieder für Finanzen, ab Oktober 2003 Geschäftsführer der landeseigenen Wohnungsbaugesellschaft *Degewo*.

Staatssekretär Bielka stimmt 2002 in der Position als Aufsichtsratsvorsitzender einer Gehaltserhöhung der beiden *Degewo*-Geschäftsführer auf 190 000 beziehungsweise auf knapp 180 000 Euro zu. Dann tritt er als Aufsichtsratschef der *Degewo* zurück, seinen Posten übernimmt der Chef der Berliner Volksbank, Karl Kauermann, ebenfalls SPD-Mitglied. Bielka bewirbt sich als Geschäftsführer. Kauermann wiederum leitet das Auswahlverfahren, das Bielka für sich entscheiden kann, und handelt auch den Vertrag mit Traumgehalt aus.

Holger Pfahls (CSU), ehemaliger Verteidigungsstaatssekretär:

Vom Top-Regierungsbeamten zum Top-Manager

Holger Pfahls, geboren am 13. Dezember 1942 in Luckenwalde, promoviert 1971 zum Dr. jur., ist bis 1973 abgeordneter Richter beim Bayerischen Obersten Landesgericht, dann Staatsanwalt für Wirtschaftssachen, ab 1974 im bayerischen Umweltministerium, ab 1976 Referent der Staatskanzlei und ab 1981 Bürochef des Ministerpräsidenten Franz Josef Strauß, von 1985 bis 1987 Präsident des Bundesamtes für Verfassungsschutz, ab 1987 beamteter Staatssekretär bei Verteidigungsminister Manfred Wörner (CDU), ab 1988 bei Nachfolger Rupert Scholz (CDU), ab Januar 1989 verantwortlich unter anderem für Rüstungskontrolle. 1992 wird er auf eigenen Wunsch in den einstweiligen Ruhestand versetzt. Ab 1992 ist er Berater der *Mercedes-Benz AG,* von 1992 bis 1998 Geschäftsführer der Tochtergesellschaft *Mercedes-Benz Belgium* in Brüssel, ab Mai 1998 dann in Singapur Präsident und Geschäftsführer für die Daimler-Chrysler-Aktivitäten in Südostasien.

Selbstverständlich nimmt ein hochkarätiges Unternehmen wie Daimler auch hochkompetente Experten nicht ohne Probezeit. So soll Pfahls bereits während seiner Tätigkeit als Rüstungsstaatssekretär einen Beratervertrag mit der *Daimler-Benz Aerospace AG (Dasa)* gehabt haben, einem der wichtigsten Lieferanten der Bundeswehr. Vorstandsvorsitzender der *Dasa* war damals der heutige *DaimlerChrysler*-Chef Jürgen Schrempp.[7]

Ab April 1999 wird er per Haftbefehl gesucht. Die Augsburger Staatsanwaltschaft wirft ihm vor, als Staatssekretär in Zusammenhang mit einer Panzerlieferung an Saudi-Arabien vom Waffenlobbyisten Karlheinz Schreiber Schmiergeld in Höhe von fast zwei Millionen Euro angenommen zu haben. Im Juli 1999 taucht Pfahls unter, führt ein Leben als Richard Kimble der Politik und wird im Juni 2004 in Paris gefasst.

Holger Pfahls ist das klassische Beispiel dafür, dass man es auch als Staatssekretär in der freien Wirtschaft zu etwas bringen kann. Dass die Staatsanwaltschaft sein und Schreibers Verständnis von »Landschaftspflege« zwischen Politik und Wirtschaft nicht ganz teilt, ist eine andere Frage.

Agnes Hürland-Büning (CDU), ehemalige Finanzstaatssekretärin:

Wenn »Frau Raffzahn« berät

Agnes Hürland-Büning, geboren am 17. Mai 1926, arbeitet vor der Politik als Sekretärin, Arbeitsvermittlerin und Rehabilitationsberaterin, ist seit 1984 in der CDU, von 1972 bis 1990 im Bundestag, von 1982 bis 1987 als Fraktionsgeschäftsführerin, von 1987 bis Januar 1991 als Parlamentarische Staatssekretärin beim Bundesverteidigungsminister, wo Heiner Geißler sie als »Mutter Courage der Nation« feiert und ihr Staatssekretärskollege besagter Holger Pfahls ist. Im April 1991 schließt sie mit dem Manager Dieter Holzer einen Beratervertrag ab. Inhalt, auf Deutsch: Holzer sagt ihr, wo es was zu holen gibt, und sie gibt ihm etwas ab. »Angemessen sind fünfzig Prozent, und es geht um Millionensummen.«[8]

Am 28. Februar 1992 schließt Hürland-Büning einen Beratervertrag mit dem *Thyssen*-Konzern. Dafür habe sie für die Erdölraffinerie Leuna/Minol des französischen Konzerns Elf/Aquitaine und gegen Konkurrenzprojekte Stimmung gemacht. Hürland-Büning sagt später wörtlich: »Der damalige Ministerpräsident von Niedersachsen, Gerhard Schröder, war für den Bau der Pipeline. Mir ist es aber gelungen, über politische Kontakte die Planfeststellung in Sachsen-Anhalt zu verhindern.«[9] Ein Sprecher der *Elf Deutschland GmbH* hält es dagegen für »völligen Unsinn«, dass »eine Staatssekretärin a. D. einen Welt-Ölkonzern von seinen Absichten hätte abbringen können«.[10]

Insgesamt zahlen ihr *Thyssen* und Thyssenbeteiligungen von 1991 und 1993 im Zuge mehrerer Privatisierungsgeschäfte in Ostdeutschland rund 8,5 Millionen Mark, was ihr den Ehrentitel »Frau Raffzahn« einbringt.[11] Die Frage ist nun, wofür genau Hürland-Büning ihr Geld bekommen hat.

Im Dezember 2003 erhebt die Staatsanwaltschaft Anklage unter anderem wegen Betrugs: Hürland-Büning und der frühere *Thyssen*-Manager Herbert Gatzen sollen im Jahr 1995 gegenüber der brandenburgischen Firma *Europarc Thyssen Dreilinden GmbH* im Rahmen eines Grundstückskaufs falsche Angaben über angebliche Beratungsleistungen Hürland-Bünings gemacht und ein ungerechtfertigtes Erfolgshonorar von 5,75 Millionen Mark (2,9 Millionen Euro) unter sich aufgeteilt haben.[12]

Wie dem auch sei: Niemand kann Hürland-Büning nachsagen, sie habe sich in der freien Wirtschaft nicht eindrucksvoll durchgesetzt.

Klaudia Martini (SPD), ehemalige Umweltministerin Rheinland-Pfalz:

Lohn für einschlägige Kompetenz

Klaudia Martini, geboren am 5.12.1950 in der Oberpfalz, ist von 1977 bis 1978 Rechtsanwältin, ab 1978 Richterin am Verwaltungsgericht Augsburg, von 1980 bis 1983 Regierungsrätin in Neu-Ulm, seit 1983 in der SPD, von 1983 bis 1985 Landesanwältin beim Verwaltungsgericht München, ab 1984 Stadt- und Kreisrätin in Neu-Ulm, ab 1985 Richterin am Verwaltungsgericht München, von 1986 bis 1991 im Bayerischen Landtag, von Mai 1991 bis 2001 Umweltministerin in Rheinland-Pfalz, von 2001 bis 2004 im *Opel*-Vorstand.

Als Klaudia Martini im Oktober 2001 nach zehn Jahren als rheinland-pfälzische Umweltministerin ausgerechnet zu einem Autokonzern wechselt, mag das manchen erstaunt haben. Aber im Juni 1998 berichtet Joachim Neander in der *Welt* von Ermittlungen der Staatsanwaltschaft wegen des Verdachts, die halbstaatliche Gesellschaft für »Sonderabfall-Management«, deren Aufsichtsratschefin Martini ist, habe ihre Kontrollpflichten sträflich vernachlässigt und dadurch umfangreiche Müllschiebereien durch eine private Firma begünstigt.

Wirtschaftsfeindlich klingt das nicht und auch nicht das Fazit drei Jahre später: »Beim Koalitionspartner FDP wird die SPD-

Politikerin gelobt … Vom linken SPD-Flügel und von den Grünen erntete die scheidende Ministerin … dagegen gelegentlich Kritik: Sie sei ›allzu industriefreundlich‹.«[13]

Derartige einschlägige Kompetenz wird belohnt. Sie übernimmt im Vorstand von *Opel* das Ressort Öffentlichkeitsarbeit und scheidet im Mai 2004 vorzeitig wieder aus.

16. Die Selbstdarsteller

Oskar Lafontaine (SPD), Diplomphysiker, Ex-Bundesminister der Finanzen:

Sunnyboy und Buhmann

Oskar Lafontaine, geboren am 16. September 1943 in Saarlouis, ist seit 1966 in der SPD, seit 1969 Diplomphysiker, von 1969 bis 1974 bei der Versorgungs- und Verkehrsgesellschaft Saarbrücken (ab 1971 im Vorstand). Von 1977 bis 1996 ist er SPD-Chef Saar, seit 1994 im SPD-Präsidium, von 1995 bis März 1999 Parteichef. Von 1974 bis 1976 ist er Bürgermeister, danach bis 1985 Oberbürgermeister von Saarbrücken, von 1970 bis 1975 und 1985 bis 1998 im Landtag des Saarlandes, von 1985 bis 1998 Ministerpräsident. Von 1990 bis 1994 ist er im Bundestag, ab Oktober 1998 sitzt er wieder im Bundestag und übernimmt das Amt des Finanzministers. Für Freund, Feind und Neutrale völlig überraschend, tritt Lafontaine am 11. März 1999 von allen seinen Ämtern zurück. Am 16. März scheidet er aus dem Bundestag aus.

Als Grund, dass er »wie ein Schuljunge«[1] geflüchtet sei, nennt er im Rückblick, »dass ich aus falsch verstandener Solidarität zu lange geschwiegen habe … dass Gerhard Schröder bereits ein Jahr lang einen Wortbruch nach dem anderen begangen hatte… Insofern stand ich vor der Wahl, den Kanzler zu stürzen oder zu gehen.« Ihm ist aber heute klar: »Ich habe viele Erwartungen enttäuscht, das bedaure ich.«[2]

Dieser Rückzug ins Private ist ein großer Bruch in der Biografie des Machtpolitikers Lafontaine, der zum Beispiel 1995 »auf dem Mannheimer Parteitag mit einer einzigen Rede handstreichartig Rudolf Scharping den Parteivorsitz zu entreißen« vermochte.[3] Ganz aus der Öffentlichkeit verabschiedet sich Lafontaine aber keineswegs. So bestreitet er gemeinsam mit dem CDU-Widerpart Gauweiler seit 2001 eine gemeinsame »Achse des Guten«[4] in der *Bildzeitung*.

Ist Lafontaine eine »Spielernatur«[5], ein »Theaterspieler, verpanzert in Ideologie«[6]? SPD-Chef Müntefering diagnostiziert »kleinkarierte Eitelkeit«. Für Hannes Koch von der *tageszeitung* ist er »kein Politiker, sondern Unternehmer in eigener Sache«.

Tatsächlich scheint er mehr als einmal seine Gesinnung zu wechseln. In den frühen achtziger Jahren geriert er sich als linker Nachrüstungs- und Kernkraftgegner, danach fordert er als wirtschaftspolitischer Modernisierer eine Arbeitszeitverkürzung ohne vollen Lohnausgleich und eine »pragmatischere Haltung« zu Samstags- und Sonntagsarbeit.

Und aktuell? Noch im April 2003 hofft *Zeit*-Autor Werner A. Perger: »Der politischen Linken fehlt ein Kopf. Gesucht wird ein Massenbeweger – einer wie Oskar Lafontaine. Doch der will nur eines: Rache an Schröder.«

Dies ändert sich schlagartig, als Lafontaine im August 2004 in einem *Spiegel*-Interview nicht nur Schröders Rücktritt fordert (»Wenn er Anstand im Leibe hätte …«), sondern auch eine Mitarbeit in der gerade gegründeten *Wahlalternative* andeutet: »Diese Gruppierung wird dann von mir unterstützt werden.«

Nach Ansicht des *Welt*-Autors Peter Dausend »umpanzert sich Lafontaine mit der Theorie eines John Maynard Keynes, um vom historischen Irrweg wegzuführen. Gekränkte Eitelkeit, Rachegelüste, Selbstgefälligkeit, die Unfähigkeit, Niederlagen zu akzeptieren – all das mag eine Rolle spielen. Doch seinen Keynes trägt Lafontaine mittlerweile mit solchem Nachdruck vor, dass es ihm wohl auch um die Sache geht. Irgendwo.«

Gregor Gysi (PDS), Rechtsanwalt

Lebenstraum Bundesminister?

Gregor Gysi, geboren am 16. Januar 1948 als Sohn des späteren DDR-Kulturministers Klaus Gysi (1962 bis 1976), tritt 1962 der FDJ bei, macht 1966 vor dem Jurastudium den Facharbeiterabschluss als Rinderzüchter, ab 1967 ist er SED-Mitglied, ab 1971 als Anwalt zugelassen, seit 1976 mit Doktortitel. Seit 1978 übernimmt er politische Fälle und wird seitdem von der Stasi als inoffizieller Mitarbeiter (Decknamen »Gregor«, »Notar«, »Sputnik«) geführt. Von 1988 bis 1989 ist er Vorsitzender des Kollegiums der Rechtsanwälte Berlin und des Rates der Vorsitzenden der Anwaltskollegien der DDR. Bei der Großdemonstration am 4. November in Berlin fordert er ein neues Wahlrecht und ein Verfassungsgericht. Von 1989 bis 1993 ist er Chef der SED/PDS (ab 1990 PDS), von 1990 bis 1998 im Bundestag als Chef der Abgeordnetengruppe PDS/Linke Liste. 1995 veröffentlicht er gemeinsam mit Parteichef Lothar Bisky und Ex-Parteichef Hans Modrow ein Papier zur Abgrenzung vom Stalinismus. 1996 bietet er der SPD die Zusammenarbeit an.

1997 scheidet er aus dem Parteivorstand aus. Im Mai 1998 stellt der Immunitätsausschuss des Bundestages (gegen die Stimmen von PDS und FDP) fest, Gysi sei inoffizieller Mitarbeiter (IM) des Ministeriums für Staatssicherheit gewesen. Im September 1998 wird Gysi PDS-Fraktionschef, im Oktober 2000 gibt er dieses Amt ab, im Januar 2001 wird er Berliner Wirtschaftssenator in der Berliner SPD/PDS-Koalition, im Juli tritt er wegen der Bonusmeilenaffäre zurück. Kritiker halten den Grund für vorgeschoben. »Wenn SPD-PDS eine florierende Koalition wäre, dann wäre er noch Senator – Bonusmeilen hin oder her.«[7]

Bei vielen Selbstdarstellern fragt sich der Bürger, wozu sie überhaupt nutze sind, außer für sich selbst. Gregor Gysi ist unbestritten äußerst nützlich für die PDS. »Gysi erwärmt die Sozialisten-Herzen«[8], und wenn er Schnupfen hat, bekommt die Partei die Grippe: Sein Rücktritt im Sommer 2002 kostet die PDS den Wiedereinzug in den Bundestag.

Auch vom politischen Gegner erntet er das höchstmögliche Lob, nämlich er sei in der falschen Partei.[9] Noch nützlicher aber ist der für einen PDS-Mann sensationell populäre Gysi für den politischen Frieden in Deutschland. Er als Person und die von ihm auf staatstragenden Reformkurs gebrachte PDS binden besonders jene Ostdeutschen an die westliche Ordnung, die sonst aus Enttäuschung oder Nostalgie ins links- oder rechtsextreme Lager abdriften und zu einem Potenzial sozialer Unruhen werden könnten.

Als Lohn erhoffen sich Gysi und Partei, von den Westpolitikern als »in der Demokratie angekommen« geadelt und irgendwann einmal auf gleiche Augenhöhe befördert zu werden.

Gerade die Bonusmeilenaffäre, für westliche Selbstbereicherungsprofis kein Grund zum Rücktritt, könnte als Signal »Ich bin einer von euch« gedeutet werden und als Hinweis, die PDS meine es mit dem Sozialismusgerede nicht allzu ernst. Unablässig bezeichnet er die PDS ausdrücklich als konstruktiven »Korrekturfaktor« und Kapitalismuskritiker wie die Parteilinke Sarah Wagenknecht als »harmlose Variante« von »Spinnern«.[10]

Gysis Leitspruch: »Der Kapitalismus ist ungerecht, aber er funktioniert«[11], mahnt die Nörgler: Egal, wie schlimm Sozialabbau, Arbeitslosigkeit und weltweite Hungertote auch sind – unser System ist immer noch das kleinste Übel gegenüber allen anderen denkbaren Modellen.

»Hauptsache es funktioniert« ist wohl auch Gysis persönliches Credo. Er hat keine politischen Programme oder Visionen, die über Allgemeinplätze hinausgehen, sondern private Lebensträume; und die spielen meist im Rampenlicht. Am Anwaltsberuf, sagt er augenzwinkernd, stört ihn am meisten der fehlende Applaus im Gerichtssaal.[12] Aber immerhin gibt es Publicity. So vertritt er als Nebenkläger den Fahrer eines von einem Bankräuber entführten Busses sowie die Eltern des Opfers eines Sexualmordes.

Hier ein Parteivorsitz, da ein Bundestagsmandat, dort ein Ministeramt. Hier ein *Christiansen*-Auftritt, da ein *Spiegel*-Interview, dort eine eigene Talkshow und dazwischen wie ein roter Faden das ewige Hin und Her seiner Politauftritte, das Kokettieren mit Rücktritt, Rücktritt vom Rücktritt, mit Aufgeben und Comeback.

Ähnlich wie der Ich-Erzähler in Bölls »Ansichten eines Clowns« sammelt Gysi Höhepunkte, er setzt sich Ziele und hakt sie ab. Von daher kann man getrost unterstellen, dass ein Bundesministeramt, egal welches, bei ihm ganz oben auf der Wunschliste steht.

17. Zwischenergebnis – Ein Käfig voller Stümper

Erstens:

Man tritt den meisten der hier erwähnten Politiker nicht zu nahe, wenn man ihnen die erforderliche Qualifikation für ihr Amt abspricht. Mangels Fachkompetenz können sie es kaum im Interesse des Gemeinwohls ausüben. Da sie aber zu irgendetwas – oder für irgendjemand – nützlich sein müssen, ist mit Hans Herbert von Arnim unschwer zu folgern, »worauf es für den Erfolg eines Politikers in der Praxis wirklich ankommt: auf die entschiedene Wahrnehmung der Parteiinteressen im Ressort«.[1]

Zweitens:

Es ist selbstverständlich, dass die Regierung möglichst alle Posten mit ihren Leuten besetzt. Aber hat zum Beispiel die SPD keinen einzigen »linientreuen« Juraprofessor, der geeigneter wäre als Schröders »Ziehtochter« Zypries, keinen einzigen Finanzwissenschaftler mit mehr Fachkompetenz als die Lehrerskatrunde Eichel, Hendricks, Diller, keinen anderen Verkehrsexperten als den fachfremden Juristen Stolpe?

Drittens:

Es ist legitim, sich eher die Zunge abzubeißen als eigene Unfähigkeit zuzugeben. Wertet man jedoch Angaben wie »Stellvertretende Vorsitzende des Thüringer Mieterbundes« und »Beruf Bauzeichnerin« als Kompetenznachweis für eine Wohnungsbaustaatssekretärin Iris Gleicke (SPD), dann stellt man jegliche ernsthafte Qualifikation als überflüssig dar. Und der Verkehrspolizist will nun mal den Führerschein sehen und kein Gefasel hören über jahrzehntelange Fahrpraxis und gewonnene Landstraßenrennen.

Viertens:
Es ist zudem ein Unding, dass der Bürger einem von ihm zu wählenden Politiker die Inkompetenz nachweisen und sich mit unverfrorenen Behauptungen wie »jahrelange Ausschussarbeit« zufrieden geben muss. Muss beim Einstellungsgespräch in der freien Wirtschaft der Personalchef dem Bewerber angesichts dessen dürftigen Lebenslaufs die Inkompetenz nachweisen? Vollends peinlich wäre es, wertete man etwa für den Theologen Heinz-Rudolf Körper (SPD) als Befähigung zum Innenstaatssekretär allein seine vorige Tätigkeit als innenpolitischer Fraktionssprecher. Darf Hans Jürgen Wussow wegen jahrelanger Arbeit als Fernsehchirurg »Professor Brinkmann« echte Patienten operieren?

Fünftens:
Nein, es wird keineswegs ein Universitätsabschluss gefordert. Und ja, es gibt natürlich echte Autodidakten: Außenminister Fischer etwa gilt auch bei seinen Gegnern als kompetent: Seine Vorschläge werden europa- und weltweit diskutiert, und er gilt noch heute als Vertrauter der früheren US-Außenministerin Madeleine Albright. Kein seriöser Mensch würde Fischer nach einem Diplom fragen.

Gleiches gilt für die – in ihrem Fach »ungelernten« – Ministerinnen Renate Schmidt und Renate Künast. Besonders Künast verfolgt ein erkennbares (neoliberales) Konzept, das man für falsch halten kann. Man kann kritisieren, dass sie kerngesunde Tiere töten lasse, um den »Marktpreis« zu stützen, und dass sie de facto Sozialhilfeempfängern vorwerfe, sie würden ihr Geld auf die hohe Kante legen, statt die fünfmal teurere Biokost zu kaufen. Aber Künast scheint zu wissen, *wovon sie redet:* sie erscheint kompetent.

Ebenso als kompetent im Sinne von »sie wissen, was sie reden« sind die Anwälte Friedrich Merz und Roland Koch als Wirtschafts- und Finanzexperten einzuschätzen, sowie der Anwalt Friedbert Pflüger in Sachen Außenpolitik.

Sechstens:
Kompetenz bedeutet natürlich keineswegs Wahrheitsliebe und erst recht nicht Moral. Es macht jedoch einen Unterschied, ob zum Beispiel ein Politiker bewusst eine Politik für Arbeitslose, Senioren, Mittelständler, Börsenbetrüger, Steuerhinterzieher oder eine andere Klientel betreibt – oder ob er gar nicht weiß, worum es überhaupt geht, und sich einfach sagt: »Ich quatsche meinen Chefs am besten alles nach. Da kann ich nichts falsch machen.«

Teil III. Die Folgen der Inkompetenz

18. Der Beraterboom als Folge der Inkompetenz

Die logische Folge dieser immensen Inkompetenz ist ein ebenso immenser Beratungsbedarf. Wie sagte doch Wirtschaftsstaatssekretär Tacke, der als Dr. rer. pol. im Gegensatz zu seinen Kollegen Schlauch und Staffelt wenigstens auf dem Papier eine Fachqualifikation besitzt: »Wir fragen derzeit lieber Unternehmensberater wie McKinsey oder Berger, wenn wir schnell ein Politikkonzept brauchen.«

Ein *Politikkonzept* von Unternehmensberatern?!

Dazu sagt der bereits erwähnte Politikprofessor Wilhelm Hennis in einem *Stern*-Interview: »In den fünfziger Jahren wäre es vollkommen unvorstellbar gewesen, dass die Regierung McKinsey oder Roland Berger beschäftigt hätte.« Und auf die Nachfrage: »Braucht man die Berater heute, weil die Politik komplizierter geworden ist?«, erwidert Hennis leicht verstimmt: »Schwachsinn! Mit dieser Litanei kann man alles entschuldigen. Ist etwa der Wiederaufbau nach 1945 unkompliziert gewesen? Das waren doch viel größere Aufgaben. Im Vergleich dazu ist die Wiedervereinigung ein Klacks.«

Vielleicht würde die Politik noch heute unbehelligt vom Bürger ihren Beratern astronomische Summen zuschaufeln, wäre da nicht die Affäre Gerster gewesen. Im November 2003 aber kommt heraus, dass Florian Gerster mit der Firma *WMP Eurocom* einen Beratervertrag über 1 320 000 Euro für die Jahre 2003 und 2004 abgeschlossen hat, was ihm den »Vorwurf der Vetternwirtschaft und des Rechtsbruchs« einbringt. Zum einen soll er »gute persönliche Kontakte zum WMP-Manager Bernd Schiphorst unterhalten, zum anderen war der Vertrag nicht – wie es die EU bei Verträgen über 200 000 Euro verlangt – öffentlich ausgeschrieben.

Nun beginnen die Medien zu schnüffeln – und werden natürlich fündig:

- Von 1998 bis 2003 spendiert die Bundesregierung allen möglichen Beratern und Sachverständigen fast 190 Millionen Euro, davon 128 Millionen Euro für mehr als 1700 Analysen und Studien, 48 Millionen für 361 Experten der einzelnen Ministerien und 12 Millionen Euro für Expertenkommissionen.
- Allein das Wirtschaftsministerium engagiert 62 Beratungsfirmen, die teilweise gleich mehrere Aufträge abwickeln.
- 16,3 Millionen Euro Beraterkosten verschlingt das umstrittene Maut-System.[1]

Eine Analyse des *Spiegel* nennt dreierlei Fehler der Minister und Behördenchefs bei der Beraterauswahl: Sie wählen Berater, die sich im Verwaltungsdschungel nicht zurechtfinden, sie »schanzen die Aufträge ohne Ausschreibung alten Bekannten zu – die so deutlich überhöhte Honorare kassieren können« und sie »geraten bei Großprojekten in völlige Abhängigkeit von Beratern, die sich dann ganze Serien von Aufträgen verschaffen«.

Meist handelt es sich ohnehin um Arbeit, die auch – bereits vom Steuerzahler alimentierte – Beamte erledigen können: »Wir können in vielen Dingen mit den Beratungsfirmen mithalten«, betont etwa der Chef des Landesrechnungshofes Baden-Württemberg, Martin Frank. Allerdings wurden Franks Betriebswirte und Controller in den vergangenen zwölf Jahren nur dreimal gerufen. Pro Jahr bestellt die Landesregierung hingegen 50 bis 80 Gutachten und Studien von Beratungsfirmen – oft zu Themen, von denen die eigenen Beamten weitaus mehr verstehen. Kosten: rund 3,5 Millionen Euro jährlich.[2]

So berät die Firma *Roland Berger* die Landesstiftung der Regierung Erwin Teufel (CDU) im Jahr 2000 zu der Frage, wie das Land umgerechnet rund 500 Millionen Euro aus dem Verkauf seiner Anteile am Stromkonzern *EnBW* am besten einsetzen solle. »Der Kern des Gutachtens war eine Granate: Das Land möge doch ›seine Stärken stärken‹ und den Erlös in wachstumsträchtige Wirtschaftszweige stecken. Kosten für den Tipp: rund 800 000 Euro.«[3]

Dies ist aber nur ein kleiner Fisch für jenen allgegenwärtigen Roland Berger, ohne den nichts in der Bundesrepublik zu funktionieren scheint.

Beraterkönig Berger – Schröders teurer Freund

Roland Berger, geboren 1937, besucht ein humanistisches Gymnasium, ist mit 25 Jahren Diplomkaufmann, geht als Berater, später als Partner zur *Boston Consulting Group* in Boston und Mailand und gründet im Alter von 30 Jahren die *Roland Berger Strategy Consultants,* deren Aufsichtsratschef er seit 2002 ist. Mit über 500 Millionen Euro Honorarumsatz ist das Unternehmen hinter *McKinsey* die zweitgrößte und weltweit die sechstgrößte Management-Beratungsgesellschaft.

Die Firma Berger berät »nahezu alles, was Rang und Namen hat, von *Daimler/Chrysler* bis zur *Telekom.* Man hat den Chef zum Lehrbeauftragten und Honorarprofessor gemacht. Er sitzt in ungezählten Beiräten, Aufsichtsräten und Gesellschaften wie Stiftungen ökonomischer, kultureller und akademischer Ausrichtung. Als Gesprächspartner und Publizist hat er den weitgehend gelungenen Versuch unternommen, omnipräsent zu sein«.[4]

Berger wird eine »Nähe zu Schröder und seinen Genossen« nachgesagt. Grundlos?

Im Auftrag des Bundeswirtschaftsministeriums begutachtet Berger 1992 Schröders Konzept für die Weltausstellung Expo. »Durchsetzbar war das Projekt nur, wenn es den Steuerzahler nichts kostete. Also bescheinigte Berger, die Veranstaltung in Hannover könne wohl ohne öffentliche Zuschüsse auskommen – ließ aber gleichzeitig wissen, für die Umsetzbarkeit könne ›keinerlei Haftung übernommen werden‹. Das war weise von Berger. Denn statt der erwarteten 40 Millionen Besucher kamen nur 18 Millionen – was den Steuerzahler 2,3 Milliarden Mark kostete. Dem Unternehmensberater brachte es den Ruf ein, er sei Politikern notfalls auch mit heiklen Methoden behilflich.«[5] Es steht dem Leser frei, statt »heikel« etwas Strafrelevantes zu *denken.*

Ministerpräsident Sigmar Gabriel (1999 bis 2003) macht da weiter, wo Schröder in Hannover aufgehört hat. Er gibt dem SPD-Genossen Jobst Fiedler, von 1990 bis 1996 Oberstadtdirektor in Hannover und danach Berater bei Berger, im Sommer 2002 zwei Aufträge für rund 850 000 Euro, »doch was Fiedler schließlich gemeinsam mit Gabriel als Ergebnis präsentierte, war ziemlicher Unfug«.[6]

Bundeswehrreform à la Berger[7]

Für die Privatisierung möglichst vieler nichtmilitärischer Bereiche engagiert Verteidigungsminister Rudolf Scharping im Jahr 1999 das Team von Roland Berger – ohne Ausschreibung, versteht sich. Daher kann man auch doppelt soviel verlangen wie bei anderen Behörden mit Ausschreibung üblich: 3500 Euro pro Mann und Tag. So macht Scharping allein für ein nur dreimonatiges Projekt »Integriertes Reformmanagement« (IRM) umgerechnet etwa 2,1 Millionen Euro für 600 Beratertage locker. Aus diesem »Pfadfindervertrag« (Branchenjargon) als Einstieg folgten in den nächsten neun Monaten 19 weitere Verträge, und am Ende stand eine Gesamtrechnung von 10,73 Millionen Euro.

Vier Folgeaufträge für Beratung der »Gesellschaft für Entwicklung, Beschaffung und Betrieb« (GEBB) bringen noch einmal 9,9 Millionen Euro.

Dummerweise ist das Vorhaben für Berger »eine Nummer zu groß«. Scharpings Nachfolger Struck stoppt das Projekt *IRM*. Staatssekretär Eickenboom bescheinigt den Beratern, »keine Ahnung von den Gegebenheiten im öffentlichen Dienst« zu haben.

Zudem sei eine »Monopolstellung einzelner Firmen« geschaffen worden und die Gefahr entstanden, »dass Firmen sich zum Nachteil der Bundeswehr Aufträge selbst generieren«.[8] Diese Schelte riecht allerdings nach der Methode »Haltet den Dieb«. Für eine dreimonatige Expertise bezahlt Struck eine Million Euro. Insgesamt fließen laut *Spiegel* seit Strucks Amtsantritt im August 2001, rund 11,7 Millionen Euro an Berger.[9] Und im Jahr 2002 werden vom Ministerium noch 23 Beraterverträge mit einem Gesamtvolumen von 20,4 Millionen Euro »freihändig vergeben«.[10]

Die Macht der Berater

Dem CSU-Gesundheitsexperten Horst Seehofer ist vor allem der Einfluss der Beraterfirmen ein Dorn im Auge: »Wer über die Zahlen bestimmt, bestimmt auch die Inhalte.« Er fürchtet sogar um Arbeitsplätze in der Politik: »So nehmen die Berater der Politik allmählich das Geschäft ab, und irgendwann werden wir uns fragen: Wozu eigentlich noch Politik?«

Als Beispiel nennt er die Herzog-Kommission. Hier sei es um »zutiefst politische Gestaltungsaufgaben« gegangen, trotzdem habe oft McKinsey die Richtung bestimmt. Vor allem deshalb habe er an den Sitzungen nicht mehr teilgenommen und sein eigenes Konzept für eine Bürgerversicherung vorgelegt.[11]

Ganz anders Friedrich Merz. Als damaliger Fraktionschef ordnet er an, künftig müssten sich Fraktionsmitarbeiter der Unionsfraktion einem Eignungstest von McKinsey unterziehen. Ein »motivierter und qualifizierter« Mitarbeiter des Finanzministeriums soll damals daran gescheitert sein, »dass er nicht erklären konnte, wie er sich als Filialleiter einer Hamburger-Kette verhalten würde. Viele Abgeordnete schüttelten nur den Kopf.«[12]

Nicht der Test verdient Kopfschütteln, sondern dass man für diesen Eignungstest, auf den von 2000 repräsentativ ausgewählten Bürgern 60 bis 80 Prozent von selbst gekommen wären, eine millionenteure Beraterfirma braucht.

Offenbar gibt es nur eine einzige Kompetenz, die von führenden Politikern wirklich erwartet wird: Sie müssen die Handynummer von Roland Berger oder anderen Beratern im Kopf haben – oder wenigstens auf einem Zettel.

19. Verschwendung als Folge von Inkompetenz

Die Verschwendung von Steuergeldern kann auf echte oder auf vorgetäuschte Schlamperei und Unfähigkeit, also auf »ehrliche« oder »dubiose« Inkompetenz zurückzuführen sein.

»Ehrliche Inkompetenz« liegt vor, wenn die verantwortlichen Politiker glaubwürdig fachlich überfordert sind: Ulla Schmidt und ihrer Führungscrew nimmt man ohne weiteres ab, dass sie die schon erwähnten Fehler und Schlampigkeiten bei der Gesundheitsreform nicht absichtlich gemacht haben.

Ein Beispiel »dubioser Inkompetenz« wäre es, würde der Bürgermeister einer Gemeinde mit 2000 Einwohnern seinen Vetter mit dem Bau eines Sportstadions für 120 000 Zuschauer beauftragen und hinterher sagen, er sei eben kein Experte für die Prognose von Zuschauerzahlen.

Die »ehrliche« Inkompetenz: »Handwerkliche Fehler«

Trotz (oder gerade wegen) teurer Berater verschlingt die Inkompetenz und häufig als Folge davon die Schlamperei vieler Regierender atemberaubende Beträge. Vom »dusseligen Dutzend« Verkehrsprojekte des Ministers Stolpe war schon die Rede, und Derartiges scheint nicht Ausnahme, sondern Norm zu sein.

»Während die Bürger zum Sparen angehalten werden, verschwendet der deutsche Politikbetrieb Jahr für Jahr zahllose Steuersummen«, empören sich Andreas Middel und Ansgar Graw in der *Welt,* nennen das Ganze ein »Milliardengrab« und zählen Beispiele auf:

- Die Kosten für den Regierungsumzug von Bonn nach Berlin sind gegenüber der Planung explodiert: zum Beispiel für den Reichstagsumbau von 306 auf 310 Millionen Euro, für das Jakob-Kaiser-Haus (mit über 2000 Büroräumen größter Bundestagsbau) von 436 auf 584 Millionen und für das Bundeskanzleramt von 204 auf 262 Millionen Mark.
- Weil die Steuerfahndung nicht genügend hinter den Prostituierten her ist, zahlen sie laut Bundesrechnungshof etwa zwei Milliarden Euro zu wenig.
- Der doppelte Amtssitz einiger Ministerien in Berlin und Bonn kostet jährlich statt der geplanten 250 Millionen mindestens 500 Millionen Euro.
- Obwohl das Bundesministerium für Arbeit und Sozialordnung im Jahre 2002 in den Ministerien für Wirtschaft und für Gesundheit aufgegangen ist, gibt es weiter 27 Parlamentarische Staatssekretäre mit Anspruch auf eigenes Büro nebst zwei Sekretärinnen, Referenten, Sachbearbeiter und Fahrer plus Dienstwagen. Kosten pro Staatssekretär laut Bund der Steuerzahler: etwa 500 000 Euro im Jahr.

Merkwürdiges fördert auch der *Ergebnisbericht 2004* des Bundesrechnungshofes zutage:

- Das Innenministerium verschleudert durch unsachgerechte Planung der Einsätze des Technischen Hilfswerkes im Kosovo 35 Millionen Euro.
- Das Finanzministerium lässt kurz vor der Euro-Einführung noch jede Menge große D-Mark-Stücke sowie Sammler- und Gedenkmünzen prägen und verplempert zweistellige Millionenbeträge.
- Das Verteidigungsministerium leistet sich »ohne ersichtlichen

Grund« für jährlich 16 Millionen Euro vier Bundeswehrflugzeuge vom Typ *Do-228.*

Trial and error als Regierungsstil

Schon in Schröders erster Amtszeit werden 864 Gesetzesvorlagen in Bundestag und Bundesrat eingebracht, nur 548 treten in Kraft. »Eine Massenproduktion mit hoher Fehlerquote.«[1]

So wird das neue Mietrecht von 2001 als »Jahrhundertwerk« gepriesen und hält genau 121 Tage bis zur ersten Änderung. »Es kollidierte mit dem neuen Schuldenrecht, das hatte man schlicht übersehen.«[2]

Aber auch nach der Wiederwahl geht's munter weiter:

Im Januar 2003 wird das Pflichtpfand eingeführt. »Apfelschorle kostet Pfand. Apfelsaft nicht. Eistee mit Kohlensäure kostet Pfand, Eistee ohne Kohlensäure nicht. Cola kostet Pfand, Whisky-Cola in Dosen nicht.«[3]

Im Juni 2003 beginnt ein heilloses Hickhack um die Pendlerpauschale. Eichels erster Vorschlag scheitert nach drei Tagen in der Koalition. Die Regierung bildet eine Arbeitsgruppe, aber Eichel macht schon den nächsten Vorschlag, der ebenfalls nach zwei Tagen vom Tisch ist. Und so weiter und so weiter …

Resümee des *Spiegel:* »Das Vor und Zurück ist zur routinierten Regierungsmechanik rot-grüner Politik geworden. Ein Gesetz oder eine neue Vorschrift anzukündigen, sie dann fallen zu lassen und mit einem neuen Vorhaben vergessen zu machen, das ist schon so etwas wie Regierungsstil. Die Putzfrauen besteuern, das BKA umsiedeln, die Eigenheimzulage streichen, das läuft immer nach dem Muster von trial and error.«

»Maut II«: Das Arbeitslosengeld II als Superblamage

Mitte April 2004 ist nicht mehr zu vertuschen, dass infolge unglaublich schlampiger Vorbereitung der pünktliche Beginn der Auszahlung des Arbeitslosengeldes II ab 1. Januar 2005 ernsthaft in Gefahr ist. Arbeitgeberpräsident Dieter Hundt prophezeit ein »Desaster«, und selbst die nach Michael Sommer zweitwichtigste SPD-Vertreterin im DGB, Vizechefin Ursula Engelen-Kefer, erwartet ein »organisatorisches Chaos«. Die *Welt* nennt das Theater schlicht »Maut II«.

Vor allem drei Probleme plagen die Reformexperten:

1. Fällt der Bundesagentur plötzlich ein, dass das EDV-System zur Berechnung der neuen Leistung nicht existiert. Aber man werde es schon schaffen. »Zur Not sogar per Hand«, meint BA-Chef Weise.
2. Haben sich Regierung und Opposition nicht darüber geeinigt, ob und wie die Kommunen auch ohne Bundesagentur die Arbeitslosen betreuen dürfen.
3. Wollen sich die Kommunen bei der gesamten Operation nicht von Bund und Ländern finanziell über den Tisch ziehen lassen. Zwar zahlt das eigentliche Arbeitslosengeld II der Bund, doch die Städte sollen Heizung und Miete der Langzeitarbeitslosen übernehmen. »Die Kommunen rechneten nach Verabschiedung des Hartz-IV-Gesetzes noch einmal scharf nach und fürchten nun eine Mehrbelastung von 2,5 Milliarden Euro – dabei hatte ihnen der Kanzler durch die Zusammenlegung doch eine Entlastung um 2,5 Milliarden Euro versprochen.«[4]

Während Frank-Jürgen Weise, der Chef der Bundesagentur für Arbeit, die den Langzeitarbeitslosen ihr Geld auszahlen soll, offen für eine Verschiebung eintritt, erwartet die SPD-Bundestagsfraktion, »dass die BA alles tut, damit der geplante Termin für das Arbeitslosengeld II eingehalten werden kann«.[5] Und der sozialpolitische Sprecher der Grünen, Markus Kurth, empfiehlt mit der Fachkompetenz eines ehemaligen Schulsprechers des Bonner Kardinal-Frings-Gymnasiums, zur Not müsse bei einer fristgerechten Einführung eben »improvisiert werden«. Für diesen Fall aber schwant Engelen-Kefer Übles: »Eines darf auf keinen Fall passieren: Dass die Leistungen für die Arbeitslosen drastisch gekürzt werden, gleichzeitig aber die Hilfsmaßnahmen auf die lange Bank geschoben werden.«

Tatsächlich geht es hier zwar nicht wie sonst um leichtfertig und stümperhaft verprasste Steuermillionen, dafür aber vielleicht um mehr: Schon jetzt sind über vier Millionen Menschen vom »umfassendsten Sozialumbau der Nachkriegszeit« betroffen. Entsprechend befürchten Wohlfahrtsverbände und Kommunalverbände sogar »soziale Unruhen« und »Armutsaufstände«.[6]

Im Januar 2005 startet die Auszahlung zwar »ohne allzu große Pannen«, aber Hartz IV kostet vier Milliarden Euro mehr als erwartet. Von den 1,89 Millionen Antragstellern konnte statt der erhofften 23 Prozent nur 9,3 Prozent das Arbeitslosengeld II verweigert werden. Waren die Anträge trotz allen guten Willens doch noch nicht kompliziert genug, die Beschimpfung von Arbeitslosen als Sozialschmarotzer noch zu lasch?

Der Super-GAU: Die Steuerreform

Ulrike Herrmann bringt das schon erwähnte Desaster auf den Punkt: »Gerade jenes Projekt, auf das Regierung und Opposition gemeinsam so stolz sind, war tatsächlich ihr größter Fehler: die

Reform der Einkommen- und der Unternehmenssteuern. Der erhoffte Aufschwung blieb aus – doch jährlich verliert der Staat viele Milliarden Euro, die er nicht mehr für Zukunftsprojekte einsetzen kann. Etwa für Wissenschaft und Bildung, obwohl sich doch alle Reformer so sicher sind, dass sie über die deutsche Wettbewerbsfähigkeit entscheiden.«[7]

Hier aber beginnt die These vom »ehrlichen Fehler« leicht zu wackeln. Konnte die Katastrophe vor allem für die Bevölkerung wirklich niemand ahnen? Gehört der Fall nicht in den nächsten Abschnitt?

Die dubiose Inkompetenz: »Das konnte niemand ahnen«

Sanierung à la Hans Eichel

Die schnoddrige Redewendung »Bist du so blöd oder tust du nur so?« hat bei manchen Fällen stattlicher staatlicher Geldverschwendung durchaus ihre Berechtigung.

So verkaufte das Finanzministerium ein mit Munitionsresten verseuchtes Grundstück für 8,6 Millionen Euro, bezahlte aber zuvor 16,1 Millionen Euro für die Altlastensanierung. Schön blöd und typisch Lehrer Eichel?

Den wahren Grund für das Minusgeschäft deckte der Bundesrechnungshof auf und behauptet, »dass der damalige Bundesminister an der Ansiedlung der Erwerberin in seinem Wahlkreis interessiert war«.[8] Eigentlich könnte man das ja für einen glatten Fall von Untreue halten, aber man kann ja nicht jeden Mist strafrechtlich verfolgen.

Immerhin rät die Behörde zur künftigen Prüfung aller Verkäufe, »an denen die Leitung besonders interessiert ist«.[9]

Das Mautdesaster: Wahlkampf auf Steuerzahlers Rechnung

Diese Prüfung empfiehlt sich auch beim Mautdesaster. Beim Vertrag der Bundesregierung mit TollCollect gab es »Hohn und Spott« für den damaligen Verkehrsminister Kurt Bodewig, »der sich von der Industrie über den Tisch ziehen ließ«.[10] Zufälligerweise hat Bodewig den Vertrag am 20. September 2002 unterzeichnet, zwei Tage vor der Bundestagswahl. »Nach dem Scheitern der Mauteinführung zum 31. August 2003 wurde er im Oktober 2003 teilweise offengelegt. Dieser Vertrag enthält aus Sicht des Bundes außergewöhnlich ungünstige Haftungsbedingungen für die entstandenen Einnahmeausfälle.«[11]

Wüsste man nicht genau, dass ein deutscher Politiker so etwas niemals täte: Man könnte fast meinen, Bodewig hätte sich im Namen der Bundesrepublik zu sonst etwas verpflichtet, nur um an diesen Wahlkampfknüller zu kommen.

Online-Jobbörse: Teuer und weitgehend nutzlos

Nicht immer zieht die Nummer vom »gutgläubigen, unerfahrenen, über das Ohr gehauenen Staatsdiener«. Kurz nach Ablösung von Florian Gerster als Chef der Bundesagentur für Arbeit (BA) enthüllt sein Nachfolger Frank-Jürgen Weise im Februar 2004, dass die Kosten für den »Virtuellen Arbeitsmarkt« – die neue Internet-Jobbörse der BA – von ursprünglich 65 Millionen Euro auf bis zu 165 Millionen Euro steigen könnten. Projektleiter Jürgen Koch wird sofort in das Landesarbeitsamt Essen versetzt. Die Staatsanwaltschaft Nürnberg nimmt wegen des Verdachts der Veruntreuung öffentlicher Gelder Vorermittlungen gegen Mitarbeiter der BA auf.

Der *Spiegel* titelt: »Innenrevision wittert Korruption«. Eine IT-

Firma solle Aufträge an der Vergabestelle vorbei erhalten haben. Weise stoppt das Projekt, da die Webseite mit dem Stellenmarkt für den Arbeitsuchenden »einige Mängel« aufweise. Das Hamburger Nachrichtenmagazin recherchiert etwas anderes: »Arbeitsagentur.de: Teuer und weitgehend nutzlos ... Tatsächlich kann von einzelnen Mängeln kaum die Rede sein ... Fachleute bezeichnen Aufbau und Design als vorsintflutlich. Arbeitsmarktpolitiker der Regierung versuchen zurzeit noch, das Problem zu ignorieren.«

Berliner Bankenskandal: Ein Wohnungsüberschuss fällt vom Himmel

Unter die Rubrik »Das konnte doch niemand ahnen« fällt auch der Berliner Bankenskandal. Die zu 80 Prozent landeseigene Berliner Bankgesellschaft leiht der Firma zweier CDU-Parteifreunde 650 Millionen Mark. Der CDU-Politiker Klaus Landowsky erhält »zeitnah« eine Barspende von 40 000 Mark. Die Firma kauft von dem Riesenkredit 5000 praktisch unvermietbare ostdeutsche Plattenbauwohnungen und verschiebt sie in einen Fonds der Bankgesellschaft. Das Land Berlin als Bürge garantiert den 70 000 Anlegern hohe Mieteinnahmen selbst für leer stehende Wohnungen, 25 bis 30 Jahre Laufzeit und am Ende eine Rückzahlungsgarantie.

Dummerweise werden die meisten Wohnungen nicht vermietet, und so ist das Land Berlin durch zwei Milliarden Euro Soforthilfe und durch die Übernahme der 21,6 Milliarden Euro Risiken mittlerweile so gut wie handlungsunfähig. Die Folge: »Öffentliche Bäder und Theater müssen in Berlin geschlossen werden, für dringend nötige Sanierungsmaßnahmen von Schulen, Kliniken, Bibliotheken ist kein Geld mehr da. Alltäglich erleben die Berliner, was Sanierung des Haushalts auf dem Rücken der Bürger bedeutet.«[12]

Natürlich haben die politisch Verantwortlichen nicht im Traum damit gerechnet, dass sich verpönte Plattenbauwohnungen einfach nicht vermieten lassen. Mit dem ganzen Ausmaß des Skandals – was war dilettantisch, was naiv, was korrupt? – sind Untersuchungsausschüsse und Gerichte möglicherweise noch Jahre beschäftigt.

Kölner Müllskandal: Die urplötzliche Überkapazität

Ebenfalls völlig überraschend kommen die Überkapazitäten der Kölner Müllverbrennungsanlage. Eva Maria Thomas fasst in der *Zeit* den Skandal zusammen: »Teuer ist der Kölner Müll, weil die Anlage viel zu groß gebaut wurde … Dass es dazu kommen konnte, dazu haben die Kölner Stadtverwaltung und die Verantwortlichen im Müllskandal wesentlich beigetragen: Beschlossen und in Auftrag gegeben hatte der Kölner Rat einst eine Verbrennungsanlage ausschließlich zur Beseitigung des Kölner Mülls … Doch einmal in Betrieb, offenbarte der Müllofen ungeahnte Leistungsfähigkeit.«

Allerdings stellt sich die Naivität als Bestechlichkeit heraus. Denn »bei Planung und Bau der Müllverbrennungsanlage in den neunziger Jahren sind elf Millionen Euro an Schmiergeldern geflossen … Die Firma Steinmüller hatte den Auftrag zum Bau der Kölner Müllverbrennungsanlage für eine halbe Milliarde Euro erhalten.« Das Nachspiel im Mai 2004 vor dem Kölner Landgericht: »Wegen Schmiergeldzahlungen beim Bau der Kölner Müllverbrennungsanlage wurde der Ex-Manager Eisermann zu mehreren Jahren Haft verurteilt. Einen Freispruch gab es dagegen für den früheren SPD-Politiker Norbert Rüther.« Überschrift der Meldung von *Spiegel Online:* »Haftstrafe für Manager – Freispruch für Politiker«.

Teil IV. Gibt es einen Ausweg aus der Diktatur der eigennützigen Stümper?

Erstens:
Hinter der Praxis, eine ganze Kohorte von Absolventen fachfremder Ausbildungen, Studienabbrechern und in normalen Berufen vollständig unerfahrenen Menschen in höchste Positionen zu hieven, verbirgt sich tiefe Menschenverachtung: Nur wer die Wähler für eine durch Unterschichtenfernsehen und Boulevardpresse hirnweichgekochte, halbverblödete Horde hält, getraut sich, einen Architekten über Militäreinsätze, einen Deutschlehrer über Haushaltspolitik oder einen Historiker über Arbeitsmarktpolitik sinnieren und sogar mitreden zu lassen.

Zweitens:
Allerdings ist übermäßige Fachkompetenz genau genommen gar nicht erforderlich: Folgt man dem Marktwirtschaftspapst Milton Friedman, so besteht »kompetente« Politik sowieso im Heraushalten der Politik aus fast allen Bereichen und in ihrer Beschränkung auf »law and order«[1]. Die eigentliche Kompetenz der Politiker ist der eigennützige Machtkampf für sich selbst und ihre Parteien.

Drittens:
Fachliche Inkompetenz ist Folge dieses Systems und zugleich dessen Bedingung. Je inkompetenter der Minister oder Staatssekretär (oder je größer sein Karriereknick), desto reibungsloser funktioniert er – ängstlich darauf bedacht, nicht als unfähig aufzufliegen und abserviert zu werden. Diese »Politiker« wären in fast jedem anderen politischen System verwendbar. Unter den aktuellen Bedingungen eines »Umbaus« weg vom Sozialstaat hin zur (moral-)freien Marktwirtschaft betätigen sich viele als intellektuell äußerst bescheidene Propagandisten dieses »Umbaus«. Wenngleich Kritiker dem Neoliberalismus ohnehin schon einen »leichte(n) Zugang zu diesem einfachen Gedankengut« beschei-

nigen, so wäre es dennoch eine Gaudi besonderer Art, die vollmundigsten Propagandisten dieser Politik bei Günther Jauch zu erleben, ob sie wenigstens die 50-Euro-Frage über angebots- und nachfrageorientierte Wirtschaftspolitik, über Stabilitäts- und Wachstumsziele oder zur Entwicklung der Einkommen aus Kapitalbesitz und aus Arbeit überstehen würden.

Viertens:
Insofern kann man die Regierung – und wegen des Mitspracherechts im Bundesrat auch die Opposition – durchaus mit einem wohlgenährten Hofstaat in der Endphase des Feudalismus vergleichen: Hofschranzen umschwirren den König, unlustig und unfähig zu irgendeinem konstruktiven Beitrag in konkreter Sachpolitik, eben gerade noch in der Lage, auf diesem geistigen Niveau für die Aufrechterhaltung des Feudalstaates einzutreten.

Fünftens:
Unser Parteiensystem führt dazu, dass der Bürger »Nieten« in der Regierung und auch im Parlament de facto gar nicht verhindern kann. Soll zum Beispiel eine SPD-Anhängerin Schröder deshalb nicht wählen, weil sie die Gesundheitsministerin für eine Katastrophe hält? Ebenso gelangen über die Listenplätze Individuen in den Bundestag, die vermutlich in keinem wie auch immer zurechtgezimmerten Wahlkreis der Welt eine Mehrheit bekämen.

Sechstens:
Der Weg zur parlamentarischen Einflussnahme führt bei uns nur über die Parteien, das heißt – und die Praxis beweist es –: Honorige Einzelkämpfer sind völlig chancenlos – auch bei exzellenter Sachkompetenz. Fähige und uneigennützige Politiker und sogar solche, die lediglich eine andere Meinung haben, werden aussortiert, wie

seinerzeit Rita Süssmuth, Norbert Blüm, Heiner Geißler oder Rudolf Dreßler. Was bleibt, sind hämische Ratschläge wie: »Such dir doch Mehrheiten innerhalb deiner Partei oder gründe eine eigene.«

Siebtens:

Die ernsteste politische Folge von Inkompetenz ist der Vertrauensverlust beim Bürger: die *Politik(er)verdrossenheit.* Immer mehr Menschen gelangen zur Überzeugung, dass es sich bei Regierung und Opposition weniger um für das Gemeinwohl arbeitende und streitende Gruppen, sondern um eine unfähige, »unter einer Decke steckende«, eigennützige und womöglich korrupte Clique (»politische Klasse«) handelt. Verfestigt sich diese Meinung, dann ist in naher Zukunft auch ein neuer »starker Mann« oder eine »starke Frau« in Folge eines »demokratischen« Wahl-Bürger-Reflexes nicht mehr ausgeschlossen.

Achtens:

Was sich ändern müsste, ist einfach gesagt:

a) Die fachlichen Voraussetzungen der Politiker müssten transparenter werden. Allerdings sind sie schon bisher keineswegs geheim, sondern zum Beispiel auf der Internetseite des Bundestags veröffentlicht.
b) Ohne Mindestqualifikation oder Eignungsprüfung vor einem unabhängigen, gesellschaftlich angesehenen Gremium dürfte in der Regel niemand Fachverantwortung erhalten. Wieso sollte man sich nicht ein Beispiel an der EU nehmen, wo die künftigen EU-Kommissare den derzeit 732 Abgeordneten des Europaparlaments Rede und Antwort über ihre persönliche und fachliche Eignung stehen müssen? Schmalspurökonomen in

der Leitung des Auswärtigen Amtes wären dann ausgeschlossen. Kurzum: Eine »Pisastudie für Politiker«[2] muss her.

c) Verantwortliche müssten ähnlich regresspflichtig sein wie Normalbürger: Wer im Privatbetrieb seinem Arbeitgeber durch Fahrlässigkeit oder Inkompetenz Kosten verursacht, muss ja auch persönlich oder durch eine Versicherung dafür einstehen. Besonders der Mautskandal hätte für den Mitarbeiter einer Privatfirma ganz andere Konsequenzen gehabt.

d) Die gesamte Debatte über Kompetenz und politische Korruption könnte man sich sparen durch direkte Demokratie. Würde zum Beispiel das Volk in direkter Wahl einen Analphabeten zum Bildungsminister machen, so müsste es sich gleichsam an die eigene Nase fassen.

Neuntens:

In diesem Zusammenhang und als Mittel gegen die allgemeine Politik(er)verdrossenheit wird zuweilen das Mehrheitswahlrecht nach britischem Muster ins Spiel gebracht. Die wahrscheinliche Folge: »keine unbekannten Listenabgeordneten mehr, von den Grünen bliebe im nächsten Wahlgang allenfalls Ströbele im Parlament, und die FDP könnte sich im Abseits regenerieren wie einst Englands Liberale. Das war die ursprüngliche Absicht der Großen Koalition von 1966 – das Wahlrecht zu reformieren und das Parlament zu verkleinern. Sie scheiterte an der Sorge der Abgeordneten um ihren Arbeitsplatz.«[3] Da sich an dieser Angst unserer Volksvertreter bis heute, knapp vier Jahrzehnte später, nichts geändert hat, bleibt diese Vorstellung vorerst nur eine schöne Vision.

Ohnehin greift die Vision viel zu kurz, weil dieselben Führungen derselben großen Parteien die Kandidaten bestimmen würden; und auch innerparteiliche Vorwahlen nach US-Vorbild brächten nur scheinbar mehr Demokratie.

Rein formal nämlich kann sich bei uns jeder aufrechte Bürger in einer Volkspartei eine Mehrheit sogar für die Kanzlerkandidatur suchen. Ebenso kann jeder Bürger in seinem Wahlkreis für den Bundestag kandidieren, sofern er dafür genügend Unterschriften gesammelt hat … Aber bekanntlich benötigen die Kandidaten Unsummen an Wahlkampfgeldern, die sie ohne einen Parteiapparat kaum aufbringen könnten.

Saß jemals ein unabhängiger Kandidat im Bundestag? Sind die Regierungen und Parlamentarier in Großbritannien und den USA wirkliche Vorbilder für Vertreter der Interessen des Volkes?

Zehntens:
All diese frommen – oder besser: naiven – Wünsche dürften also unter heutigen Bedingungen kaum erfüllt werden. Die Stümper müssten sich ja am eigenen Haar aus dem Sumpf der Inkompetenz ziehen.

Im Leserforum von *Spiegel Online* schreibt Hans Peter Blasius, »dass diese Republik von einer inkompetenten, kleinmütigen Kaste von Kirchturmpolitikern regiert wird, die nicht in der Lage ist, übergeordnet zu denken und zu handeln. Ist dieses Land tatsächlich so weit abgerutscht, dass es keine besseren Politiker hervorbringen kann? Ich weiss nur, dass meine Politik(er)verdrossenheit deutlich angestiegen und die Bereitschaft künftig zu wählen in gleichem Maße gesunken ist. Vielleicht sind ohnehin großflächig organisierte Wahlboykotte das geeignete Mittel, um den Politikern zu zeigen, was das Volk von ihnen hält?«

Hans Herbert von Arnim bringt bereits 2001 eine neue Partei ins Spiel, »und das mit guten Erfolgsaussichten, denn das Potenzial an Bürgern, die sich bei den etablierten Parteien nicht mehr aufgehoben fühlen, ist mittlerweile überall sehr groß«.[4]

Fazit:
Inzwischen, im Jahr 2005, ist das Potenzial noch größer geworden – und eine neue Partei gibt es auch, die vorwiegend von enttäuschten SPD-Mitgliedern und Gewerkschaftern gegründete »Wahlalternative Arbeit & Soziale Gerechtigkeit« (WASG). Ob die Mitglieder dieser Partei allerdings tatsächlich so vieles anders machen würden als die Politiker der etablierten Parteien – die wir in diesem Buch ausführlich betrachtet haben – bleibt abzuwarten. Immerhin theoretisch formuliert die WASG das Ziel, »parlamentarischer Arm einer außerparlamentarischen Bewegung« zu sein.[5] Zu deutsch: Eine Partei kann nur so stark sein wie der Kampf oder zumindest das Interesse der Bevölkerung »draußen im Lande«.

Was herauskommt, wenn der »mündige Bürger« alle Jahre wieder seine Stimme abgibt und den – häufig ihm relativ unbekannten – Politikern blind vertraut, erlebt er seit Anbeginn des Parlamentarismus.

Wie genau »direkte Demokratie« aussehen wird, entzieht sich logischerweise einer genauen Prognose. Man kann nicht einmal die Börsenentwicklung für 14 Tage vorausahnen, wie will man da den Verlauf einer wesentlich vom Volk bestimmten Demokratie vorhersagen oder am grünen Tisch planen?

Eines aber ist sicher: Wenn das Volk selbst nichts unternimmt, tut sich nichts – zumindest nichts Gutes.

Anmerkungen

Vorspann

1 Bernd Graff: »Ein Mann will es wissen«, in: *sueddeutsche.de,* vom 24. Mai 2005.
2 »Merkel: Innovationen stärken und damit Wohlstand sichern«, in: *reuters,* vom 25. Mai 2005.
3 Heiner Geißler: *Was würde Jesus heute sagen?* Rowohlt, Reinbek 2004, S. 109.
4 »Schwarz ist die Farbe der Hoffnung«, in: *sueddeutsche.de,* vom 25. Mai 2005.
5 »Auf der Suche nach dem rechten Kurs«, in: *Welt am Sonntag, wams.de,* vom 6. Februar 2005.
6 Ebenda.
7 Carsten Volkery: »Dutzende SPD-Abgeordnete murren«, in: *Spiegel Online,* vom 25. Mai 2005.
8 Ebenda.
9 Ebenda.
10 »Stoiber will sich nicht auf Ressort festlegen«, in: *Spiegel Online,* vom 25. Mai 2005.
11 Ebenda.
12 Walter van Rossum: *Meine Sonntage mit »Sabine Christiansen«.* Kiepenheuer & Witsch, Köln 2004, S. 24.
13 Peter Glotz: »Was, wenn die Arbeitslosigkeit bleibt?«, in: *Frankfurter Allgemeine Zeitung,* Nr. 109 vom 12. Mai 2005, S. 31.
14 Markus Dietz: *Korruption – eine institutionenökonomische Analyse.* Berlin Verlag, Berlin 1998, S. 63.

Einleitung

1 »Nach dem Kanzlersong nun die ›Stümper‹«, in: *Hamburger Abendblatt,* vom 9. März 2004.

2 »Lafos Traum vom ganz neuen Kurs«, in: *Focus Online,* vom 11. März 2005.

3 Frank Dohmen, Dietmar Hawranek, Frank Hornig: »Eine Frage der Ehre«, in: *Der Spiegel,* Nr. 5, vom 26. Januar 2004, S. 55.

4 »Wie sich Deutschlands Top-Politiker um 1,2 Milliarden verrechneten«, in: *Spiegel Online,* vom 17. Dezember 2003.

5 Dorothea Siems: »Nachbesserungen bei der Gesundheitsreform«, in: *Die Welt,* vom 16. Januar 2004, S. 2.

6 »Illusionstheater schafft keine Arbeitsplätze«, in: *Spiegel Online,* vom 18. August 2004.

7 »Hartz-Streit: AOK bestätigt Clements Vorwürfe gegen Kommunen«, in: *Die Welt.de,* vom 23. Februar 2005.

8 »Fischers Zögern lässt Steinbrück zittern«, in: *Spiegel Online,* vom 24. Februar 2005.

Teil I. Wie viel Kompetenz brauchen die Politiker?

1. Was ist Kompetenz?

1 Diesen Titel empfiehlt *Welt*-Satiriker Hans Zippert auch für eine Fernsehshow. Hans Zippert: »Die Eichel-Show«, in: *Die Welt,* vom 17. Mai 2003, S. 1.

2 Dominik Baur: »Der Triumphator kehrt zurück«, in: *Spiegel Online,* vom 25. Februar 2004.

3 Gert Postel: *Doktorspiele.* Eichborn, Frankfurt am Main 2003.

4 Günter Gaus: »Warum ich kein Demokrat mehr bin – Über die politische Kultur der Gegenwart«, in: *Süddeutsche Zeitung,* vom 23. August 2003.

5 »Kanzler Schröder boykottiert ›Bild‹«, in: *netzzeitung.de,* vom 3. März 2004.

6 Hans Herbert von Arnim: *Das System.* Droemer, München 2001, S. 41.

7 »Der Gernegroß«, in: *stern.de,* vom 26. November 2003.

8 Ebenda.

9 Herbert Kremp: »Michael Spreng bastelt am Image des Kandidaten Stoiber«, in: *Die Welt,* vom 19. März 2002, S. 9.

10 Ebenda.

11 Zitiert in: *faz.net,* vom 23. September 2002.

12 »Zungen an Waage«, in: *Aufbau Online.* Internetseite der transatlantischen jüdischen Zeitung *Aufbau,* vom 5. Oktober 2000.

13 Internetseite Gert Postel Fan-Club im Werner-Fuß-Zentrum: www.gert-postel.de.

14 Doja Hacker: »Chefvisite im Haxengrill«, in: *Der Spiegel,* Nr. 37 vom 6. September 2004, S. 144.

15 Robert Leicht: »Die Pflicht zur Faulheit«, in: *zeit.de,* vom 12. April 2001.

16 »Kein Recht auf Faulheit?«, in: *Blickpunkt Bundestag 06/2001.*

17 Internetseite der Bundesregierung.

18 Alexander Smoltczyk: »Im Packeis«, in: *Der Spiegel,* Nr. 10 vom 1. März 2004, S. 77.

19 Jacqueline Boysen: »PISA-Informationen – Nachrichten aus der Bildungswelt«, in: *Deutschlandradio,* vom 9. Januar 2004.

20 Adam Smith: *The Wealth of Nations.* Modern Library Edition, New York 1937, S. 14.

21 Anthony Downs: *Ökonomische Theorie der Demokratie.* J. C. B. Mohr (Paul Siebeck), Tübingen 1968, S. 50.

22 Gunter Hofmann, Werner A. Perger: *Richard von Weizsäcker im Gespräch.* Eichborn, Frankfurt am Main 1992, S. 150.

23 »Diese ganze Generation ist eine Fehlbesetzung«. Interview mit Wilhelm Hennis, in: *stern.de,* vom 28. Januar 2004.

2. Parteikarrieren

1 Ulrich von Alemann: *Das Parteiensystem der Bundesrepublik Deutschland.* Leske + Budrich, Opladen 2001, S. 143.

2 Wolfgang Ismayr: *Der Deutsche Bundestag.* Leske + Budrich, Opladen 2000, S. 57.

3 Ebenda, S. 51.

4 Was von Teilen der SPD genau so verstanden wurde. So nannte die baden-württembergische SPD-Chefin Ute Vogt Münteferings Äußerungen »falsch und überzogen«. Die Partei dürfe nicht an Einzelentscheidungen festmachen, ob ein Abgeordneter wieder einen aussichtsreichen Listenplatz für den Bundestag erhalte. Vergleiche: »SPD streitet über Müntefering-Drohung«, in: *Die Welt,* vom 4. September 2001, S. 1.
Und der Vorsitzende der Arbeitsgemeinschaft für Arbeitnehmerfragen (AfA), Ottmar Schreiner, sagte, derartige Drohungen seien »absolut unangemessen«. Wenn Abgeordnete sich in einer Frage von Leben und Tod auf ihr Gewissen beriefen, sei ihr Verhalten durch die Verfassung geschützt. Vergleiche: Ebenda, S. 2.

3. Das Kompetenzteam der Bundesrepublik Deutschland

1 Wolfgang Ismayr: *Der Deutsche Bundestag.* Leske + Budrich, Opladen 2000, S. 84.

2 »Diese ganze Generation ist eine Fehlbesetzung«. Interview mit Wilhelm Hennis, in: *stern.de,* vom 28. Januar 2004.

3 Im Kanzleramt und im Außenministerium heißen sie *Staatsminister.* Nicht mitgezählt ist die Staatsministerin für Kultur, Christina Weiß.

4 Dem früheren Bundesminister und Bundestagspräsidenten Rainer

Barzel zugeschrieben. Zitiert nach: Hans Herbert von Arnim: *Politik Macht Geld.* Knaur, München 2001, S. 106.

5 Ebenda.

6 Ebenda, S. 108.

7 Wolfgang Ismayr: *Der Deutsche Bundestag.* Leske + Budrich, Opladen 2000, S. 210.

8 »Am meisten kriegt der CDU-Generalsekretär«, in: *Bild,* vom 31. Juli 2004, S. 2.

9 »Beutezug in öffentlichen Kassen«, in: *Die Welt,* vom 28. September 2001, S. 2.

10 Petra Bornhöft: »Üppige Politiker-Versorgung bleibt erhalten«, in: *Spiegel Online,* vom 28. September 2004.

Teil II. Die Politikertypen

4. Die Universalexperten – Lizenz zum Schwafeln

1 Joachim Raschke: »Die Mitte – das bin ich«, in: *die tageszeitung,* vom 14. Januar 1997, S. 13.

2 »Müntefering: Opposition ist Mist«, in: *Die Welt.de,* vom 21. März 2004.

3 Eckhard Fuhr: »Meister der Inszenierung«, in: *Die Welt,* vom 7. April 2004, S. 3. Ebenso die folgenden Zitate.

4 Rolf Schneider: »Da hört der Spaß auf!«, in: *Die Welt,* vom 16. August 2001, S. 9.

5 Hans-Erich Bilges: »Vom Kanzler, dem die Fachkompetenz wenig gilt«, in: *Die Welt,* vom 26. Juli 2002, S. 2.

6 Holger Eichele: »Der Diplomat mit dem Dreschflegel«, in: *Münchner Merkur,* vom 29. Januar 2003.

7 »Franz der Seelenmasseur«, in: *heute.t-online.de,* vom 1. Juni 2004.

8 Stefanie Christmann: »Richter oder Retter«, in: *Freitag,* vom 10. September 1999. Online-Ausgabe.

9 »Franz Müntefering und seine SPD – Vom Parteisoldaten zum Befehlshaber«, in: *Spiegel Online,* vom 9. Februar 2004.

10 Peter Ehrlich und Thomas Hanke: »Konjunktur: Der Aussitzer«, in: *Financial Times Deutschland, ftd.de,* vom 27. Juni 2001.

11 »Mann mit Bodenhaftung«, in: *Berlin direkt,* vom 2. Mai 2004.

12 Andreas Hoidn-Borchers: »Der Genossen-Flüsterer«, in: *stern.de,* vom 24. März 2004.

13 Ebenda.

14 Markus Feldenkirchen: »Entdeckung der Langsamkeit«, in: *Der Spiegel,* Nr. 16 vom 10. April 2004.

15 »Benneter? Das bestgekleidete Stück Seife!«, in: *die tageszeitung,* vom 25. März 2004, S. 15.

16 Alexander Osang: »Das eiserne Mädchen – Teil 2«, in: *Spiegel Online,* vom 5. Juli 2001.

17 Zitiert nach: Ludwig Niethammer: »Wer ist Angela Merkel?« in: Internetzeitung *World Socialist Web Site (www.wsws.org.),* vom 20. April 2000.

18 Christian Wulff: »Die neue CDU – In der Krise steckt für die Union eine Chance zur inneren Regeneration«, in: Internetseite der CDU Niedersachsens, vom 4. September 2002.

19 Ralf Neukirch, Christoph Schult: »Der Männerbund«, in: *Der Spiegel,* Nr. 27 vom 30. Juni 2003, S. 41.

20 Jochen Bittner, Elisabeth Niejahr: »Die Berater-Republik«, in: *Die Zeit,* Nr. 7 vom 5. Februar 2004, S. 9.

21 Ralf Neukirch, Christoph Schult: »Der Männerbund«, in: *Der Spiegel,* Nr. 27 vom 30. Juni 2003, S. 44.

22 Markus Feldenkirchen, Michael Sauga, Christoph Schult: »Lehrmeister Lafontaine«, in: *Der Spiegel,* Nr. 23 vom 29. Mai 2004, S. 22.

23 »Ich wollte Eiskunstläuferin werden«, in: *stern.de,* vom 13. Mai 2004.

24 Dörthe Hein, Ulrich Scharlack (dpa): »Volker Kauder im Porträt«, in: *heute.de,* vom 22. Dezember 2004.

25 »Kauder sieht keinen Änderungsbedarf bei Regeln für Abgeordnete«, in: *netzeitung.de,* vom 18. Januar 2005.

26 Patrik Schwarz: »Frau Merkel und Frau Christiansen«, in: *die tageszeitung,* vom 22. Januar 2002, S. 18.

27 Meike Werkmeister: »Der weichgespülte Wadenbeißer«, in: *Spiegel Online,* vom 20. August 2002.

28 Margarethe van Ackeren: »1,90 Meter Macht«, in: *Rheinische Post,* vom 10. Januar 2003.

29 Holger Eichele: »Der Diplomat mit dem Dreschflegel«, in: *Münchner Merkur,* vom 29. Januar 2003.

30 In der N24-Talkshow *Was erlauben Strunz'* kommentiert Glos die guten Umfragewerte der Grünen so: »Die Zecke kommt immer besser weg als das Wirtstier … Die Schwierigkeit ist: Die Zecke braucht, um langfristig zu überleben, ein neues Wirtstier. Ich bin dagegen, dass wir das Wirtstier spielen.« »Glos vergleicht die Grünen mit Zecken«, in: *Spiegel Online,* vom 15. Juni 2004.

31 Margarethe van Ackeren: »1,90 Meter Macht«, in: *Rheinische Post,* vom 10. Januar 2003.

32 Sead Husic: »Der unaufhaltsame Aufstieg des Roland K.«, in: *Freitag,* Nr. 5 vom 24. Januar 2003, Online-Ausgabe.

33 Ebenda.

34 Matthias Geis: »Im Schatten der Schwester«, in: *Die Zeit,* Nr. 4 vom 17. Januar 2002, S. 4.

35 Felix Kurz, Andreas Wassermann: »Oase Frankfurt«, in: *Der Spiegel,* Nr. 38 vom 15. September 2003, S. 35.

36 Petra Bornhoft, Tina Hildebrand, Gerd Rosenkranz, Christoph Schult: »Pragmatismus pur«, in: *Spiegel Online,* vom 1. März 2003.

37 Rudolf Augstein: »Dies ist der Grünen große Not«, in: *Der Spiegel,* Nr. 40 vom 4. Oktober 1999, S. 26.

38 Jutta Ditfurth: »Zahltag, Junker Joschka! Teil 9: Wie Joschka einen Gartenzwerg zum Schweigen brachte«, in: *Neue Revue* Nr. 50, vom 9. Dezember 1999.

39 Dirk Kurbjuweit: »Der Außergalaktische«, in: *Der Spiegel,* Nr. 8 vom 21. Februar 2005, S.39.

40 »Ich bin nicht die Quotentante für den Osten«, in: *Die Welt kompakt,* vom 1. Juni 2004, S. 3.

41 Bernd Ulrich: »Auf dem Schleichweg zur Macht«, in: *Der Tagesspiegel,* vom 15. Oktober 2002, S. 3.

42 Petra Bornhoft, Tina Hildebrand, Gerd Rosenkranz, Christoph Schult: »Pragmatismus pur«, in: *Spiegel Online,* vom 1. März 2003.

43 Ebenda.

44 Astrid Geisler: »Die Rotgrüne«, in: *netzeitung.de,* vom 6. September 2001.

45 Ebenda.

46 »Agenda 2010: Vom Sozialstaat alten Typus zum sozialen Bürgerstaat. Mai 2003. Beitrag im Reader zum Zukunftskongress in Düsseldorf«.

47 Nach dem Wort »Herausforderung« fehlt ein Komma, nach »wichtiger« wird eines gesetzt.

48 ARD-Sendung *»Guido Westerwelle – zu Gast bei Friedman«,* vom 6. Juni 2001.

5. Staatlich anerkannte Experten – von Christiansens Gnaden

1 Siehe unter anderem: Matthias Geyer: »Krank in Goslar«, in: *Der Spiegel,* Nr. 18 vom 28. April 2003, S. 30.

2 Muriel Büsser: »Sturz eines Überfliegers«, in: *Die Politische Meinung,* Nr. 398 (1/2003) vom Januar 2003, S. 75.

3 Ulrich Schäfer: »Die vier Fehler des Finanzministers«, in: *sueddeutsche.de,* vom 23. Oktober 2003.

4 Dirk Bitzer: »Biografie Wolfgang Clement«, in: Internetseite des Wirtschaftsministeriums NRW und der Landeszentrale für Politische Bildung.

5 Nikolaus Blome, Peter Dausend: »Der neue alte Kurs«, in: *Die Welt,* vom 22. Juni 2004, S. 3.

6 »Hartz IV: Clement zu Härtefallprüfung bereit«, in: *Die Welt.de,* vom 25. August 2004.

7 Hans-Ulrich Jörges: »Das Kalkül des Verrats«, in: *stern.de,* vom 19. August 2004.

8 Uwe Müller: »Lothar Späth: Der Aufbauhelfer und Selbstdarsteller verlässt Jenoptik«, in: *Die Welt,* vom 18. Juni 2003, S. 9.

9 Wolfgang Gehrmann: »Der alte Sponti«, in: *Die Zeit,* Nr. 30 vom 25. Juli 2002, S. 16.

10 Urs Zietan: »Der Provokateur aus dem Sauerland«, in: *wahl.tagesschau.de,* vom 1. August 2002.

11 Jens Tartler: »Friedrich Merz: Der emotionale Analytiker«, in: *Financial Times Deutschland,* vom 24. September 2003, S. 2.

12 Ansgar Graw: »Die Angst der Union vor der Macht«, in: *Die Welt,* vom 13. Februar 2004, S. 2.

13 Brigitte Fehrle: »Grüne Spitze verärgert über Scheel«, in: *Berliner Zeitung,* vom 1. Dezember 2003, S. 5.

14 »Scheel rechtfertigt Nebentätigkeiten«, in: *Die Welt,* vom 2. Dezember 2003, S. 2.

15 »Scheel gibt Nebenjobs auf«, in: *Spiegel Online,* vom 2. Dezember 2003.

16 »Otto Schily: Der rosarote Kanther«, in *Financial Times Deutschland,* vom 24. September 2001.

17 Ebenda.

18 »Wer den Tod liebt, kann ihn haben«. *Spiegel*-Gespräch mit Otto Schily, in: *Der Spiegel,* Nr. 18 vom 26. April 2004, S. 47.

19 »Entsetzen bei den Grünen, Beifall von Beckstein«, in *Spiegel Online,* vom 27. April 2004.

20 »Beckstein will Videoüberwachung ausdehnen«, in: *Die Welt,* vom 27. September 2001, S. 33.

21 »Beckstein rechnet mit bis zu 50 ›Schläfern‹ in Bayern«, in: *Die Welt,* vom 8. Oktober 2001, S. 33.

22 »Beckstein: Bei Wahlsieg Offensive gegen Vandalismus«, in: *Die Welt,* vom 5. August 2002, S. 2.

23 »Beckstein will Bundeswehr im Inland einsetzen«, in: *Financial Times Deutschland, ftd.de,* vom 5. Dezember 2002.

24 »Beckstein plant präventive Telefonüberwachung«, in: *Berliner Zeitung,* vom 1. Juli 2003, S. 6.

25 »Beckstein: Regierung unterschätzt Terror«, in: *Die Welt,* vom 29. März 2004, S. 1.

26 »Beckstein wehrt sich gegen Vorwurf der Panikmache«, in: *Spiegel Online,* vom 30. März 2004.

27 »Beckstein fordert elektronische Fußfesseln für Islamisten«, in: *Spiegel Online,* vom 5. Juni 2004.

28 »Deutsche wollen Sicherheit um fast jeden Preis«, in: *Die Welt,* vom 18. März 2004, S.1.

29 »Auch Landwirte müssen Beitrag zu Reformen leisten«, in: *bundesregierung.de,* vom 4. Juli 2003.

30 Petra Bornhöft, Alexander Szandar: »Agenda Amazonas«, in: *Der Spiegel,* Nr. 44 vom 27. Oktober 2003, S. 32.

31 »Müntefering will soziales Profil der SPD schärfen«, in: *tagesschau.de,* vom 16. Juni 2004.

32 »Burgerbewegung gegen McDonald's«, in: *Spiegel Online,* vom 16. April 2004.

33 »Tiermehlverbot: Künast warnt vor Verbraucher-Verwirrung«, in: *Spiegel Online,* vom 19. Juni 2001.

34 »Aktion Verbandsklage! Bisherige Aktivitäten – Eine Übersicht«, in: Internetseite von *Menschen für Tierrechte – Bundesverband der Tierversuchsgegner e. V.,* vom 8. März 2004.

35 Dominik Baur: »Wenn der Patriarch geht …«, in: *Spiegel Online,* vom 5. Mai 2003.

36 »Der Lafontaine der CSU«, in: *Spiegel Online,* vom 19. November 2004.

37 Ansgar Graw: »Sprengsatz Seehofer«, in: *Die Welt.de,* vom 20. Juni 2003.

38 »Reform-Streit: Seehofer zeigt Merkel die Zähne«, in: *Die Welt,* vom 6. Oktober 2003, S. 2.

39 Mattias Geyer: »Tip und Tap«, in: *Der Spiegel,* Nr. 11 vom 14. März 2005, S. 50.

6. Protegiert, pflegeleicht und loyal

1 »Ministerin im Rotlicht«, in: *Focus,* vom 15. Januar 2001, S. 26–28.

2 Ferdinand Knauß: »Ein seltsames Paar«, in: *Financial Times Deutschland,* vom 22. Juli 2003, S. 2.

3 Siegmar Schelling: »Union rettet Schröder«, in: *Welt am Sonntag, wams.de,* vom 28. September 2003.

4 Claus Hulverscheidt: »Ulla Schmidt heuchelt«, in: *Financial Times Deutschland, ftd.de,* vom 8. Mai 2003.

5 Cornelia Wolber: »Brigitte Zypries ist Schröders Deichgräfin«, in: *Die Welt,* vom 20. August 2002, S. 9.

6 Ebenda.

7 Hans Herbert von Arnim: *Das System.* Droemer, München 2001, S. 40.

8 »Verbraucherrecht mit Lücken«, in: *plusminus,* vom 8. Juni 2004.

9 Petra Bornhöft, Horand Knaup: »Weg frei für Wanzen«, in: *Der Spiegel,* vom 5. Juli 2004, S. 36.
10 »Erweiterter Lauschangriff vor dem Aus«, in: *Welt.de,* vom 9. Juli 2004.
11 »Eichel und die Detektive«, in: *Die Welt,* vom 9. August 2001, S. 3. De facto ermittelten Dillers Detektive parallel zur Staatsanwaltschaft und fanden keine Beweise.
12 Friedbert Pflüger: *Ehrenwort – Das System Kohl und der Neubeginn.* DVA, München 2000.
13 Ebenda.
14 »Wie sich Deutschlands Top-Politiker um 1,2 Milliarden verrechneten«, in: *Spiegel Online,* vom 17. Dezember 2003.

7. Gestrauchelt, gescheitert, ausgedient

1 Jens Anker, Karsten Hintzmann: »Luft wird dünn für Staatssekretär Staffelt«, in: *Berliner Morgenpost,* vom 11. Dezember 2002.
2 Hans Michael Kloth: »Stolpes Bilanz – Der Mann, der sich überreizte«, in: *Spiegel Online,* vom 17. Februar 2004.
3 Ebenda.
4 Matthias Krupa: »CDU: Die Kronzeugin« in: *Die Zeit,* Nr. 6 vom 29. Januar 2004.
5 »Medien verurteilen Parteiengeschacher um Präsidentenamt«, in: *Financial Times Deutschland, ftd.de,* vom 5. März 2004.
6 Wolfgang Schäuble: »Saddam wird entwaffnet!«, in: *Berliner Zeitung,* vom 27. Februar 2003, S. 14.

8. Die Um-jeden-Preis-Karrieristen

1 »Fritz Kuhn – Politischer Werdegang«, in: Internetseite von Fritz Kuhn.
2 Tina Hildebrandt: »Ausstieg aus dem Abklingbecken«, in: *Der Spiegel,* Nr. 23. vom 29. Mai 2004, S. 31.

3 Ebenda.

4 »Die neuen Macher«, in: *Die Welt,* vom 2. November 2002, S. 3.

5 Felix Kurz: »Amerikanischer Stil«, in: *Der Spiegel,* Nr. 12 vom 19. März 2001, S. 75.

6 Stephan Lennartz (WDR): »Unauffällige Kämpferin«, in: *tagesschau.de,* vom 1. August 2002.

7 Ebenda.

9. Die Spezies »Jung, karrieregeil und inkompetent«

1 Klaus Krimmel, Jörg Adrian Huber (2002): »Vom Studenten zum Staatssekretär«, in: *Phoenix Online,* vom 17. Januar 2003.

2 »Meine politische Biografie«, in: Internetseite von Matthias Berninger.

3 Andreas Keller (Universität Marburg): »Grüne Hochschulpolitik zwischen links-alternativen und neoliberalen Entstaatlichungsprogrammen. Dokumentation der Grünen Hochschulgruppe Konstanz«, in: *Forum Wissenschaft 1997,* Heft 2.

4 Berninger ist Mitautor eines Standardwerkes der Generation Golf: Stiftung für die Rechte zukünftiger Generationen (Hrsg.): *Die 68er. Warum wir Jungen sie nicht mehr brauchen.* Kore Verlag, Freiburg 1998.

5 »Chat mit Matthias Berninger, Parlamentarischer Staatssekretär im Bundesverbraucherministerium«, in: Internetforum »dialog-nachhaltigkeit.de«, vom 15. Juni 2004.

6 Die »Youngsters« haben derzeit 37 Mitglieder und sehen sich als »Schnitt- und Informationsstelle zu den Jugendverbänden und den politisch interessierten Jugendlichen.« Quelle: »SPD-Youngsters wollen neuen Schwung in die Politik bringen«, in: Pressemitteilung der SPD-Bundestagsfraktion, vom 21. Februar 2002.

7 Stiftung für die Rechte zukünftiger Generationen (Hrsg.): *Die*

68er. Warum wir Jungen sie nicht mehr brauchen. Kore Verlag, Freiburg 1998.

8 Petra Bonhöft, Tina Hildebrandt: »Glatte Zumutung«, in: *Der Spiegel,* Nr. 38 vom 20. September 1999, S. 34.

9 Weber: »Simone Probst«, in: *Die Zeit,* Nr. 24 vom 13. Juni 2002, S. 71.

10 Ebenda.

11 Ebenda.

12 Ebenda.

13 »1999 beginnt der Ausstieg. Fertig. Aus« in: Greenpeace Magazin 1/99.

14 »Streitgespräch Hildegard Müller (JU) – Benjamin Mikfeld (Jusos): ›Wie die Politik mehr Jugendliche erreicht‹« in: *Frankfurter Hefte* 7+8/00.

15 Ewald B. Schulte: »Bank bezahlte CDU-Personal«, in: *Berliner Zeitung,* vom 11. Januar 2005, S. 1.

10. Die Quotenlobbyisten

1 »Die neue Bundesjugendministerin Renate Schmidt«, in: *Schekker* 10/2002 – Online-Jugendmagazin der Bundesregierung.

2 »Renate Schmidt: Politik für die Mütterelite«, in: Internetseite single-dasein.de.

3 Peter Dausend: »Aufstand der Erfolglosen gegen die SPD-Parteispitze«, in: *Die Welt,* vom 17. April 2003, S. 4. Der zeitweilige Widerstand gegen die Agenda 2010 (Mitgliederbegehren) wurde großenteils von bayerischen MdB getragen.

4 »Beistand für den Reiche-Clan?«, in: *Der Spiegel,* Nr. 12 vom 15. März 2004, S. 20.

5 Weber: »Katherina Reiche«, in: *Die Zeit,* Nr. 24 vom 13. Juni 2002, S. 71.

6 Ebenda.

7 Ansgar Graw, Hans-Jürgen Leersch, Daniel Friedrich Sturm: »Familienbande«, in: *Die Welt,* vom 3. Juli 2002, S. 3.

8 »Pressemitteilungen«, in: Internetseite von Katherina Reiche.

9 Christoph Rasch: »Im toten Winkel Justitias«, in: *die tageszeitung,* Nr. 7336 vom 17. April 2004, S. 16.

10 »Hessen-JuLis fordern neuen FDP-Generalsekretär«, Pressemitteilung der Jungen Liberalen Darmstadt-Dieburg, vom 25. April 2004.

11 »Zu zaghaft, zu ängstlich, auch inkonsequent«, in: *ZDF, Berlin direkt,* vom 12. Oktober 2003.

12 »Weitere Einsparungen gefordert«, in: *German News,* Deutsche Ausgabe, vom 26. April 2004.

13 Michael Bartsch: »Warum olivgrün wählen?«, in: *Freitag,* Nr. 12 vom 15. März 2002, Online-Ausgabe.

14 Elisabeth Niejahr: »Gefühlte Gerechtigkeit«, in: *Die Zeit,* Nr. 47 vom 13. November 2003.

15 Jens Schneider: »Auf der Suche nach Profil«, in: *sueddeutsche.de,* vom 2. Juni 2004.

16 Deutscher Bundestag: »1. Untersuchungsausschuss (27. Sitzung am 17.06.2003«, S. 7.

17 Karin Nink: »Wolfgang Clement muss schnellen Erfolg vorweisen«, in: *Financial Times Deutschland,* vom 8. November 2002, S. 13.

18 Reuters titelte respektlos: »Sitzenbleiberin Bulmahn wurde Bildungsministerin«. Daniela Vates, in: *Wahlen02.info/Bundestagswahl 2002.*

19 Christian Füller: »Das fleißige Lieschen«, in: *Freitag,* Nr. 41 vom 13. Oktober 2000.

20 »Entwicklungspolitische Ziele«, in: Internetseite des Ministeriums.

21 »Evaluierungen: Konkrete Beispiele«, in: Internetseite des Ministeriums.

22 Anna Lehmann (Interview): »Kurs halten oder umsteuern?«, in: *die tageszeitung,* Nr. 7389 vom 22. Juni 2004, S. 3.

23 Christian Bauschke: »Ungleiche Brüder«, in: *Die Welt.de,* vom 24. Januar 2001.

24 Petra Bornhöft, Gerd Rosenkranz: »Weltpolitik statt Dosenpfand«, in: *Der Spiegel,* Nr. 15 vom 7. April 2003, S. 66.

25 »Trittin relativiert Äußerung über Meyer«, in: *Phoenix Online,* vom 14. März 2001.

26 »Jürgen Trittin: Verhältnismäßigkeit und Augenmaß«, in: Internetseite der Grünen, vom 24. November 2001.

27 »Bild und Grüne«, Internetbeitrag vom 14. Juli 1999, in: Internetseite der Uni Konstanz.

28 Jörg Michel: »Trittin und der Umgang mit den Klimazielen«, in: *Berlin Online,* vom 12. Februar 2005.

29 Hendrik Munsberg: »Wolf soll den grummelnden Mittelstand pflegen«, in: *Berliner Zeitung,* vom 11. Januar, S. 33.

30 »tacheles.02: Chat mit Hans-Christian Ströbele, Fraktionsvize B'90/Grüne, am 4. Februar 2003«, in: *politik-digital.de.*

31 »Rede zum Gesetz zur Neuregelung von Beschränkungen des Brief-, Post- und Fernmeldegeheimnisses«, vom 11. Mai 2001, in: Internetseite von Hans Christian Ströbele.

32 »Erklärung von Hans-Christian Ströbele und anderen grünen Bundestagsabgeordneten zu Hartz III und IV«, vom 5. September 2003, in: Internetseite von Hans Christian Ströbele.

33 Tina Hildebrandt: »Ausstieg aus dem Abklingbecken«, in: *Der Spiegel,* Nr. 23 vom 29. Mai 2004, S. 32.

34 »Mit Herzblut und Leidenschaft«, in: *zdf.de,* vom 10. Februar 2002.

35 Reinhold Beckmann: »Roth für die Welt. Beckmanns Erzählungen (12)«, in: *Die Zeit,* Nr. 49 vom 6. Dezember 2001, S. 72.

36 Richard Wagner: »Junge Mitte«, in: *Frankfurter Rundschau* (Online-Ausgabe), vom 30. Dezember 2004.

11. Die Parteisoldaten

1 »Amerikaner müssen sich selbst schützen«. Interview mit Bundesminister Struck, in: *Frankfurter Allgemeine Sonntagszeitung,* vom 2. März 2003, S. 1.

2 Severin Weiland: »Struck bastelt an eigenen Schulterklappen«, in: *Spiegel Online,* vom 5. Dezember 2002.

3 Ebenda.

4 »Profil: Peter Struck«, in: *Financial Times Deutschland, ftd.de,* vom 18. Juli 2002.

5 Hans-Jürgen Leersch: »Peter Struck: schlagfertiger Soldat mit Hang zur Großspurigkeit«, in: *Die Welt,* vom 6. August 1999, S. 8.

12. Die Wirtschaftslobbyisten und Doppelverdiener

1 Wolfgang K. Albrecht-Schoeck, in: *Der Spiegel,* Nr. 1 vom 3. Januar 2005, S. 12.

2 Christian Esser, Herbert Klar, Dana Nowak, Ulrich Stoll: »Angereicherte Diäten – Die Nebeneinkünfte der Politiker«, in: *Frontal 21,* vom 11. Januar 2005.

3 Hans Herbert von Arnim: »Gastkommentar: Diener zweier Herren«, in: *Financial Times Deutschland,* vom 13. Januar 2005, S. 26.

4 Christian Esser, Herbert Klar, Dana Nowak, Ulrich Stoll: »Angereicherte Diäten – Die Nebeneinkünfte der Politiker«, in: *Frontal 21,* vom 11. Januar 2005.

5 Ebenda.

6 Matthias Gebauer, Michael Kröger: »Raffke-Verdacht in Wolfsburg«, in: *Spiegel Online,* vom 28. Dezember 2004.

7 Vergleiche: »Sechs SPD-Abgeordnete auf der VW-Gehaltsliste«, in: *Die Welt.de,* vom 13. Januar 2005. Und: »Siemens zahlt Gehälter an zwölf Politiker«, in: *Spiegel Online,* vom 14. Januar 2005.

8 Mira Gajevic, Ewald B. Schulte: »Bank zahlt Merkel-Vertrauter Gehalt«, in: *Berliner Zeitung,* vom 6. Januar 2005, S. 5.

9 »Rücktritt nach VW-Affäre«, in: *Die Welt.de,* vom 14. Januar 2005.

10 Florian Peil: »Das Who is Who der Doppelverdiener«, in: *Spiegel Online,* vom 6. Januar 2005.

11 Holger Schmale: »Arentz' kläglicher Abschied«, in *Berliner Zeitung,* vom 7. Dezember 2004, S. 5.

12 Frank Dohmen: »8000 Euro monatlich für den E.ON-Minister«, in: *Spiegel Online,* vom 18. Januar 2005.

13 Ebenda.

14 Ebenda.

15 Matthias Gebauer, Yassin Musharbash: »Der grüne Sündenfall«, in: *Spiegel Online,* vom 19. Januar 2005.

16 »Volmer weist Vorwürfe in Visa-Affäre zurück«, in: *Netzeitung,* vom 21. Januar 2005.

17 Christoph Keese: »Die Reformbremser des Jahres«, in: *Financial Times Deutschland,* vom 22. Dezember 2003, S. 26.

18 Hans Peter Schütz, Rainer Nübel: »Die Geschäfte des Herrn R.«, in: *stern.de,* vom 22. Januar 2004.

19 Ebenda.

20 Der Ausschuss entscheidet über Verkehrsprojekte und mögliche Aufträge für Daimler. Vergleiche: Christian Esser, Herbert Klar, Dana Nowak, Ulrich Stoll: »Angereicherte Diäten – Die Nebeneinkünfte der Politiker«, in: *Frontal 21,* vom 11. Januar 2005.

21 »Scheel gibt Nebenjobs auf«, in: *Spiegel Online,* vom 2. Dezember 2003.

22 Christian Esser, Herbert Klar, Dana Nowak, Ulrich Stoll: »Angereicherte Diäten – Die Nebeneinkünfte der Politiker«, in: *Frontal 21,* vom 11. Januar 2005. Der Ausschuss entscheidet mit über neue Kraftwerke, damit auch über Interessen von Vattenfall.

23 »Gerster erwägt vorzeitige Auflösung des Beratervertrags«, in: *Die Welt.de,* vom 25. November 2003.

13. Die Beamten – Garanten einer soliden Verwaltung?

1 »Diese ganze Generation ist eine Fehlbesetzung«. Interview mit Wilhelm Hennis, in: *stern.de,* vom 28. Januar 2004.

2 Beamtenrechtsrahmengesetz (BRRG) § 31 (1).

3 Hans Herbert von Arnim: *Das System.* Droemer, München 2001, S. 161.

4 Hans Peter Schütz: »Der Kanzler-Flüsterer«, in: *stern.de,* vom 8. Juli 2004.

5 Ebenda.

6 Ebenda.

7 Ebenda.

8 Ebenda.

9 Ebenda.

10 Hans-Jürgen Leersch: »Struck baut seine Macht aus«, in: *Die Welt,* vom 1. November 2002, S. 2.

11 Tom Levine: »Warten auf Herkules«, in: *Berliner Zeitung,* vom 3. Juli 2004, S. 6.

12 Jutta Ditfurth: »Zahltag, Junker Joschka! Teil 5: Trittin – und die Fischer-Chöre«, in: *Neue Revue,* Nr. 46 vom 11. November 1999.

13 Jochen Bittner, Elisabeth Niejahr: »Die Beraterrepublik«, in: *Die Zeit,* Nr. 7 vom 5. Februar 2004, S. 9.

14 Ebenda.

15 »Filzverdacht – Opposition stört sich an Tackes Berufswechsel«, in: *Spiegel Online,* vom 8. September 2004.

14. Die Versorgungsfälle

1 Konrad Melchers: »Aufstand im BMZ zur Halbzeit«, in: *epd-Entwicklungspolitik* 17/18/2000.

2 Arno Luik: »Ui, puh, nee, ja nun, ui, iiih!«, in: *stern.de,* vom 27. Oktober 2003.
3 Tina Hildebrandt: »Ausstieg aus dem Abklingbecken«, in: *Der Spiegel,* Nr. 23 vom 29. Mai 2004, S. 31.
4 Ebenda.
5 Ebenda.
6 Ebenda.
7 Markus Deggerich: »Olivgrüne Tränen«, in: *Spiegel Online,* vom 26. November 2003.
8 Ebenda.
9 Oliver Tolmein: »Olivgrün«, in: *Freitag,* Nr. 51 vom 31. Dezember 2004, Online-Ausgabe.

15. Die Parteikarriere als Sprungbrett

1 Wolfgang Reuter: »Berliner Sause«, in: *Der Spiegel,* Nr. 15 vom 5. April 2004, S. 106.
2 Hans Peter Schütz: »Der Gernegroß«, in *stern.de,* vom 26. November 2003.
3 Ebenda.
4 Ebenda.
5 Dirk Koch, Hartmut Palmer, Hajo Schumacher, Klaus Wiegrefe: »Der Anführer und die Kasse«, in: *Der Spiegel,* Nr. 52 vom 27. Dezember 1999, S. 40.
6 Hans Herbert von Arnim: »Strukturprobleme des Parteienstaates«, in: Internet-Angebot der Zeitschrift *Das Parlament* mit der Beilage »Aus Politik und Zeitgeschichte«, vom 1. August 2003.
7 »Neue Korruptionsvorwürfe gegen Pfahls«, in: *Die Welt.de,* vom 21. Juli 2004.
8 Hans Leyendecker, Heribert Prantl, Michael Stiller: *Helmut Kohl, die Macht und das Geld.* Steidl, Göttingen 2000, S. 184.

9 Uwe Müller: »Der Thyssen-Komplex«, in: *Die Welt,* vom 21. Dezember 1999, S. 3.

10 Ebenda.

11 »Justiz hat ›Frau Raffzahn‹ im Visier«, in: *Die Welt,* vom 18. Dezember 2003, S. 5.

12 Ebenda.

13 Joachim Neander: Mainzer Umweltministerin wechselt zu Opel, in: *Die Welt.de,* vom 29. August 2001.

16. Die Selbstdarsteller

1 »Spiegel-Gespräch – Es geht mit Schröder nicht mehr«, in: *Der Spiegel,* Nr. 33 vom 9. August 2004, S. 38.

2 Ebenda.

3 André Stahl (dpa): »Ernste Drohung«, in: *Der Tagesspiegel,* vom 8. August 2004, Online-Ausgabe.

4 Jürgen Leinemann: »Die Achse des Guten«, in: *Der Spiegel,* Nr. 11 vom 10. März 2003, S. 73.

5 Gunter Hofmann: »Die SPD vor der Drei-Länder-Wahl«, in: *Die Zeit,* vom 7. März 1996, S. 3.

6 Peter Dausend: »Theaterspieler, verpanzert in Ideologie: Oskar Lafontaine«, in: *Die Welt.de,* vom 10. August 2004.

7 Stefan Reinecke: »Macht, Moral und die Linke«, in: *die tageszeitung,* vom 2. August 2002, S. 1.

8 Sabine Beikler: »Gysi erwärmt die Sozialisten-Herzen«, in: *Tagesspiegel Online,* vom 1. November 2004.

9 Sehr zum Ärger von anderen Konkurrenten wie dem grünen Bundestagsabgeordneten Werner Schulz. Werner Schulz: »Frontstadt oder Werkstatt«, in: *Die Welt,* vom 20. Juni 2001, S. 10.

10 Heike Nickel: »Gregor Gysi und seine zahlreichen Visionen«, in: KSTA, Internetseite des *Kölner Stadtanzeiger,* vom 5. Juli 2003.

11 Zitiert nach: Internetforum *tv-matrix.*
12 Toralf Staud: »Operation Gysi«, in: *Die Zeit,* Nr. 28 vom 3. Juli 2003, S. 4.

17. Zwischenergebnis – Ein Käfig voller Stümper

1 Hans Herbert von Arnim: *Das System,* Droemer, München 2001, S. 40.

Teil III. Die Folgen der Inkompetenz

18. Der Beraterboom als Folge der Inkompetenz

1 »Rot-grüne Spendierhosen – Auftragsschwemme für Berater«, in: *Spiegel Online,* vom 3. Januar 2004.
2 Stefan Berg, Michael Fröhlingsdorf, Felix Kurz, Gunther Latsch, Cordula Meyer, Harald Schumann: »Im Reich der Träume«, in: *Der Spiegel,* Nr. 6 vom 2. Februar 2004, S. 60.
3 Ebenda.
4 Rainer Frenkel: »Die Reizfigur«, in: *Die Zeit,* Nr. 7 vom 5. Februar 2004, S. 10.
5 Stefan Berg, Michael Fröhlingsdorf, Felix Kurz, Gunther Latsch, Cordula Meyer, Harald Schumann: »Im Reich der Träume«, in: *Der Spiegel,* Nr. 6 vom 2. Februar 2004, S. 64f.
6 Quellen: A) Stefan Berg, Michael Fröhlingsdorf, Felix Kurz, Gunther Latsch, Cordula Meyer, Harald Schumann: »Im Reich der Träume«, in: *Der Spiegel,* Nr. 6 vom 2. Februar 2004, S. 60–65.
B) Jochen Bittner, Elisabeth Niejahr: »Die Beraterrepublik«, in: *Die Zeit,* Nr. 7 vom 5. Februar 2004, S. 9.
7 Stefan Berg, Michael Fröhlingsdorf, Felix Kurz, Gunther Latsch, Cordula Meyer, Harald Schumann: »Im Reich der Träume«, in: Der Spiegel, Nr. 6 vom 2. Februar 2004, S. 62.

8 Severin Weiland: »Verteidigungsminister ließen sich für 11,7 Millionen Euro beraten«, in: *Spiegel Online,* vom 17. Dezember 2003.

9 Jochen Bittner, Elisabeth Niejahr: »Die Beraterrepublik«, in: *Die Zeit,* Nr. 7 vom 5. Februar 2004, S. 9.

10 Ebenda.

11 Ebenda.

12 Ebenda.

19. Verschwendung als Folge von Inkompetenz

1 »Das Tollhaus«, in: *Der Spiegel,* Nr. 9 vom 21. Februar 2004, S. 25

2 Ebenda.

3 Ebenda.

4 Stefan von Borstel: »Maut II«, in: *Die Welt,* vom 27. April 2004, S. 3.

5 Ebenda.

6 Lutz Knappmann, Michael Sauga: »Aufbruch oder Absturz«, in: *Der Spiegel,* Nr. 29 vom 12. Juli 2004, S. 74.

7 Ulrike Herrmann: »Aufschlussreiche Posse«, in: *die tageszeitung,* vom 31. August 2004, S. 1.

8 »Wo die Steuergelder versickern«, in: *manager magazin.de,* vom 7. Juli 2004.

9 Ebenda.

10 Frank Dohmen, Dietmar Hawranek, Frank Hornig: »Eine Frage der Ehre«, in: *Der Spiegel,* Nr. 5 vom 26. Januar 2004, S. 55.

11 »Kurt Bodewig«, in: Internetlexikon Wikipedia.

12 Anselm Weidner: »Der Berliner Bankenskandal – eine unendliche Geschichte«, in: *Deutschlandradio, Hintergrund Politik.*

Teil IV. Gibt es einen Ausweg aus der Diktatur der eigennützigen Stümper?

1 Milton Friedman, *Capitalism and Freedom,* Chicago und London 1962, S. 14.

2 »Europäisches Parlament hört neue Kommissare an«, in: *Die Welt,* vom 28. September 2004, S. 6.

3 Hans Herbert von Arnim: *Das System,* Droemer, München 2001, S. 366.

4 Michael Naumann: »Lob der miesen Ehe«, in: *Die Zeit,* vom 17. März 2005, S. 1.

5 Zitiert nach: http://www.freies-radio-kassel.de/moules.php?